Bruce Chatwin

In Patagonien

Reise in ein fernes Land

rororo

Rowohlt

Deutsch von Anna Kamp

Die englische Originalausgabe erschien 1977
unter dem Titel «In Patagonia»
bei Jonathan Cape Ltd., London

Umschlaggestaltung Walter Hellmann
unter Verwendung einer Illustration von Thomas Kleine
Foto des Autors: Jerry Bauer

Einmalige Sonderausgabe Oktober 1993

Veröffentlicht im Rowohlt Taschenbuch Verlag GmbH,
Reinbek bei Hamburg, September 1984

Gesamtherstellung Clausen & Bosse, Leck
Printed in Germany
1000-ISBN 3 499 12068 2

IN PATAGONIEN

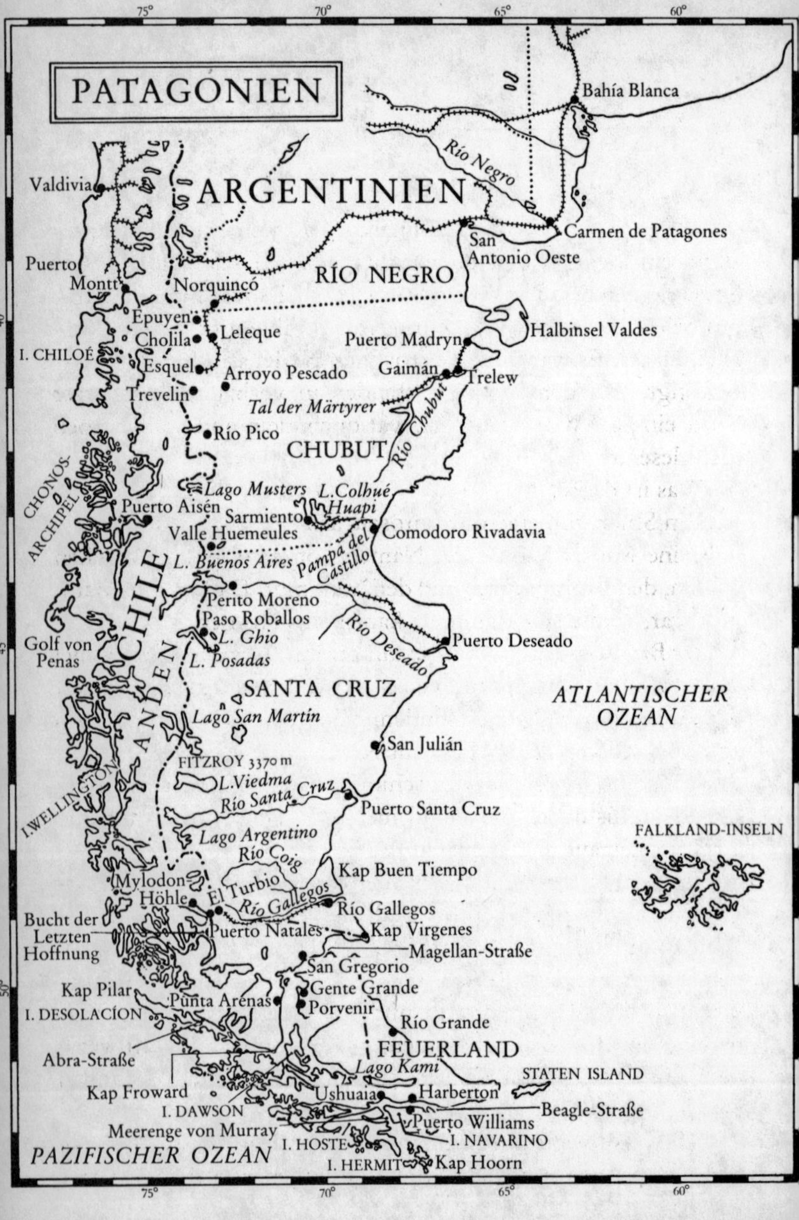
PATAGONIEN
ARGENTINIEN
Bahía Blanca
Río Negro
Valdivia
Carmen de Patagones
San Antonio Oeste
Puerto Montt
RÍO NEGRO
Norquincó
Epuyen
Leleque
Cholila
Halbinsel Valdes
Puerto Madryn
I. CHILOÉ
Esquel
Arroyo Pescado
Gaimán
Trelew
Trevelin
Tal der Märtyrer
Río Chubut
Río Pico
CHUBUT
CHONOS-ARCHIPEL
Lago Musters
L. Colhué Huapi
Puerto Aisén
Sarmiento
Valle Huemeules
Comodoro Rivadavia
L. Buenos Aires
Pampa del Castillo
CHILE
Perito Moreno
Paso Roballos
L. Ghio
Río Deseado
Puerto Deseado
Golf von Penas
L. Posadas
ANDEN
SANTA CRUZ
ATLANTISCHER OZEAN
Lago San Martín
San Julián
FITZROY 3370 m
I. WELLINGTON
L. Viedma
Río Santa Cruz
Puerto Santa Cruz
Lago Argentino
FALKLAND-INSELN
Río Coig
Kap Buen Tiempo
Mylodon-Höhle
El Turbio
Río Gallegos
Río Gallegos
Bucht der Letzten Hoffnung
Puerto Natales
Kap Virgenes
Magellan-Straße
San Gregorio
Gente Grande
Kap Pilar
Punta Arenas
Porvenir
I. DESOLACÍON
Río Grande
FEUERLAND
Abra-Straße
Lago Kami
STATEN ISLAND
Kap Froward
Ushuaia
Harberton
I. DAWSON
Beagle-Straße
Puerto Williams
Meerenge von Murray
I. NAVARINO
I. HOSTE
PAZIFISCHER OZEAN
I. HERMIT
Kap Hoorn
75°
70°
65°
60°
40°
45°
50°

1 Im Wohnzimmer meiner Großmutter stand ein kleines Schränkchen mit einer Glastür, und in dem Schränkchen befand sich ein Stück Haut. Es war nur ein winziges Stück, aber dick und ledrig, mit Strähnen borstigen rötlichen Haars. Es war mit einer rostigen Nadel an einer Postkarte befestigt. Auf der Postkarte standen in verblaßter schwarzer Tinte ein paar Worte, aber ich war noch klein und konnte noch nicht lesen.

«Was ist das?»

«Ein Stück von einem Brontosaurus.»

Meine Mutter kannte die Namen von zwei prähistorischen Tieren, den Brontosaurus und den Mammut. Daß es kein Mammut war, wußte sie. Mammuts kamen aus Sibirien.

Der Brontosaurus, so wurde mir erzählt, war ein Tier, das bei der Sintflut ertrunken war, weil es zu groß gewesen war, um auf der Arche Noah Platz zu finden. Ich stellte mir darunter ein zottiges, schwerfälliges Tier mit Klauen und Fangzähnen vor, dessen grüne Augen boshaft schimmerten. Manchmal kam der Brontosaurus durch die Wand meines Zimmers gestürmt und weckte mich aus dem Schlaf auf.

Der Brontosaurus, von dem hier die Rede ist, hatte in Patagonien gelebt, einem Land in Südamerika, am fernen Ende der Welt. Vor vielen tausend Jahren war er in einen Gletscher gefallen: Er hatte die Reise den Berg hinunter in einem Gefängnis aus blauem Eis angetreten und war in ausgezeichneter Verfassung am Boden angekommen, wo er von Charley Milward, dem Seemann, einem Cousin meiner Großmutter, gefunden wurde.

Charley Milward war Kapitän auf einem Handelsschiff, das in der Einfahrt zur Magellan-Straße gesunken war. Er überlebte den Schiffbruch und ließ sich nicht weit davon entfernt, in Punta Arenas, nieder, wo er eine Schiffsreparaturwerft eröffnete. In meiner Phantasie war Charley Milward ein Gott unter den Menschen – ein großer, schweigsamer und kräftiger Mann mit einem schwarzen Backenbart und leuchtenden blauen Augen. Seine Seemannsmütze saß schief auf seinem Kopf, und den Rand seiner Stiefel hatte er umgestülpt.

Als er den Brontosaurus aus dem Eis auftauchen sah, wußte er, was zu tun war. Er ließ ihn auseinandernehmen, einsalzen, in Fässer verpacken und verschiffte ihn zum Naturhistorischen Museum in South Kensington. Ich stellte mir Blut und Eis vor, Fleisch und Salz, Gruppen indianischer Arbeiter und reihenweise Fässer an einer Küste – eine gigantische Arbeit und alles umsonst, denn der Brontosaurus verfaulte auf seiner Reise durch die Tropen und traf verwest in London ein. Das war der Grund, warum man in dem Museum nur Brontosaurusknochen zu sehen bekam, aber keine Haut.

Glücklicherweise hatte Cousin Charley meiner Großmutter ein Stückchen davon mit der Post geschickt.

Meine Großmutter lebte in einem roten Backsteinhaus, das sich hinter einer Blätterwand von gelbgesprenkeltem Lorbeer verbarg. Es hatte hohe Schornsteine, spitze Giebel und einen Garten mit blutroten Rosen. Drinnen roch es wie in der Kirche.

Ich kann mich kaum an meine Großmutter erinnern, weiß nur noch, daß sie sehr groß war. Ich kletterte an ihrem ausladenden Busen herum oder beobachtete sie heimlich, um zu sehen, ob sie überhaupt von ihrem Stuhl aufstehen konnte. Über ihr hingen Ölbilder, Porträts holländischer Bürger, deren dicke Buttergesichter in weißen Halskrausen nisteten. Auf dem Kaminsims standen zwei japanische Figurinen mit Stielaugen aus rotem und weißem Elfenbein. Ich spielte oft mit ihnen oder auch mit einem Affen, der bewegliche Glieder hatte und aus Deutschland stammte, aber ich hörte nicht auf, sie zu bedrängen: «Bitte, kann ich das Stückchen von dem Brontosaurus haben?»

Nie in meinem Leben habe ich mir etwas so sehr gewünscht wie dieses Stück Haut. Meine Großmutter sagte, eines Tages würde ich es bekommen, vielleicht. Und als sie gestorben war, fragte ich meine Mutter: «Jetzt kann ich doch das Stück von dem Brontosaurus haben?» Aber meine Mutter sagte: «Ach je, das Ding! Es tut mir leid, aber das haben wir weggeworfen.»

In der Schule machten sie sich über meine Geschichte von dem Brontosaurus lustig. Der Biologielehrer behauptete, ich würde ihn mit dem sibirischen Mammut verwechseln. Er erzählte der Klasse, russische Wissenschaftler hätten einen tiefgefrorenen Mammut zum Abendessen verzehrt – und verbot mir, Lügen zu erzählen. Außerdem behauptete er, Brontosaurier seien Reptile. Sie hätten kein Fell, sondern einen Schuppenpanzer. Und er zeigte uns ein Bild, das ein Künstler von dem Tier gemalt hatte – ganz anders als das Tier meiner Imagination –, graugrün, mit einem winzigen Kopf und einer riesigen, wellenförmigen Wirbelsäule, friedlich Algen in einem See fressend. Ich schämte mich für meinen behaarten Brontosaurus, aber ich wußte, daß es kein Mammut war.

Es vergingen mehrere Jahre, bis die Geschichte geklärt werden konnte. Charley Milwards Tier war kein Brontosaurus, sondern ein Mylodon, auch Riesenfaultier genannt. Und er hatte kein komplettes Exemplar gefunden, oder auch nur ein komplettes Skelett, sondern nicht mehr als ein bißchen Haut und Knochen, die sich dank Kälte, Trockenheit und Salz in einer Höhle in der Bucht der Letzten Hoffnung im chilenischen Teil Patagoniens erhalten hatten. Er hatte seinen Fund nach England geschickt und ihn an das Britische Museum verkauft. Diese neue Version war zwar nicht so romantisch, hatte indessen den Vorteil, der Wahrheit zu entsprechen.

Mein Interesse für Patagonien überdauerte den Verlust der Haut, denn der Kalte Krieg hatte in mir eine gewisse Leidenschaft für Geographie geweckt. Ende der vierziger Jahre warf der Menschenfresser im Kreml Schatten auf unser Leben – man hätte seinen Schnauzbart durchaus mit Fangzähnen verwechseln können. Wir mußten uns Vorträge über den Krieg, den er plante, anhören. Wir erlebten, wie ein Professor für zivile Verteidigung Kreise um all die europäischen Städte zog, die total oder partiell zerstört werden würden. Wir sahen, daß diese Gebiete aneinandergrenzten und daß kein Platz mehr zwischen ihnen blieb. Der Professor trug Khakishorts, seine Knie waren weiß und knorpelig, und wir sahen, daß die Lage hoffnungslos war. Der Krieg kam immer näher, und wir konnten nichts daran ändern.

Als nächstes lasen wir von der Kobaltbombe, die schlimmer war als die Wasserstoffbombe und den Planeten in einer endlosen Kettenreaktion vernichten konnte.

Ich kannte Kobalt als Farbe im Malkasten meiner Großtante. Sie hatte zur gleichen Zeit wie Maxim Gorki auf Capri gelebt und nackte capristische Jungen gemalt. Später produzierte sie ausschließlich religiöse Bilder. Sie malte Unmengen von heiligen Sebastians, immer vor einem kobaltblauen Hintergrund, immer derselbe schöne Jüngling, der ganze Körper von Pfeilen durchbohrt und trotzdem noch auf den Beinen.

So stellte ich mir die Kobaltbombe als eine dichte blaue Wolkenbank vor, die an den Rändern züngelnde Flammen ausspuckte. Und ich sah mich allein auf einer grünen Landzunge, wie ich den Horizont nach der heranstürmenden Wolke absuchte.

Und doch hofften wir, den Sturm zu überleben. Wir gründeten ein Auswanderungskomitee und schmiedeten den Plan, uns in einem abgelegenen Winkel der Erde niederzulassen. Wir hockten über Landkarten. Wir studierten die Richtung der vorherrschenden Winde und die voraussichtlichen Fall-out-Zonen. Der Krieg würde in der nördlichen Hemisphäre stattfinden, also konzentrierten wir uns auf die südliche. Die Inseln im Pazifik kamen nicht in Frage, denn Inseln sind Fallen. Auch Australien und Neuseeland schieden aus, und wir einigten uns auf Patagonien als den sichersten Platz auf Erden.

Ich stellte mir ein niedriges sturmfestes Holzhaus mit einem Schindeldach vor, in dem Kaminfeuer loderte und an den Wänden die schönsten Bücher standen, einen Ort, wo man leben konnte, wenn die übrige Welt in die Luft flog.

Dann starb Stalin, und wir stimmten Lobgesänge in der Kirche an, aber ich behielt mir Patagonien weiterhin in Reserve.

2 Die Geschichte von Buenos Aires steht im Telefonbuch der Stadt geschrieben. Pompeji Romanow, Emilio Rommel, Crespina D. Z. de Rose, Ladislao Radziwil und Elizabeta Marta Callman de Rothschild – fünf Namen, aufs Geratewohl unter dem Buchstaben R ausgewählt, erzählten eine Geschichte von Exil, Enttäuschung und Angst hinter Spitzengardinen.

Es gab ein herrliches Sommerwetter während der Woche, in der ich dort war. Die Geschäfte waren weihnachtlich geschmückt. Das Perón-Mausoleum in Olivos war vor kurzem eröffnet worden; Eva befand sich in gutem Zustand nach ihrer Reise durch europäische Banktresore. Ein paar Katholiken hatten eine Totenmesse für Hitler lesen lassen, und man rechnete allgemein mit einem Militärputsch.

Tagsüber vibrierte die Stadt in einem silbrigen Film von verschmutzter Luft. Am Abend gingen Jungen und Mädchen am Fluß spazieren. Sie sahen hart und glatt und hohlköpfig aus, und sie schlenderten Arm in Arm unter den Bäumen, ein kaltes Lachen lachend, von dem roten Wasser des Flusses durch eine granitrote Balustrade getrennt.

Die Reichen schlossen ihre Häuser für den Sommer. Weiße Laken wurden über vergoldeten Möbeln ausgebreitet, und im Hausflur lagen Lederkoffer übereinandergestapelt. Den ganzen Sommer hindurch würden sich die Reichen auf ihren Estancias vergnügen. Die besonders Reichen würden nach Punta del Este in Uruguay gehen, wo die Gefahr, entführt zu werden, weniger groß war. Einige der Reichen, die besonders sportlichen jedenfalls, vertraten die Ansicht, der Sommer sei im Hinblick auf Entführungen eine tote Saison, da auch die Guerilleros Ferienhäuser mieteten oder in die Schweiz zum Skilaufen führen.

Beim Mittagessen saßen wir unter einem Ölgemälde, das einen der Gauchos von General Rosas darstellte und von Raymond Monvoisin, einem Schüler von Delacroix, stammte. Der Gaucho lag, in einen blutroten Poncho gehüllt, wie eine männliche Odaliske da, katzenähnlich und von passiver Erotik.

Da muß erst ein Franzose herkommen, um das ganze Getue des Gauchos zu durchschauen, dachte ich.

Zu meiner Rechten saß eine Romanschriftstellerin. Sie erklärte, Einsamkeit sei das einzige Thema, über das zu schreiben sich lohne. Sie erzählte die Geschichte eines international berühmten Violinisten, der eines Nachts während einer Tournee in ein Motel im mittleren Westen geriet. Die Geschichte drehte sich um das Bett, die Geige und das Holzbein des Violinisten.

Vor etlichen Jahren hatte sie Ernesto Guevara gekannt, damals ein etwas schlampiger junger Mann, der versucht habe, sich einen Platz in der Gesellschaft zu erobern.

«Er war sehr *macho*», meinte sie, «wie die meisten jungen Argentinier, aber ich hätte nie gedacht, daß es *dahin* mit ihm kommen würde.»

Die Stadt erinnerte mich immer wieder an Rußland – die mit Antennen gespickten Fahrzeuge des Geheimdienstes, Frauen mit breiten Hüften, die in staubigen Parks Eis schleckten, die gleichen protzigen Statuen, die Zuckerbäckerarchitektur, die gleichen, nicht ganz geradlinig verlaufenden Alleen, die einem die Illusion endlosen Raums vermittelten und nirgendwohin führten.

Eher an das Rußland der Zaren als an das der Sowjets. Basarow könnte eine argentinische Gestalt sein, und der *Kirschgarten* ist eine argentinische Situation: das Rußland der habgierigen Großbauern, der korrupten Beamten, der importierten Delikatessen und der Großgrundbesitzer, die sich nach Europa verzehren.

Ich erwähnte dies einem Freund gegenüber.

«Das sagen viele», erwiderte er. «Letztes Jahr kam eine alte weißrussische Emigrantin zu uns aufs Land. Sie war schrecklich aufgeregt und wollte jedes Zimmer sehen. Wir sind auf den Dachboden gestiegen, und sie rief: ‹Ah, ich habe es gewußt! Der Geruch aus meiner Kindheit!›»

3 Ich nahm den Zug nach La Plata, um dort das beste Naturhistorische Museum Südamerikas zu besuchen. In meinem Abteil saßen zwei tagtägliche Opfer des *machismo,* eine schmale Frau mit einem blauen Auge und ein kränklich aussehendes Teenagermädchen, das sich an ihrem Rock festhielt. Gegenüber saß ein Junge, dessen T-Shirt mit grünen Schnörkeln verziert war. Erst beim zweiten Hinschauen stellte ich fest, daß die Schnörkel Messerklingen waren.

La Plata ist Universitätsstadt. Die meisten *gráficos* an den Häuserwänden waren abgestandene Importe vom Mai 68, aber einige waren ungewöhnlich: ‹Isabel Perón oder der Tod!› – ‹Wenn Evita leben würde, wäre sie eine *montonera!*› – ‹Tod den englischen Piraten.› – ‹Der beste Intellektuelle ist ein toter Intellektueller.›

Eine mit Ginkgo-Bäumen bestandene Allee führte an einer Statue von Benito Juárez vorbei zur Eingangstreppe des Museums. Die argentinischen Nationalfarben, das ‹Blau und Weiß›, wehten am Fahnenmast, aber eine rote Flut von Guevara-Aussprüchen überschwemmte die klassische Fassade und drohte das Gebäude zu verschlingen. Ein junger Mann stand mit gekreuzten Armen vor mir und sagte: «Das Museum ist aus verschiedenen Gründen geschlossen.» Ein peruanischer Indianer, der eigens aus Lima gekommen war, stand enttäuscht da. Gemeinsam brachten wir ihn dazu, uns einzulassen.

Im ersten Saal sah ich einen großen Dinosaurier, der von einem litauischen Einwanderer, Casimir Slapelič, in Patagonien gefunden und nach ihm benannt worden war. Ich sah die Glyptodone oder Riesengürteltiere, die an eine Parade von Panzerfahrzeugen denken ließen, jedes an den Knochenplatten wie eine japanische Chrysantheme etikettiert. Ich sah die ausgestopften

Vögel aus La Plata neben einem Porträt von W. H. Hudson, und schließlich stieß ich auf ein paar Überreste des Riesenfaultiers, *Mylodon Listai*, aus der Höhle in der Bucht der Letzten Hoffnung – Klauen, Dung, Knochen mit den dazugehörenden Sehnen und ein Stück Haut. Es hatte die gleichen rötlichen Haare, an die ich mich aus meiner Kindheit erinnerte. Das Hautstück war knapp eineinhalb Zentimenter dick. Knötchen weißen Knorpels waren darin eingebettet, und es sah aus wie haariges Erdnußkrokant.

La Plata ist die Heimatstadt des Florentino Ameghino, der 1854 als Sohn von Einwanderern aus Genua auf die Welt kam, und, ein einsamer Autodidakt, als Direktor des Nationalmuseums starb. Er hatte als Kind angefangen, Fossilien zu sammeln und später ein Schreibwarengeschäft eröffnet, das er nach seinem Lieblingstier *El Gliptodonte* nannte. Die Fossilien verdrängten die Schreibwaren immer mehr und übernahmen die Herrschaft in dem Laden, doch inzwischen war Ameghino weltberühmt, so zahlreich waren seine Publikationen und so seltsam seine Fossilien.

Ameghinos jüngerer Bruder Carlos verbrachte seine Zeit damit, die patagonischen *barrancas* zu erforschen, während Florentino daheim die Fossilien sortierte. Er besaß ein wunderbares Vorstellungsvermögen und konnte ein Riesentier an Hand eines noch so winzigen Stückchens Zahn oder Klaue rekonstruieren. Außerdem hatte er eine Schwäche für lange Namen. Ein Tier nannte er *Florentinoameghinea* und ein anderes *Propalaeohoplophorus*. Er liebte sein Land mit der ganzen Leidenschaft des Einwanderers der zweiten Generation, und manchmal stieg ihm sein Patriotismus zu Kopf. Bei einer Gelegenheit führte er die gesamte wissenschaftliche Welt an der Nase herum:

Vor etwa fünfzig Millionen Jahren, zur Zeit der Kontinentalverschiebungen, waren die patagonischen Dinosaurier den Dinosauriern Belgiens, Wyomings oder der Mongolei weitgehend ähnlich. Als sie ausstarben, nahmen warmblütige Säugetiere ihren Platz ein. Die Wissenschaftler, die dieses Phänomen untersuchten, erklärten, die Neuankömmlinge hätten ihren Ursprung in der nördlichen Hemisphäre, von wo aus sie die ganze Erde kolonisierten.

Die ersten Säugetiere, die nach Südamerika kamen, waren ein paar seltene Arten, die heute als Notoungulata und Condylarthra bekannt sind. Kurz nach ihrer Ankunft brach der Isthmus von Panama auseinander und trennte sie vom Rest der Schöpfung. Da es keine Karnivoren gab, von denen sie verfolgt wurden, nahmen die südamerikanischen Säugetiere immer seltsamere Formen an. Da gab es das riesige Bodenfaultier, das Toxodon, das Megatherium und das Mylodon. Da gab es die Stachelschweine, Ameisenfresser und Gürteltiere, die Liptoterna, das Astrapotherium und die Macrauchenidae (eine Art Kamel mit Rüssel). Dann tauchte die Landbrücke von Panama wieder an die Oberfläche, und ein Heer von tüchtigeren nordamerikanischen Säugetieren, darunter zum Beispiel der Puma und der Säbelzahntiger, drängte nach Süden und rottete viele der dort heimischen Arten aus.

Dr. Ameghino schätzte diese zoologische Variante der Monroe-Doktrin nicht besonders. Einige wenige ‹Südstaatler›, so sah er es, wehrten sich gegen die Invasion der *Yanquis*. Kleinere Faultiere waren bis nach Mittelamerika, das Gürteltier bis nach Texas und das Stachelschwein bis nach Kanada vorgedrungen (was beweist, daß eine Invasion immer eine Gegeninvasion zur Folge hat). Aber damit gab sich Ameghino nicht zufrieden. Er tat seine patriotische Pflicht und stellte die Chronologie auf den Kopf. Mit den verdrehten Tatsachen wollte er den Beweis erbringen, daß *alle* warmblütigen Säugetiere ursprünglich aus Südamerika stammten und nach Norden gewandert waren. Und dann gab es für ihn kein Halten mehr: Er veröffentlichte eine Broschüre mit der These, daß selbst der Mensch erstmals auf dem Boden der *patria* aufgetaucht war – weshalb in manchen Kreisen der Name Ameghinos gleich neben Platon und Newton genannt wird.

4 Ich verließ das Knochenhaus von La Plata, taumelnd unter den Schlägen Linnéschen Lateins und fuhr auf dem schnellsten Wege nach Buenos Aires zurück, zur Patagonia-Station, wo ich den Nachtbus in den Süden nahm.

Als ich aufwachte, fuhr der Bus durch eine leicht hügelige Landschaft. Der Himmel war grau, und über den Tälern hingen Nebelschleier. Die Farbe der Weizenfelder wechselte gerade von Grün zu Gelb, und auf den Weiden grasten schwarze Kühe. Wir fuhren immer wieder über Wasserläufe, an deren Ufer Weiden und Pampasgras wuchsen. Hinter Schirmwänden von Pappeln und Eukalyptusbäumen lagen geduckt die Häuser der Estancias. Einige der Gebäude waren mit Dachziegeln gedeckt, aber die meisten Dächer waren aus rot angemaltem Blech. Die Wipfel der höchsten Eukalyptusbäume waren vom Wind weggefegt worden.

Um halb neun hielt der Bus in der kleinen Stadt, in der ich Bill Philips zu finden hoffte. Sein Großvater war Pionier in Patagonien gewesen, und er hatte immer noch ein paar Verwandte dort. Die Stadt war ein Gitternetz aus einstöckigen Backsteinhäusern und Geschäften, die im Kolonialstil erbaut waren und vorstehende Dachsimse hatten. Auf dem Platz befand sich eine städtische Anlage und eine Bronzebüste des Befreiers General San Martín. Die um die Anlage herumführenden Straßen waren asphaltiert, aber auf den Wegen wehte der Wind und überzog die Blumen und die Bronzebüste mit weißem Staub.

Zwei Farmer hatten ihre Lieferwagen draußen vor der Bar stehen lassen und tranken *vino rosado*. Ein alter Mann stand über seinen Mate-Kessel gebeugt. Hinter der Theke hingen Bilder von Isabel und Juan Perón: er trug eine blau-weiße Schärpe und sah alt und heruntergekommen aus. Ein anderes zeigte Evita und Juan, der damals noch sehr viel jünger und gefährlicher war. Und auf einem dritten Foto war General Rosas mit Koteletten und herabgezogenen Mundwinkeln zu sehen. Die Ikonographie des Peronismus ist äußerst kompliziert.

Eine alte Frau brachte mir ein zähes Sandwich und Kaffee. Natürlich könnte ich meinen Sack bei ihr lassen, während ich Señor Philips suchte, meinte sie. «Es ist weit bis zu Señor Philips. Er lebt oben in der Sierra.»

«Wie weit ist das?»

«Rund vierzig Kilometer. Aber vielleicht finden Sie ihn hier. Er kommt oft am Morgen in die Stadt.»

Ich fragte herum, aber niemand hatte den *gringo* Philips an diesem Morgen gesehen. Ich fand ein Taxi und feilschte um den Preis. Der Fahrer war ein dünner, fideler Typ, ein Italiener vermutete ich, der das Handeln offensichtlich genoß. Er fuhr davon, um Benzin zu tanken. Ich warf einen Blick auf General San Martín und trug dann meinen Sack zum Gehsteig. Das Taxi kam herangefahren, und der Italiener sprang aufgeregt heraus und rief:

«Ich habe gerade den *gringo* Philips gesehen. Da drüben. Er kommt in diese Richtung.»

Es machte ihm nichts aus, einen Kunden verloren zu haben, und er wollte sich absolut nichts bezahlen lassen. Das Land begann mir zu gefallen.

Ein eher kleiner, untersetzter Mann in einer Khakihose kam die Straße daher. Er hatte ein fröhliches jungenhaftes Gesicht, und von seinem Hinterkopf ragte ein Büschel Haare in die Höhe.

«Bill Philips?»

«Woher wissen Sie das?»

«Ich hab's erraten.»

«Kommen Sie mit nach Hause», sagte er grinsend.

Wir fuhren in seinem alten Lieferwagen aus der Stadt hinaus. Die Tür auf der Beifahrerseite klemmte, und an einer verrosteten Wellblechhütte stiegen wir nacheinander aus, damit ein Baske mit faltigem Gesicht und sandfarbenem Haar, der auf der Farm kleinere Arbeiten erledigte und ein bißchen einfältig war, einsteigen konnte. Die Straße führte durch eine flache Landschaft mit Viehweiden. Schwarze Aberdeen Angus-Rinder standen um die Windpumpen herum. Die Zäune waren in perfektem Zustand. Alle sechs, sieben Kilometer kamen wir an der protzigen Toreinfahrt einer großen Estancia vorbei.

«Millionärsland hier unten», sagte Bill. «Ich lebe oben in der Schafzone. Ich kann mir ein paar Jersey halten, aber für eine große Herde haben wir nicht genug Gras und Wasser. Eine einzige Dürre und ich bin ruiniert.»

Bill bog von der Hauptstraße ab und steuerte ein paar blasse, steinige Hügel an. Wolken und Nebel brachen auf. Hinter den Hügeln sah ich eine Bergkette – das gleiche silbrige Grau wie die Wolken. Die Sonne fiel auf ihre Hänge, die zu glänzen schienen.

«Sind Sie wegen Darwin hergekommen oder um uns zu besuchen?» fragte Bill.

«Um Sie zu besuchen. Aber wieso Darwin?»

«Er ist hiergewesen. Da drüben, ganz links, können Sie jetzt die Sierra Ventana sehen. Darwin ist auf seinem Weg nach Buenos Aires dort hinaufgeritten. Ich selbst bin noch nie dort gewesen. Zuviel Arbeit auf einer neuen Farm.»

Die Straße stieg jetzt an und endete in einem holprigen Weg. Bei einem Farmhaus öffnete Bill ein Gatter, und ein Hund schoß auf uns los. Bill schob sich schnell wieder ins Fahrerhaus, und der Hund duckte sich und fletschte voller Haß die Zähne.

«Meine Nachbarn sind Italiener», sagte Bill. «Sie haben die ganze Gegend mit Beschlag belegt. Vor vierzig Jahren sind sie alle aus einem Dorf in den Marche hergekommen. Alles glühende Peronisten, denen man besser nicht traut. Ihre Philosophie ist sehr einfach: vermehrt euch wie die Fliegen, und über die Bodenreform macht euch später Gedanken. Sie haben alle mit ziemlich großen Parzellen angefangen, aber jetzt teilen sie sie immer wieder auf. Sehen Sie das Haus, das da drüben gebaut wird?»

Der Weg war steil angestiegen, und die ganze Landschaft lag hinter uns ausgebreitet, eine Talmulde mit Feldern, von felsigen Hügeln umringt und von blitzenden Sonnenstrahlen beleuchtet. Alle Farmhäuser standen zwischen dichten Gruppen von Pappeln, nur das eine neue nicht – ein häßlicher weißer Kasten, nackt, ohne Bäume.

«Dort lebt eine Familie, die sich gerade aufgeteilt hat. Der Alte ist gestorben. Die beiden Söhne streiten sich. Der ältere bekommt das beste Land und baut sich ein neues Haus. Der jüngere ist in der Lokalpolitik aktiv. Will die Hand auf meine besten Schafweiden legen. Dabei habe ich gerade genug, um einigermaßen durchzukommen. Und wir waren schon argentinische Staatsbürger, als diese Horde da noch in ihrem verdammten italienischen Dorf hockte. – Da sind wir», sagte er dann.

Wir hielten an und ließen den Basken heraus, der zu Fuß den Hügel wieder hinunterging. Das Haus, ein kleines Fertighaus mit zwei Zimmern, stand auf einem kahlen Hang und hatte große Fenster und eine wunderschöne Aussicht.

«Kümmern Sie sich nicht um Anne-Marie», meinte Bill. «Sie ist immer ein bißchen zappelig, wenn wir Besuch haben. Steigert sich da richtig hinein. Scheint zu glauben, daß Besucher Arbeit machen. Gehört nicht gerade zu der hausfraulichen Sorte. Aber achten Sie gar nicht darauf. In Wirklichkeit hat sie Besucher sehr gern. – Liebling, wir haben Besuch», rief er.

Ich hörte, wie sie antwortete: «Tatsächlich?» und die Schlafzimmertür hinter sich zuschlug. Bill machte ein unglückliches Gesicht. Er tätschelte den Hund, und wir unterhielten uns über Hunde. Ich schaute mir sein Bücherregal an und stellte fest, daß er lauter gute Bücher hatte. Er hatte gerade Turgenjews *‹Aufzeichnungen eines Jägers›* gelesen, und wir unterhielten uns über Turgenjew.

Ein Junge, der eine blaue Hose trug und ein frischgewaschenes Hemd, steckte seinen Kopf zur Tür herein. Er sah den Besucher ängstlich an und lutschte an seinem Daumen.

«Komm her, Nicky, und sag guten Tag», rief Bill ihm zu.

Nicky zog seinen Kopf zurück, und die Tür fiel wieder ins Schloß. Schließlich kam Anne-Marie heraus und gab mir die Hand. Sie war spitz und förmlich. Sie konnte sich nicht vorstellen, was am Besitz ihres Vaters mich bewogen hatte herzukommen.

«Bei uns herrscht das reine Chaos», sagte sie.

Ihr Gesicht wirkte hell und offen, wenn sie lächelte. Sie war schlank und sah gesund aus, hatte kurzgeschnittenes schwarzes Haar und helle sonnengebräunte Haut. Sie gefiel mir ungeheuer gut, aber sie sprach ständig von ‹Provinzlern wie wir›. Sie hatte in London und New York gearbeitet. Sie hatte genaue Vorstellungen davon, wie die Dinge zu sein hatten, und entschuldigte sich dafür, wie sie waren. «Wenn wir doch nur gewußt hätten, daß Sie kommen würden, dann hätten wir . . .»

Das sei doch unwichtig, sagte ich. Völlig unwichtig. Aber ich sah, daß es ihr wichtig war.

«Wir brauchen mehr Fleisch zum Mittagessen», sagte sie, «jetzt, wo wir einen Besucher haben. Warum nehmt ihr beide nicht Nicky mit zur Farm, und ich räume unterdessen hier auf?»

Bill und ich warteten, bis Nicky aus den feinen Sachen, die er extra meinetwegen angezogen hatte, wieder heraus war. Auf dem ersten Feld sahen wir ein paar braune Vögel mit langen Schwanzfedern und langen Kämmen.

«Was ist das für ein Vogel, Nicky?» fragte Bill.

«Ein Uraka.»

«Der häßlichste Vogel im Buch der Natur», sagte Bill.

«Und das da sind Tero-Teros», sagte Nicky.

Ein Paar schwarzweißer Kiebitze schwang sich in die Luft und kreiste über uns, kreischend, als sei der Feind in der Nähe.

«Und das ist das häßlichste Geräusch, das es gibt. Dieser Vogel haßt den Menschen. Haßt ihn richtig.»

Der Weg führte quer über ein Stück Land mit Stoppelgras zu ein paar Farmgebäuden in einer windgeschützten Mulde auf. Ein drahtiger Junge, der Dino genannt wurde, kam aus einem Zementhaus gerannt und spielte mit Nicky auf dem Hof, wobei sie laut schrien. Eine Schafwanne war mit einer schleimigen grünlichen Flüssigkeit angefüllt, und Bill befahl den Kindern, sich von dort zu entfernen.

«Schlimme Sache», sagte er. «Vor zwei Monaten ist ein Nachbarskind in meiner Schafwanne ertrunken. Die Eltern hatten sich beim Mittagessen am Sonntag betrunken. Gott sei Dank ist die Mutter wieder schwanger – zum neuntenmal!»

Der Vater von Dino kam aus dem Haus, nahm zum Gruß den Hut ab, und Bill sagte ihm, er solle ein Schaf töten. Wir sahen uns auf der Farm um, betrachteten die Schafe, ein paar neuerworbene Schafsböcke und einen McCormick-Traktor.

«Können Sie sich vorstellen, was so ein verdammtes Ding kostet bei unserem Wechselkurs? Ich kann mir nichts anderes mehr leisten. Wissen Sie, wofür wir hier unten beten? Sadistisch beten? Daß es in Europa einen schlimmen Winter gibt. Weil dann dic Wollpreise steigen.»

Wir gingen in den Obstgarten, wo Dinos Vater das tote Schaf an einen Apfelbaum gehängt hatte. Sein Hund fraß das im Gras liegende dunkelrote Bündel der Innereien. Er setzte sein Messer am Hals des Tiers an, und schon lag der abgetrennte Kopf in seiner Hand. Der Tierkadaver pendelte am Ast hin und her. Der Mann hielt ihn fest und schnitt eine Keule ab, die er Bill übergab.

Auf halbem Weg nach Hause fragte Nicky, ob er den Besucher bei der Hand fassen dürfe.

«Ich weiß gar nicht, was Sie mit Nicky angestellt haben», meinte Anne-Marie, als wir zurückkamen. «Normalerweise haßt er Besucher.»

5 Am Abend fuhr mich Bill hinunter nach Bahía Blanca. Unterwegs besuchten wir einen Schotten, mit dem er über einen Bullen verhandeln wollte.

Sonny Urquharts Farm lag draußen auf dem flachen Land, rund fünf Kilometer von der Straße entfernt. Sie war vier Generationen lang vom Vater auf den Sohn übergegangen – seit der Zeit der Überfälle auf die Indianer. Auf dem Weg zur Farm mußten wir vier Gatter öffnen. Die nächtliche Stille wurde nur von den Schreien der Tero-Teros unterbrochen. Wir fuhren auf eine Gruppe schwarzer Zypressen zu, in deren Mitte ein Licht schimmerte.

Der Schotte rief seine Hunde zurück und führte uns durch einen schmalen grünen Flur in ein großes dunkelgrünes Zimmer, das von einer einzigen Glühbirne erleuchtet wurde. Vor dem Kamin standen ein paar Stühle mit breiten, flachen Armlehnen, auf deren Politur feuchte Whiskygläser Ringe hinterlassen hatten. Hoch oben an den Wänden hingen Drucke von eleganten Herren und Damen in Krinolinen.

Sonny Urquhart war ein harter, sehniger Mann mit zurückgekämmtem und in der Mitte gescheiteltem blondem Haar. Er hatte Leberflecke im Gesicht und einen großen Adamsapfel. Sein Nacken war kreuz und quer gestreift von Linien, die vom Arbeiten ohne Hut in der Sonne herrührten. Seine Augen waren von einem wässerigen Blau und ziemlich blutunterlaufen.

Er schloß seinen Handel mit Bill über den Bullen ab. Und Bill redete über die Preise, die für Farmen gezahlt werden mußten, und über die Bodenreform, und Sonny schüttelte den Kopf oder nickte. Er saß auf einem Kaminschemel und trank seinen Whisky. Von Schottland waren ihm ein gewisser angeborener Stolz und eine schwache Erinnerung an Kilts und Dudelsäcke geblieben, aber diese Feste gehörten einer anderen Generation an.

Seine Tante und der Onkel waren von Buenos Aires heruntergekommen, um sich ein bißchen um ihn zu kümmern. Die Tante war hocherfreut über unseren Besuch. Sie hatte gebacken und brachte einen Kuchen herein, der mit rosa Zuckerguß überzogen und innen cremig war. Sie schnitt Riesenstücke davon ab, die sie auf hauchdünnen Porzellantellern mit silbernen Gäbelchen servierte. Wir hatten schon gegessen, aber wir konnten nicht ablehnen. Sie schnitt ein Stück für Sonny ab.

«Du weißt doch, ich esse keinen Kuchen», sagte er.

Sonny hatte eine Schwester, die als Krankenschwester in Buenos Aires arbeitete. Nach dem Tod der Mutter war sie nach Hause zurückgekehrt, aber sie stritt sich mit Sonnys *peón*. Der *peón* war ein halber Indianer, und er schlief im Haus. Sie haßte sein Messer. Sie haßte die Art, wie er es beim Essen benutzte. Sie wußte, daß der *peón* kein guter Umgang für Sonny war. Fast jeden Abend tranken sie zusammen. Manchmal tranken sie die ganze Nacht hindurch und schliefen den ganzen nächsten Tag über. Sie wollte im Haus einiges verändern, um es gemütlicher zu machen, aber Sonny erklärte: «Das Haus bleibt so, wie es immer war.»

Eines Abends waren beide Männer betrunken, und der *peón* beleidigte sie. Sie kriegte panische Angst und schloß sich in ihrem Zimmer ein. Sie hatte das Gefühl, daß etwas Schlimmes passieren würde, und kehrte zurück, um ihre frühere Arbeit wiederaufzunehmen.

Sonny und der *peón* hatten nach ihrer Abreise eine Schlägerei. Die Nachbarn behaupteten, es hätte weit schlimmer ausgehen können. Daraufhin waren Tante und Onkel angereist gekommen, aber sie konnten mit der Farm auch nicht fertig werden. Glücklicherweise besaßen sie Ersparnisse genug, um sich einen Bungalow in einem Vorort von Buenos Aires kaufen zu können, in einer hübschen Gegend, versteht sich, wo lauter Engländer wohnten.

Sie schwatzten weiter, und Sonny trank seinen Whisky. Er hoffte, daß der *peón* zurückkam. Man konnte es aus dem schließen, was er nicht sagte, daß er hoffte, der *peón* käme zurück.

6

Bahía Blanca ist der letzte größere Ort vor der patagonischen Wüste. Bill setzte mich an einem Hotel in der Nähe des Busbahnhofs ab. Die Bar war grün gestrichen und hell erleuchtet und voller Kartenspieler. Ein Junge vom Lande stand an der Theke. Er war auf den Beinen, hielt aber den Kopf hoch wie ein Gaucho. Er sah nett aus mit seinem krausen schwarzen Haar, und er war wirklich sehr betrunken. Die Frau des Besitzers zeigte mir ein heißes, stickiges Zimmer, purpurrot und mit zwei Betten darin. Es war ein Zimmer ohne Fenster, und die Tür ging auf einen verglasten Hof. Das Zimmer war sehr billig, und die Frau sagte nichts davon, daß ich es teilen müßte.

Ich war kaum eingeschlafen, als der Junge vom Lande hereingeschwankt kam, sich stöhnend auf das andere Bett warf, sich wieder aufsetzte und übergab. Er übergab sich mehrere Male innerhalb einer Stunde, und dann schnarchte er. Wegen des Geruchs und des Schnarchens habe ich während der ganzen Nacht kein Auge zugetan.

Daher blickte ich am nächsten Tag, als wir durch die Wüste fuhren, mit müden Augen auf die silbrig dahinwirbelnden Wolkenfetzen am Himmel und die See aus graugrünem Dorngestrüpp, das sich in Wogen dahinzog und in Terrassen anstieg, und den weißen Staub, der von den Salzsümpfen fortströmte, und sah, wie sich am Horizont Himmel und Erde zu einer einzigen Farblosigkeit auflösten.

Patagonien beginnt am Río Negro. Um die Mittagszeit fuhr der Bus auf einer Eisenbrücke über den Fluß und hielt vor einem Lokal an. Eine Indianerin und ihr Sohn stiegen aus. Die Frau hatte zwei Plätze ausgefüllt. Sie kaute Knoblauch und trug klimpernde echte goldene Ohrringe und einen steifen weißen Hut, den sie an ihren Haarflechten festgesteckt hatte. Während sie sich und ihre Pakete aus dem Bus auf die Straße manövrierte, ging ein Ausdruck des Abscheus über das Gesicht des Jungen.

Die festen Häuser des Dorfes waren aus Backsteinen gebaut, mit schwarzen Ofenrohren und einem Gewirr von elektrischen Drähten auf den Dächern. Wo die Backsteinhäuser aufhörten, begannen die Indianerhütten, die aus Pappkartons, Kunststofftafeln und Sackleinen zusammengeschustert waren.

Ein Mann ging allein die Straße hinauf. Er hatte seinen Filzhut tief ins Gesicht gezogen und trug einen Sack auf dem Rücken. Er ließ den Ort hinter sich und verschwand in den weißen Staubwolken. In einem Hauseingang standen ein paar Kinder und quälten ein Lamm. Aus einer Hütte drang Radiomusik und das Geräusch von brutzelndem Fett. Ein magerer Arm kam zum Vorschein und warf einem Hund einen Knochen zu. Der Hund nahm ihn und stahl sich davon.

Die Indianer waren Saisonarbeiter aus Südchile. Sie gehörten zum Stamm der Araukaner. Noch vor hundert Jahren waren die Araukaner ein unglaublich stolzer und mutiger Stamm. Sie malten ihre Körper mit roter Farbe an, zogen ihren Feinden bei lebendigem Leib die Haut ab und tranken das Blut aus dem Herzen der Toten. Die Erziehung der männlichen Nachkommen bestand darin, ihnen Hockey, Reiten, Trinken, Beleidigungen und sexuelle Fertigkeiten beizubringen. Drei Jahrhunderte lang hatte dieser Stamm den Spaniern tödliche Angst eingejagt. Im 16. Jahrhundert schrieb Alonso de Ercilla ihnen zu Ehren ein Epos, das er *‹La Araucana›* nannte. Voltaire las es, und ihm ist es zu verdanken, daß die Araukaner in die Kategorie der ‹edlen Wilden› (von der unsanften Art) eingeordnet wurden. Die Araukaner sind selbst heute noch ziemlich unsanft und wären weit unsanfter, wenn sie das Trinken sein ließen.

Um das Dorf herum lagen bewässerte Mais- und Kürbisfelder sowie Obstgärten mit Kirsch- und Aprikosenbäumen. Am Fluß bogen sich die Weiden im Wind und zeigten die silbrigen Unterseiten ihrer Blätter. Die Indianer hatten Weidenruten geschnitten, und man sah die frischen weißen Schnittflächen und roch den duftenden Saft. Durch die Schneeschmelze in den Anden war der Fluß angeschwollen, das Wasser eilte durch das raschelnde Ried. Purpurschwalben jagten Insekten hinterher. Wenn sie über dem Kliff flogen, erfaßte sie der Wind und warf sie um in einer flatternd gezogenen Kurve, und dann stießen sie herab zur Wasseroberfläche des Flusses.

Das Kliff ragte schroff hinter dem Anlegeplatz einer Fähre auf. Ich kletterte einen Pfad hinauf und schaute von oben stromaufwärts in Richtung Chile. Ich sah, wie der Fluß sich schimmernd und schlängelnd zwischen den knochenweißen Klippen und Streifen smaragdgrüner Felder zu beiden Seiten dahinzog. Jenseits der Klippen lag die Wüste. Kein Geräusch war zu hören, nur der Wind, der durch das Dornengestrüpp fegte und durch trockene Grashalme pfiff. Und kein Lebenszeichen außer einem Habicht und einem schwarzen Käfer, der gemächlich über weiße Steine krabbelte.

Die patagonische Wüste besteht nicht aus Sand oder Stein, sondern ist mit niedrigem Dornengestrüpp bewachsen, dessen graue Blätter einen bitteren Geruch ausströmen, wenn man sie zerreibt. Im Gegensatz zu den arabischen Wüsten hat sie nie jemanden zu geistigen Höhenflügen inspiriert, aber trotzdem ihren Platz in den Annalen menschlichen Wissens gefunden. Charles Darwin fand ihre negativen Eigenschaften unwiderstehlich. In seinem Buch *‹Zoology of the Voyage of H. M. S. Beagle›* versucht er – mit wenig Erfolg – zu erklären, warum gerade diese «dürre Einöde», mehr als jedes andere Naturwunder, dem er begegnet war, ihn so nachhaltig beeindruckt hatte.

In den sechziger Jahren des 19. Jahrhunderts kam W. H. Hudson zum Río Negro, auf der Suche nach den Zugvögeln, die in der Nähe seines Hauses in La Plata überwinterten. Viele Jahre später erinnerte er sich an diese Reise durch den Filter seiner Pension in Notting Hill hindurch und schrieb ein so ruhiges und abgeklärtes Buch, das selbst Thoreau noch wie einen Schwätzer erscheinen läßt. Hudson widmete ein ganzes Kapitel der *‹Idle Days in Patagonia›* dem Versuch, Darwins Frage zu beantworten, und kam zu dem Schluß, daß Wüstenwanderer eine ursprüngliche Ruhe in sich entdecken (die auch der primitivste Wilde kennt), die möglicherweise dem Frieden Gottes gleichkomme.

Um die Zeit, als Hudson die Gegend um den Río Negro besuchte, war der Fluß die nördliche Grenze eines ungewöhnlichen Königreichs, das noch heute in Paris im Exil Hof hält.

7 An einem verregneten Novembernachmittag empfing mich Seine Königliche Hoheit, Prinz Philippe von Araukanien und Patagonien, zu einer Audienz in seiner Werbeagentur in der Faubourg Poissonière. Um dorthin zu gelangen, mußte ich an der Redaktion der kommunistischen Tageszeitung *L'Humanité,* an einem Kino, das *‹Pinocchio›* spielte, und an einem Geschäft vorbei, wo Fuchs- und Skunkfelle aus Patagonien verkauft wurden. Ebenfalls zugegen war der Hofhistoriker, ein junger und beleibter Argentinier französischer Herkunft, dessen Blazerknöpfe das königliche Wappen zierte.

Der Prinz, klein, in einem braunen Tweedanzug, sog an einer Bruyèrepfeife, die sein Kinn kräuselte und nach unten zog. Er war gerade von einer Geschäftsreise nach Ost-Berlin zurückgekommen und wedelte verächtlich mit einer Ausgabe der *Prawda* Er zeigte mir ein umfangreiches Manuskript, das einen Verleger suchte; ein Foto von zwei araukanischen Bürgern, die ihre blau-weiß-grüne Trikolore hochhielten; ein Gerichtsurteil, welches Monsieur Philippe Boiry gestattete, seinen königlichen Titel in einem französischen Paß zu benutzen; einen Brief des Konsuls von El Salvador in Houston, der ihn als Staatsoberhaupt im Exil anerkannte, und seine Korrespondenz mit den Präsidenten Perón und Eisenhower (letzteren hatte er mit einem Orden ausgezeichnet) sowie mit dem Prinzen Montezuma, dem Anwärter auf den Thron der Azteken.

Beim Abschied drückte er mir mehrere Exemplare der *Cahiers des Hautes-Études Araucaniennes* in die Hand, darunter die Studie von Graf Léon M. de Moulin-Peuillet, *‹Die Königliche Erbfolge von Araukanien und der Orden von Memphis und Misräim (ägyptischer Ritus)›*.

«Jedesmal, wenn ich etwas versuche», sagte der Prinz, «gewinne ich ein bißchen.»

8 Im Frühling 1859 schloß der Advokat Orélie-Antoine de Tounens die grauen Fensterladen seines Büros in der Rue Hiéras in Périgueux, warf einen letzten Blick auf das byzantinische Profil der städtischen Kathedrale und machte sich auf den Weg nach England. Er hielt einen Koffer umklammert, der die 25 000 Francs enthielt, die er vom gemeinsamen Bankkonto der Familie abgehoben hatte, womit er den finanziellen Ruin der Seinen beschleunigte.

Er war der achte Sohn einer Familie von Kleinbauern, die auf einem heruntergewirtschafteten Herrensitz in dem Dörfchen La Chèze in der Nähe des Dörfchens Las Fount lebten. Er war dreiunddreißig Jahre alt (das Alter, in dem Genies sterben),

Junggeselle und Freimaurer und hatte mit ein bißchen Nachhilfe seine Abstammung von einem galloromanischen Senator abgeleitet und seinem Namen ein *de* hinzugefügt. Er hatte einen träumerischen Blick und wallendes schwarzes Kopf- und Barthaar. Er kleidete sich wie ein Dandy, hielt sich betont aufrecht, und seine Handlungen zeichneten sich durch den unbesonnenen Mut des Visionärs aus.

Er hatte Voltaire gelesen und war durch ihn auf die hölzernen Strophen von Ercillas Versepos gestoßen. Zum erstenmal hörte er von dem unbezwungenen Stamm im Süden Chiles:

Robust und bartlos,
Gestalten, sanft und muskulös,
Die Glieder hart, stählern die Nerven.
Wendig, ehern, fröhlich,
Beseelt, heldenhaft und wagemutig,
Abgehärtet durch die Arbeit, geduldig
Bei tödlicher Kälte, bei Hunger und Hitze.

Murat war Stalljunge gewesen und wurde König von Neapel. Bernadotte war ein Schreiber aus Pau und wurde König von Schweden. Orélie-Antoine hatte es sich in den Kopf gesetzt, sich von den Araukanern zum König ihrer jungen und kräftigen Nation wählen zu lassen.

Er ging an Bord eines englischen Handelsschiffs, umfuhr mitten im Winter Kap Hoorn und landete in Coquimbo, einem Ort an der verlassenen chilenischen Küste, wo er bei einem anderen Freimaurer Logis fand. Bald darauf vernahm er, daß die Araukaner sich zum letzten Widerstand gegen die Republik versammelten. Er schrieb ermutigende Briefe an ihren Kaziken Mañil, und im Oktober überquerte er den Bio-Bio-Fluß, die Grenze seines zukünftigen Königreichs.

In seiner Begleitung befanden sich ein Dolmetscher und zwei Franzosen, die Herren Lachaise und Desfontaines, sein Außen- und Justizminister – Phantombeamte, die er nach den Dörfern La Chèze und Las Fount benannt hatte und die in der Person Seiner Majestät verkörpert waren.

Orélie-Antoine kämpfte sich in Begleitung seiner beiden unsichtbaren Minister durch ein Unterholz voller scharlachroter Blumen, und er verliebte sich in einen jungen Reiter. Der Junge klärte ihn darüber auf, daß Mañil tot sei, und führte ihn zu dessen Nachfolger Quilapán. Der Franzose war entzückt, als er hörte, daß dem Indianer das Wort ‹Republik› ebenso verhaßt war wie ihm. Aber es gab einen neuen Tatbestand, von dem er nichts gewußt hatte: Kurz vor seinem Tod hatte der Kazike Mañil den Seinen die ewige Illusion des Indianers als Prophezeiung hinterlassen: das Ende des Krieges und der Sklaverei werde mit der Ankunft eines bärtigen weißen Fremden zusammentreffen.

Die triumphale Begrüßung durch die Araukaner ermutigte Orélie-Antoine, eine konstitutionelle Monarchie auszurufen. Als Thronfolger sollten Mitglieder seiner eigenen Familie eingesetzt werden. Er unterzeichnete das Dokument mit seiner spinnwebartigen königlichen Unterschrift, setzte die kühnere Handschrift von Desfontaines darunter und sandte Durchschriften an den chilenischen Präsidenten und die Zeitungen von Santiago. Drei Tage später brachte ein durch das zweimalige Überqueren der Kordilleren völlig erschöpfter Reiter neue Nachrichten: auch die Patagonier akzeptierten das Königreich. Orélie-Antoine unterzeichnete ein weiteres Dokument, in dem er ganz Südamerika vom 42. Breitengrad bis nach Kap Hoorn annektierte.

Berauscht von der Größe seiner Geste zog sich der König in eine Pension in Valparaíso zurück und beschäftigte sich mit der Verfassung, der Armee, der Schiffahrtslinie nach Bordeaux und der Nationalhymne (die von einem Señor Guillermo Frick aus Valdivia komponiert wurde). Er schrieb einen offenen Brief an seine Heimatzeitung *Le Périgord,* in dem er ‹La Nouvelle France› als ein fruchtbares Land pries, das von Mineralien berste und die Verluste von Louisiana und Kanada wettmache, jedoch nicht erwähnte, daß es von kriegerischen Indianern nur so wimmelte. Eine andere Zeitung, *Le Temps,* höhnte, daß ‹La Nouvelle France› ebenso viel Vertrauen einflöße wie Monsieur de Tounens seinen früheren Klienten.

Neun Monate später kehrte er ohne einen Pfennig und verletzt durch die allgemeine Gleichgültigkeit mit einem Pferd, einem Esel und einem Diener namens Rosales nach Araukanien zurück. (Als er dieses Individuum in seine Dienste nahm, beging er den üblichen Irrtum aller Touristen, indem er fünfzehn mit fünfzig Pesos verwechselte.) Im ersten Dorf fand er seine Untertanen betrunken vor, aber sie waren schnell wieder bei klarem Verstand und leiteten den Befehl an die anderen Stämme weiter, sich zu versammeln. Der König sprach zu ihnen vom ‹Natürlichen und Internationalen Recht›, und die Indianer ließen ihn hochleben. Er stand in einem Kreis von nackten Indianern, trug einen braunen Poncho und ein weißes Stirnband und salutierte mit steifen napoleonischen Gesten. Er rollte die Trikolore aus und rief unter Tränen: «Lang lebe die Einheit der Stämme! Unter einem einzigen Häuptling! Unter einer einzigen Fahne!»

Jetzt träumte der König von einer Armee von dreißigtausend Kriegern und wollte seiner Grenze mit Gewalt Anerkennung verschaffen. Kriegsgeschrei hallte durch die Wälder, und die ambulanten Schnapsschmuggler traten den Rückzug in die Zivilisation an. Die weißen Kolonisten auf der anderen Seite des Flusses bemerkten die Rauchzeichen und signalisierten den Militärs ihre eigenen Befürchtungen. In der Zwischenzeit kritzelte Rosales eine Nachricht an seine Frau (die nur sie allein entziffern konnte) und berichtete ihr von seinem Plan, den französischen Abenteurer zu entführen.

Orélie-Antoine begab sich ohne Leibwache von einer Siedlung zur anderen. Als er eines Mittags Rast machte und gedankenverloren am Ufer des Flusses dasaß, achtete er nicht weiter auf eine Gruppe bewaffneter Männer, die er zwischen den Bäumen mit Rosales reden sah. Seine Schultern wurden von einem schweren Gewicht zu Boden gedrückt, seine Arme wurden von Händen umklammert, und andere Hände nahmen ihm seine Habseligkeiten ab.

Die chilenischen Soldaten zwangen den König, mit ihnen in die Provinzhauptstadt Los Angeles zu reiten, wo sie ihn vor den Gouverneur schleppten, den Großgrundbesitzer Don Cornelio Saavedra.

«Sprechen Sie Französisch?» fragte der Gefangene. Am Anfang machte er seine königlichen Rechte geltend, und am Ende bot er an, in den Schoß seiner Familie zurückzukehren.

Saavedra wußte durchaus, daß Orélie-Antoine sich nichts Besseres wünschen konnte. «Aber leider», erklärte er, «muß ich Sie als gewöhnlichen Verbrecher aburteilen lassen, um andere, die Ihrem Beispiel folgen könnten, abzuschrecken.»

Das Gefängnis in Los Angeles war ein finsteres, feuchtes Loch. Seine Wärter leuchteten ihm mit Laternen ins Gesicht, wenn er schlief. Er bekam die Ruhr. Er krümmte und wand sich auf einer durchweichten Strohmatratze, ständig das Gespenst der Garrotte vor Augen. In einem lichten Augenblick setzte er die Erbfolge fest: «Wir, Orélie-Antoine I., Junggeselle, durch die Gnade Gottes und den nationalen Willen zum Herrscher gemacht etc. etc. . . .» Der Thron würde auf seinen alten Vater übergehen, der in dieser Jahreszeit gerade seine Walnüsse erntete, und danach auf seine Brüder und deren Nachkommen.

Und dann fiel ihm das Haar aus, und mit ihm verflüchtigte sich auch der Wille zur Macht.

Orélie-Antoine verzichtete auf den Thron (unter Druck), und der französische Konsul, Monsieur Cazotte, erreichte seine Freilassung aus dem Gefängnis und ließ ihn an Bord eines französischen Kriegsschiffs nach Hause bringen. Er wurde auf knappe Rationen gesetzt, aber die Offiziersanwärter baten ihn zum Abendessen an ihren Tisch.

Im Pariser Exil wuchsen seine Haare kräftiger und schwärzer denn je, und sein Hunger nach Regentschaft nahm größenwahnsinnige Ausmaße an. «Louis XI. war nach Péronne und François I. war nach Pavia nicht weniger König von Frankreich als zuvor», schrieb er am Schluß seiner Memoiren. Und doch nahm seine Karriere den gleichen Verlauf wie die so vieler gestürzter Monarchen: abenteuerliche Versuche, die Macht zurückzuerobern; feierliche Zeremonien in schäbigen Hotels, die Verleihung eines Titels im Austausch gegen eine Mahlzeit (zu einem gewissen Zeitpunkt war sein Königlicher Kammerherr ein Antoine Jimenez de la Rosa, Herzog von Saint-Valentin, Mitglied der Universität von Smyrna und anderer wissenschaftlicher Institutionen etc.), ein gewisser Erfolg bei neureichen Finanzmännern und alten Kriegsveteranen – und die unerschütterliche Überzeugung, daß das hierarchische Prinzip Gottes in einem König verkörpert ist.

Dreimal versuchte er zurückzugehen. Dreimal erschien er am Río Negro und wanderte stromaufwärts in der Absicht, die Kordilleren zu überqueren. Jedesmal durchkreuzte man seine Pläne und beförderte ihn ohne Umstände nach Frankreich zurück. Beim erstenmal wurde er von einem Indianer verraten, das zweite Mal wurde er ein Opfer der Wachsamkeit eines argentinischen Gouverneurs (der ihn trotz seiner Maske – kurzes Haar, Sonnenbrille und das Pseudonym Monsieur Jean Prat – erkannte). Der dritte Versuch erlaubt unterschiedliche Interpretationen: Entweder hat die ausschließlich aus Fleisch bestehende Ernährung der Gauchos eine Darmsperre bei ihm ausgelöst, oder aber er wurde von Freimaurern vergiftet, weil er sein Gelübde gebrochen hatte. Tatsache ist, daß er 1877 halbtot auf dem Operationstisch eines Krankenhauses in Buenos Aires landete. Ein Schiff der Messageries-Maritimes-Linie brachte ihn nach Bordeaux. Er suchte in Tourtoirac, im Haus seines Neffen Jean, eines Schlachters, Zuflucht. Ein quälendes Jahr lang zündete er die Laternen der Ortschaft an, bis er am 19. September 1878 starb.

Die spätere Geschichte des Königreichs von Araukanien und Patagonien gehört eher in den Bereich der Zwangsvorstellungen des bürgerlichen Frankreich als zur Politik Südamerikas. Mangels eines Thronfolgers aus der Familie Tounens warf sich ein gewisser Gustave Achille Laviarde zum König auf und regierte als Achille I. Er stammte aus Reims, wo seine Mutter eine Wäscherei hatte, die im Volksmund ‹Das Schloß der grünen Frösche› hieß. Er war Bonapartist, Freimaurer, Aktionär von Möet et Chandon, Experte für Sperrballons (mit denen er eine gewisse Ähnlichkeit hatte) und mit Verlaine bekannt. Er finanzierte seine Empfänge mit seinem Unternehmen, das als ‹Königliche Gesellschaft der Konstellation des Südens› bekannt war, entfernte sich nie von seinem Hof in Paris, eröffnete jedoch Konsulate in Mauritius, Haiti, Nicaragua und Port-Vendres. Als er beim Vatikan vorstellig wurde, erklärte ein chilenischer Prälat: «Dieses Königreich existiert nur in den Köpfen betrunkener Idioten.»

Der dritte König, Dr. Antoine Cros (Antoine II.), war Leibarzt des Kaisers Dom Pedro von Brasilien und starb nach eineinhalbjähriger Regentschaft in Asnières. Er war Amateurlithograph im Stil von Hieronymus Bosch und Bruder von Charles Cros, dem Erfinder des *paléophone* und Verfasser des Gedichtbandes ‹*Das Sandelholzkästchen*›.

Dr. Cros' Tochter trat die Erbfolge an und gab den Thron an ihren Sohn Jacques Bernard weiter. Zum zweitenmal wanderte ein Monarch von Araukanien hinter Gitter, dieser wegen der Dienste, die er der Vichy-Regierung Marschall Pétains erwiesen hatte.

Sein Nachfolger, Monsieur Philippe Boiry, regierte bescheiden mit dem Titel eines Erbprinzen und hat das Haus in La Chèze als Wochenendhaus wiederhergerichtet.

Ich fragte ihn, ob er Kiplings Erzählung ‹*Der Mann, der König werden wollte*› kenne.

«Natürlich.»

«Finden Sie es nicht seltsam, daß Kiplings Helden, Peachey und Dravot, ebenfalls Freimaurer sind?»

«Ein reiner Zufall», antwortete der Prinz.

9 Ich verließ den Río Negro und reiste weiter südwärts nach Puerto Madryn.

1865 waren hier hundertfünfzig walisische Kolonisten von dem Zweimaster *Mimosa* an Land gegangen. Es waren arme Leute, die aus den übervölkerten Kohlenbergwerkstälern stammten, Flüchtlinge auf der Suche nach einem neuen Wales, nachdem ihre Unabhängigkeitsbewegung gescheitert und im Parlament das Walisische als Unterrichtssprache in den Schulen verboten worden war. Ihre Anführer hatten die ganze Erde nach einem freundlichen Streifen Land, der noch nicht von Engländern infiziert war, durchkämmt. Ihre Wahl fiel auf Patagonien, weil es so entlegen war und kein sehr gutes Klima hatte, denn reich werden wollten sie nicht.

Die argentinische Regierung gab ihnen Land am Ufer des Río Chubut. Von Madryn aus war es ein Fußmarsch von sechzig Kilometern durch dornige Wüste. Und als sie das Tal erreichten, hatten sie das Gefühl, daß Gott und nicht die Regierung ihnen das Land geschenkt hatte.

Puerto Madryn war eine Stadt, die aus schäbigen Zementhäusern, Blechbaracken, Blechlagerhäusern und einem Park bestand, den der Wind flachgehobelt hatte. Es gab einen Friedhof mit schwarzen Zypressen und glänzenden Grabsteinen aus schwarzem Marmor. Die Calle Saint-Exupéry erinnerte mich daran, daß das Unwetter in ‹*Nachtflug*› irgendwo in dieser Gegend stattgefunden hatte.

Ich wanderte die Esplanade entlang und blickte hinaus auf die gleichmäßige Linie der Klippen, die die Bucht umringten. Das Grau der Klippen war etwas heller als das Grau des Meeres und des Himmels. Der Strand war grau und übersät mit toten Pinguinen. In der Mitte der Esplanade erhob sich ein Betondenkmal zu Ehren der Waliser. Es sah aus wie der Eingang zu einem Bunker. In die Seiten eingelassen waren Bronzereliefs, die Barbarei und Zivilisation darstellten. Die Barbarei war durch eine Gruppe von Tehuelche-Indianern, nackt, mit starken Rückenmuskeln im sowjetischen Stil, versinnbildlicht. Die Waliser standen auf der Seite der Zivilisation – Graubärte, junge Männer mit Sensen und großbusige junge Frauen mit Säuglingen.

Beim Abendessen trug der Ober weiße Handschuhe und servierte mir ein Stück verkohltes Lamm, das auf dem Teller hüpfte. Auf einer Riesenleinwand, die sich über die Wand des Restaurants spannte, trieben Gauchos im rotgelben Licht eines Sonnenuntergangs ihr Vieh zusammen. Eine altmodische Blondine verzichtete darauf, das Lamm zu essen, und lackierte sich ihre Fingernägel. Ein betrunkener Indianer kam herein und trank drei weitere Karaffen Wein. Seine Augen waren schimmernde Schlitze im roten Lederschild seines Gesichts. Die Karaffen waren aus grünem Plastik und hatten die Form von Pinguinen.

10 Ich nahm den Nachtbus ins Chubut-Tal. Am nächsten Morgen war ich in Gaimán, dem heutigen Zentrum des walisischen Teils von Patagonien. Das Tal war ungefähr acht Kilometer breit und lag zwischen den weißen Klippen der *barranca,* ein riesiges Netz von bewässerten Feldern und Pappelreihen, die als Windschutz dienten – ein Niltal in Miniaturausgabe.

Die älteren Häuser von Gaimán waren aus roten Backsteinen gebaut. Sie hatten Schiebefenster und gepflegte Gemüsegärten und Efeuranken über der Veranda. Ein Haus hatte den Namen *Nith-y-dryw,* ‹Zaunkönigs Nest›. Drinnen fand ich weißgetünchte Wände, braun angemalte Türen, polierte Messinggriffe und Standuhren vor. Die Kolonisten waren mit wenig Habseligkeiten gekommen, aber auf ihre ererbten Uhren hatten sie nicht verzichten mögen.

Das Teegeschäft von Mrs. Jones befand sich am anderen Ende der Ortschaft, wo die Brücke zur Kirche hinüberführte. Ihre Pflaumen waren reif, ihr Garten voll blühender Rosen.

«Ich kann mich nicht bewegen, *my dear*», rief sie mir zu. «Wenn Sie mit mir reden wollen, müssen Sie zu mir in die Küche kommen.»

Mrs. Jones war eine untersetzte alte Dame, weit in den Achtzigern. Sie saß hoch aufgerichtet an einem gescheuerten Kiefernholztisch und füllte Törtchen mit Zitronenquark.

«Ich kann mich nicht einen Zentimeter bewegen, *my darling*. Ich bin ein Krüppel. Seit der Überschwemmung habe ich Arthritis und muß überallhin getragen werden.»

Mrs. Jones zeigte auf die Linie oberhalb der blauen Wandbekleidung der Küche – so hoch war das Wasser bei der Flut gestiegen.

«Und ich saß hier fest, und das Wasser stand mir bis zum Hals.»

Sie war vor fast sechzig Jahren aus Bangor in Nordwales gekommen und hatte das Tal seither nicht ein einziges Mal verlassen. Sie erinnerte sich an eine Familie in Bangor, die ich kannte, und meinte: «Also wirklich, wie klein die Welt doch ist! Sie werden es mir nicht glauben», fuhr sie fort. «Wenn Sie mich jetzt so ansehen, werden Sie es mir nicht glauben. Aber zu meiner Zeit war ich eine Schönheit.» Und dann erzählte sie mir von einem jugendlichen Verehrer in Manchester und seinem Blumenstrauß und dem Streit und der Trennung und dem Schiff.

«Und wie ist die Stimmung zu Hause?» fragte sie. «Schlecht?»

«Schlecht.»

«Und hier auch. All dieses Töten. Wer weiß, wie das noch endet.»

Ihr Enkel half ihr in ihrem Teegeschäft. Er aß mehr Kuchen, als gut war. Er nannte seine Großmutter ‹Granny›, aber außer diesem einen Wort sprach er weder Englisch noch Walisisch.

Ich schlief in der Pension Draigoch. Sie gehörte Italienern, die bis spät in die Nacht neapolitanische Musik auf ihrer Musikbox spielten.

11

Am nächsten Morgen wanderte ich auf einer von Pappeln gesäumten weißen Landstraße nach Bethesda. Ein Farmer, der in die gleiche Richtung ging wie ich, nahm mich zu seinem Bruder Alun Powell mit. Wir bogen in einen Weg ein, der in den Hof einer von Weiden beschatteten Farm mündete. Ein walisischer Schäferhund bellte und leckte uns dann die Gesichter. Es war ein niedriges Lehmhaus mit Schiebefenstern und einem Blechdach, und auf dem Hof standen ein zweirädriger Kutschwagen und ein paar ausgediente Maschinen.

Alun Powell war klein und hatte ein von Sonne und Wind gegerbtes Gesicht. Seine Frau hatte leuchtende Wangen und lachte ununterbrochen. In ihrem blauen Wohnzimmer stand ein walisischer Geschirrschrank, auf dem Postkarten aus Wales aufgestellt waren. Mrs. Powells Cousin hatte Patagonien verlassen und war nach Wales zurückgekehrt.

«*Er* hat es richtig gemacht», meinte sie. «Jetzt ist er Erz-Druide.»

Ihr gemeinsamer Großvater stammte aus Caernarvon, aber sie wußte nicht, wo das lag. Caernarvon war auf ihrer Landkarte von Wales nicht eingetragen.

«Man darf nicht zuviel verlangen, wo sie doch auf ein Geschirrtuch gedruckt ist», sagte sie.

Ich zeigte ihr, wo Caernarvon ungefähr lag. Sie hatte es immer schon wissen wollen.

Die Powells hatten einen Jungen, der Eddy hieß, und eine Tochter. Sie besaßen fünf Kühe, eine kleine Schafherde, ein Feld mit Kartoffeln, Kürbissen, Mais und Sonnenblumen und einen Gemüsegarten, einen Obstgarten und ein kleines Wäldchen. Sie besaßen eine trächtige Stute, Hühner, Enten und den Hund. Hinter dem Wäldchen war der Schweinestall. Ein Schwein hatte Milben, und wir überschütteten es mit einem medizinischen Mittel.

Es war ein heißer Tag. Mrs. Powell sagte: «Reden ist besser als arbeiten. Laßt uns einen *asado* machen.» Sie ging in die Scheune, wo sie eine rot-weiß karierte Tischdecke über dem Tisch ausbreitete. Eddy zündete ein Feuer an, und sein Vater stieg in eine Speisekammer im Keller. Er schnitt die Hälfte eines dort hängenden ausgeweideten Lamms ab, entfernte das Fett und gab es dem Hund zu fressen. Er befestigte das Fleisch an einem *asador,* einem kreuzförmigen Bratspieß, den er über dem Feuer in die Erde drückte. Später aßen wir das Fleisch mit einer Soße, die *salmuera* hieß, zubereitet aus Essig, Knoblauch, Pfefferschoten und Majoran.

«Sie zieht das Fett aus dem Fleisch», erklärte Mrs. Powell.

Wir tranken einen leichten *vino rosado,* und Alun Powell erzählte von den Kräutern, die in der Wüste wuchsen.

«Mit ihnen kann man jede Krankheit heilen», sagte er. Seine Großeltern hatten das von den Indianern gelernt. Aber jetzt war alles anders.

«Nicht einmal mehr die Vögel sind dieselben. Der Uraka kam vor dreißig Jahren von Buenos Aires heruntergeflogen. Da, sehen Sie mal! Auch bei den Vögeln hat sich alles geändert – wie bei uns.»

Der Wein machte uns schläfrig. Nach dem Mittagessen gab mir Eddy sein Zimmer für die Siesta. Die Wände waren weiß getüncht. In dem Zimmer stand ein weiß angestrichenes Bett und eine graue Kommode für Kleidung. Die einzigen anderen Gegenstände in dem Raum waren Sporen und Steigbügel, die symmetrisch auf einem Regal arrangiert worden waren.

12

In Gaimán machte mich die Frau des Schulmeisters mit dem Pianisten bekannt. Er war ein dünner, nervöser Junge mit einem ausgezehrten Gesicht und Augen, die beim kleinsten Luftzug tränten. Seine Hände waren kräftig und rot. Die Damen des Walisischen Chors hatten ihn unter ihre Fittiche genommen und ihm ihre Lieder beigebracht. Er hatte Klavierunterricht genommen, und jetzt stand seine Abreise nach Buenos Aires bevor, wo er das Konservatorium besuchen sollte.

Anselmo wohnte bei seinen Eltern hinter ihrem Lebensmittelladen. Seine Mutter fertigte die Pasta persönlich an. Sie war eine dicke deutsche Frau und weinte viel. Sie weinte, wenn ihr italienischer Ehemann wütend war, und sie weinte bei dem Gedanken, daß Anselmo fortging. Sie hatte alle ihre Ersparnisse in das Klavier gesteckt, und jetzt ging er fort. Ihr Mann erlaubte es nicht, daß Klavier gespielt wurde, wenn er im Hause war. Und jetzt würde das Klavier stumm bleiben, und ihre Tränen würden den Pastateig verdünnen. Insgeheim freute sie sich jedoch über sein Fortgehen. Sie sah ihn bereits mit weißer Krawatte vor sich und hörte den stürmischen Applaus.

Während der Weihnachtsfeiertage fuhren Anselmos Eltern mit seinem älteren Bruder ans Meer, während sie ihn zurückließen, damit er üben konnte. Der Bruder war Kraftfahrzeugmechaniker, mit einem robusten indianischen Mädchen verheiratet, das die Leute anstarrte, als wären sie verrückt.

Anselmo hatte seine Leidenschaft für die europäische Kultur entdeckt – die echte Scheuklappenleidenschaft des Exilierten. Wenn sein Vater ihn am Klavierspielen hinderte, schloß er sich in seinem Zimmer ein und las die Noten vom Blatt oder die Biographien großer Komponisten in einer Musikenzyklopädie. Er übte zu der Zeit Liszt und stellte komplizierte Fragen nach der Villa d'Este und der Freundschaft mit Wagner. Ich konnte ihm nicht helfen.

Die Waliser überschütteten ihn mit Aufmerksamkeiten. Der erste Sopran hatte ihm zu Weihnachten einen englischen Kuchen geschickt. Und der Tenor, ein junger Farmer, den er beim Eisteddfod (den walisischen Blumenfestspielen) begleitet hatte, schenkte ihm einen Teller, der mit einem Pinguin, einem Seelöwen und einem Vogel Strauß bemalt war. Er freute sich sehr über diese Geschenke.

«Es ist für das, was ich für sie tue», sagte er. «Und jetzt spiele ich die *‹Pathétique›*, ja?»

Das Zimmer war kahl, auf deutsche Art, vor dem Fenster hingen Spitzengardinen. Draußen auf der Straße wirbelte der Wind Staubwolken auf und bog die Pappeln. Anselmo ging zu einem Schrank und holte eine kleine weiße Gipsbüste von Beethoven heraus. Er stellte sie auf das Klavier und begann.

Sein Spiel war bemerkenswert. Ich konnte mir nicht vorstellen, daß irgend jemand weiter südlich die *‹Pathétique›* noch besser spielen würde. Als er fertig war, sagte er: «Und jetzt spiele ich Chopin, ja?» Er tauschte die Beethoven-Büste gegen eine Chopin-Büste aus. «Möchten Sie Walzer oder Mazurkas hören?»

«Mazurkas.»

«Ich spiele Ihnen meine Lieblingsmazurka. Es ist das letzte Stück, das Chopin komponiert hat.»

Und er spielte die Mazurka, die Chopin auf seinem Totenbett diktiert hatte. Der Wind pfiff auf der Straße, und die Musik wehte geisterhaft aus dem Klavier heraus, ganz wie Blätter über einen Grabstein wehen, und man konnte meinen, man habe ein Genie vor sich.

13 Der Weihnachtstag begann schlecht, als Mr. Caradog Williams, Bahnhofsvorsteher seit zwanzig Jahren, zur alten Kirche ging und den Kessel herausholte, in dem er das Teewasser für das Kinderfest kochen wollte. Er blickte zufällig in den Fluß und sah die aufgeblähte Leiche eines nackten Mannes, die am Stamm einer gestürzten Weide hängengeblieben war. Er war kein Waliser.

«Wahrscheinlich ein Tourist», sagte der Polizist.

Anselmo und ich verbrachten den Tag mit der Familie Davies auf deren Farm ‹Ty-Ysaf›, einem der ursprünglichen Anwesen von hundert Morgen. Die Davies' waren mit den Powells verwandt, aber wohlhabender. Die Farm ernährte sechs Personen, den chilenischen *peón* nicht mitgerechnet: die alte Mrs. Davies, ihren Sohn Ivor, dessen Frau und zwei Söhne sowie Ivors unverheirateten Bruder Euan.

Die alte Mrs. Davies lebte in dem großen Haus, das fünf Zimmer hatte. Sie war eine zusammengeschrumpfte alte Dame mit dem allerschönsten Lächeln. Ihr Haar trug sie in einem Kranz um den Kopf. Man sah ihr an, daß sie unter der Oberfläche sehr energisch und zäh war. Nachmittags saß sie auf der windgeschützten östlichen Veranda und beobachtete, wie die Stockrosen und die Pfingstrosen sich mit jedem Tag veränderten. Das Wohnzimmer hatte sich, seit sie 1913 als junge Braut hergekommen war, nicht verändert. Die rosa Wände waren wie früher. Die zwei Sheffield-Silbertabletts – es waren Hochzeitsgeschenke – standen auf dem Kaminsims, ebenso die beiden Keramik-Möpse. Rechts und links von dem Geschirrschrank hingen kolorierte Fotos von den Eltern ihres Mannes, die aus Ffestiniog stammten. Sie hatten immer dort gehangen, und sie würden dort auch noch hängen, wenn sie diese Welt verlassen hatte.

Der alte Mr. Davies war im vergangenen Jahr gestorben. Er war dreiundachtzig Jahre alt geworden. Aber Euan war ja geblieben, um ihr Gesellschaft zu leisten. Er war ein kräftiger Mann mit haselnußbraunen Augen und kastanienrotem Haar und einem fröhlichen mit Sommersprossen übersäten Gesicht.

«Nein», sagte Mrs. Davies. «Euan ist noch nicht verheiratet, aber er singt statt dessen. Er hat eine wunderbare Tenorstimme. Beim Eisteddfod, als er den Preis gewonnen hat, brachte er sie alle zum Weinen. Anselmo hat ihn begleitet, und sie waren so ein schönes Paar! Oh, wie dieser Junge Klavier spielt! Ich bin so froh, daß Euan ihm den schönen Teller zu Weihnachten geschenkt hat. Das arme Kind sieht so verloren und verlassen aus. Und es ist nicht besonders spaßig, in Chubut zu leben, wenn die Familie einem nicht hilft.

Ja, ja. Euan muß eines Tages heiraten, aber wen? Junge Frauen sind hier knapp, und es muß doch die richtige sein! Was ist, wenn sie sich mit den anderen streitet? Und was, wenn die Farm keine zwei Familien ernährt? Dann müßten sie sich trennen, und das wäre schrecklich. Eine von beiden müßte dann wegziehen und woanders von vorn anfangen.»

Mrs. Davies hoffte, daß sie das nicht mehr erleben würde.

Ivor Davies und seine Familie wohnten in einem kleinen Lehmhaus, das drei Zimmer hatte. Er war groß und aufrecht, hatte eine beginnende Glatze und tiefliegende Augen. Er war sehr fromm, und auf seiner Kommode lagen Broschüren der Walisischen Bibelgesellschaft. Ivor Davies konnte nicht glauben, daß die Welt so schlecht war, wie jedermann sagte.

Ivor und Euan taten alle Arbeit auf der Farm. Am anstrengendsten war es, die Bewässerungsgräben auszuheben. Der *peón* tat kaum etwas. Er lebte seit fünf Jahren im Geräteschuppen. Er besaß ein eigenes Stückchen Land, auf dem er Bohnen angebaut hatte, und verrichtete gerade genügend kleinere Arbeiten, daß er sich Mate und Zucker kaufen konnte. Er war nie wieder nach

Chile zurückgekehrt, und man fragte sich, ob er dort jemanden getötet hatte.

Mrs. Ivor Davies war Italienerin mit einer überaus glücklichen Natur. Beide Eltern stammten aus Genua. Sie hatte schwarzes Haar und blaue Augen und einen rosa Teint, der irgendwie mit dem Klima nicht in Einklang stand. Sie fand immer alles schön – *«Qué linda familia!»*, selbst wenn die Kinder häßlich waren. *«Qué lindo dia!»*, auch wenn es in Strömen regnete. Sie ließ alles schön erscheinen, auch wenn es das eigentlich nicht war. Die Gemeinde der Waliser war in ihren Augen besonders schön. Sie sprach und sang auf walisisch. Aber da sie Italienerin war, konnte sie aus ihren beiden Söhnen keine Waliser machen. Die beiden langweilten sich in der Gemeinschaft und wollten in die USA gehen.

«Das ist das Problem», sagte Gwynneth Morgon, eine aparte keltische Frau mit goldenem Haar, das sie zu einem Knoten gebunden trug. «Wenn Waliser Ausländerinnen heiraten, geben sie ihre Tradition auf.» Gwynneth Morgan war unverheiratet. Sie wollte, daß das Tal so blieb, wie es war – walisisch. «Aber es geht alles langsam in die Brüche», klagte sie.

Denn Mrs. Ivor Davies träumte von Italien und insbesondere von Venedig. Sie war einst in Venedig gewesen und hatte die Seufzerbrücke gesehen. Und wenn sie das Wort *sospiri* sagte, kam es mit einer solchen Inbrunst über ihre Lippen, daß man sofort wußte, wie sehr sie sich nach Italien sehnte. Chubut war so weit entfernt von Venedig, und Venedig war so viel schöner als alles andere, das sie kannte.

Nach dem Tee gingen wir gemeinsam zum Singen in die Bryn-Crwn-Kirche. Ivor nahm seine Frau und seine Mutter in seinem Lieferwagen mit, und wir anderen fuhren mit dem Dodge, den Ivors Vater in den zwanziger Jahren gekauft hatte. Der Dodge hatte noch nie eine Panne gehabt, aber damals baute man bessere Getriebe als heutzutage.

Die Bryn-Crwn-Kirche war 1896 erbaut worden und stand mitten auf einem Feld. Sechs Waliser in dunklen Anzügen und mit flachen Mützen auf dem Kopf standen aufgereiht vor der roten Backsteinwand. Im Anbau deckten die Frauen den Tisch für den Tee.

Anselmo spielte das Harmonium, und der Wind heulte, und der Regen prasselte gegen die Fenster, und die Teros schrien. Die Waliser sangen Choräle von John Wesley und traurige Lieder, die von Gottes Verheißung an die Kymren handelten – hohe Diskantstimmen und Soprane und das Gebrumm der alten Männer im Hintergrund. Unter den Anwesenden waren der alte Mr. Hubert Lloyd-Jones, der kaum mehr gehen konnte, und Mrs. Lloyd-Jones mit einem Strohblumenhut sowie Mrs. Chedwyn Hughes, die von allen Fattie genannt wurde, und Nan Hammond und Dai Morgan. Die Familien Davies und Powell waren vollständig vertreten. Sogar Oscar Powell, ‹der wilde Junge›, war da; er trug ein T-Shirt mit dem Aufdruck: *Llanfairpwllgwyngyllgogerychwyrndrobwllllantysiliogogogoch,* der in roten Buchstaben einen Waliser Drachen umgab.

Der Gottesdienst war beendet. Die alten Leute schwatzten miteinander, und die Kinder spielten zwischen den Bänken Versteck. Dann versammelten wir uns alle zum Tee. Es war bereits der zweite Tee, den wir an diesem Tage tranken, aber Weihnachten war ein Tag zum Teetrinken. Die Frauen servierten ihn aus schwarzen Teekannen. Mrs. Davies hatte eine Pizza mitgebracht, und die Waliser kosteten ein wenig davon. Anselmo redete und lachte mit Euan. Sie waren gute Freunde. Er war voller Lebenskraft, aber es war geborgte Lebenskraft, denn die Waliser munterten jeden auf, der ihre fröhlichen und verwitterten Gesichter sah.

14 Anselmo riet mir, dem Dichter einen Besuch abzustatten, «dem Maestro», wie er sagte.

Der Dichter lebte in einer einsamen Gegend am Fluß, in einem verwilderten Aprikosengarten, ganz allein in einer Zwei-Zimmer-Hütte. Er hatte einst in Buenos Aires Literatur unterrichtet. Vor vierzig Jahren war er nach Patagonien gekommen und geblieben.

Ich klopfte an die Tür, und er wachte auf. Es regnete leicht, und während er sich anzog, suchte ich unter dem Eingang Schutz und sah mir seine private Schildkrötenkolonie an.

Seine Finger ergriffen meinen Arm. Er sah mich mit einem durchdringenden, leuchtenden Blick an.

«Patagonien!» rief er. «Diese Erde ist eine unbarmherzige Liebhaberin. Sie verhext. Sie ist eine Zauberin! Sie nimmt Sie in ihre Arme und läßt Sie nie wieder gehen.»

Der Regen trommelte auf das Blechdach. Während der nun folgenden zwei Stunden war er mein Patagonien.

Es war ein dunkles, staubiges Zimmer. Im Hintergrund bogen sich Regale aus Brettern und Kisten unter dem Gewicht von Büchern, den verschiedensten Steinen, indianischen Geräten und versteinerten Austern. An der Wand hingen eine Kuckucksuhr und zwei Drucke, auf denen Pampas-Indianer und der Gaucho Martín Fierro abgebildet waren.

«Die Indianer waren bessere Reiter als die Gauchos», sagte er. «Braungebrannte Körper! Nackt auf dem Pferderücken! Ihre Kinder lernten reiten, bevor sie laufen konnten. Sie waren eins mit ihren Pferden. *Ah! Mi Indio!*»

Sein Tisch war übersät mit Schalen von Mandeln. Dazwischen lagen seine Lieblingsbücher: *‹Tristia›* von Ovid, Vergils *‹Georgica›, ‹Walden›* von Thoreau, *‹Magellans Reise›* von Pigafetta, Whitmans *‹Grashalme›, ‹Das Gedicht von Martín Fierro›, ‹Das purpurne Land›* von William Henry Hudson und Blakes *‹Gesänge der Unschuld›,* die er ganz besonders liebte.

Nachdem er den Staub davon abgewischt hatte, gab er mir ein Exemplar seines Buchs *‹Gesang über das letzte Hochwasser des Río Chubut›,* das er auf eigene Kosten in Trelew hatte drucken lassen und das in Alexandrinern seine Vision von der Sintflut mit einer Lobeshymne auf die Ingenieure des neuen Staudamms verband. Im Laufe seines Lebens hatte er zwei weitere Gedichtbände veröffentlicht, *‹Stimmen der Erde›* und *‹Rollende Steine›* – den letzteren hatte er nach den Gletscherkieseln benannt, welche die patagonischen Pampas bedecken. Seine Dichtung hatte kosmische Dimensionen, und seine Verse waren technisch erstaunlich.

Er brachte das Kunststück fertig, das Aussterben der Dinosaurier unter Verwendung von Spanisch und Linnéschem Latein in gereimte Distichen zu pressen.

Er reichte mir einen klebrigen Aperitif eigener Herstellung, wies mir einen Sessel zu und las mir unter gewaltigen Gesten mit klapperndem Gebiß gewichtige Strophen vor, in denen er die geologischen Transformationen Patagoniens beschrieb.

Ich fragte ihn, was er im Augenblick schreibe. Er kicherte heiter.

«Meine Produktion ist begrenzt. Wie T. S. Eliot einst sagte: ‹Das Gedicht kann warten.›»

Es hörte auf zu regnen, und ich brach auf. Bienen umsummten des Dichters Honigstöcke. Seine Aprikosen wurden langsam reif und nahmen die Farbe einer blassen Sonne an. Wolken von Distelflaum trieben an mir vorbei, und auf einem Feld standen ein paar Schafe mit flockigem weißem Fell.

15

Ich winkte dem Dichter und ging weiter auf der Straße, die am Río Chubut entlang nach Westen in die Kordilleren führte. Ein Lastwagen hielt neben mir, im Führerhaus saßen drei Männer. Sie waren unterwegs, um eine Ladung Heu aus den Bergen zu holen. Die ganze Nacht lang wurde ich auf der Ladefläche durchgerüttelt, und als es Tag wurde, war ich völlig eingestaubt. Ich beobachtete, wie die Sonne die vereisten Gipfel traf, und ich sah, weit weg, die steilen Hänge, auf denen blendendweiße Schneeflächen und schwarze Buchenwälder einander ablösten.

Als wir nach Esquel hineinfuhren, brannte ein Buschfeuer auf einem der kleinen bräunlichen Hügel, die die Stadt umsäumten. Ich saß in einem grünen Restaurant an der Hauptstraße. Längs durch den Raum lief eine Zinktheke, an deren Ende ein Glaskasten stand, in dem Steaks, Nieren, Lammfleisch und Würste auslagen. Der Wein war sauer und wurde in Pinguinen aus Steingut serviert. Auf jedem Tisch lagen steife schwarze Hüte. Die Gauchos trugen Stiefel, die sich falteten wie eine Ziehharmonika, und schwarze Bombachas. (Bombachas sind weite Hosen. Ursprünglich Überbleibsel aus französischen Armee-Beständen von den Zuavenregimentern während des Krimkriegs.)

Ein Mann mit rotunterlaufenen Augen ließ seine Freunde stehen und kam an meinen Tisch.

«Kann ich Sie etwas fragen, Señor?»

«Setzen Sie sich und trinken Sie ein Glas mit mir.»

«Sind Sie Engländer?»

«Woher wissen Sie das?»

«Ich habe einen Blick für Menschen», meinte er. «Dasselbe Blut wie mein Arbeitgeber.»

«Warum nicht Waliser?»

«Ich kann einen Waliser von einem Engländer unterscheiden, und Sie sind Engländer.»

«Stimmt.»

Er freute sich und rief zu seinen Freunden hinüber: «Da könnt ihr sehen, daß ich einen Blick für Menschen habe!»

Der Mann schickte mich zu dem Gestüt eines Engländers, das rund dreißig Kilometer entfernt war. «Ein *tipo macanudo*», sagte er – ein prima Typ, der perfekte englische Gentleman!

Jim Ponsonbys Gestüt lag in den Hügeln. Im Winter ließ er seine Tiere im Tal grasen, im Sommer weideten sie in den Bergen. Er hatte Hereford-Bullen auf seinen Wiesen, und zwischen ihnen standen Ibisse, große Vögel mit hellrosa Füßen und gelbgefiederter Brust, die melancholische Schreie ausstießen.

Das flache weiße Haus stand zwischen silbrigen Birken. Eine spanische Frau kam an die Tür.

«Mein Mann ist mit dem *patrón* bei den Böcken», sagte sie. «Sie suchen die Tiere für den Wettbewerb aus. Sie können sie im Schurstall finden.»

Er war ohne Frage der perfekte englische Gentleman, mittelgroß, dichtes graues Haar und säuberlich getrimmter Schnäuzer. Seine Augen waren von einem besonders stählernen Blau. Über seine Gesichtshaut zog sich ein Netz von geplatzten Blutäderchen, und sein Bauch verriet eine Schwäche für Essen und Trinken. Seine Kleidung war das Ergebnis sorgfältiger Planung: die Norfolk-Jacke aus braunem Tweed mit Grätenmuster und Hartholzknöpfen, das am Hals geöffnete Khakihemd, die Kammgarnhose, die Zweistärkenbrille aus Schildpatt und die auf Hochglanz polierten Schuhe.

Er notierte sich etwas in seinem Herdbuch. Sein Helfer Antonio war in voller Gauchomontur, sogar mit Messer (oder *facón*), das quer über seinem Rücken hing. Er ließ eine Gruppe australischer Merinoschafe an seinem Arbeitgeber vorbeiziehen.

Die Böcke keuchten unter der Last ihres Fells und strotzten vor Kraft. Sie kauten auf Luzerne herum, ähnlich resigniert wie fettsüchtige Kranke, die nach Diät leben müssen. Über die wertvollsten Tiere hatte man Baumwolltücher gelegt, um sie vor dem Staub zu schützen. Antonio mußte sie ihnen abnehmen, und der Engländer fuhr mit der Hand durchs Fell und spreizte seine Finger in der weichen gelben Wolle, die rund zehn Zentimenter lang war.

«Und aus welcher Gegend der alten Heimat kommen Sie?» fragte er mich.

«Aus Gloucestershire.»

«Gloucestershire, na so was! Gloucestershire! Im Norden, stimmt's?»

«Im Westen.»

«Ach ja, natürlich. Im Westen. Natürlich. Wir kommen aus Chippenham. Wahrscheinlich haben Sie noch nie davon gehört. Das liegt in Wiltshire.»

«Etwa fünfzehn Kilometer von meinem Zuhause entfernt.»

«Wahrscheinlich ist das ein anderes Chippenham. Und wie kommt das gute alte Land zurecht?» Er wechselte das Thema, um einer weiteren geographischen Diskussion aus dem Weg zu gehen. «Nicht besonders gut, stimmt's? Eine verdammte Schande!»

16 Ich schlief im Quartier der *peónes.* Die Nacht war kalt. Man wies mir ein Bettgestell zu und gab mir einen schwarzen Winterponcho als Decke. Außer diesen Ponchos, ihrem Mate-Kessel und ihren Messern besaßen die *peónes* nichts.

Am nächsten Morgen lag dichter Tau auf dem weißen Klee. Ich wanderte einen Feldweg hinunter bis zur walisischen Ortschaft Trevelin, dem ‹Dorf-mit-der-Mühle›. Tief unten im Tal glitzerten die Blechdächer. Die Mühle war eine ganz gewöhnliche Mühle im klassischen viktorianischen Stil, aber am Ende des Dorfes stieß ich auf ein paar eigenartige Holzhäuser mit steil oder auch flach abfallenden schrägen Dächern. Als ich mich ihnen näherte, sah ich, daß eines ein Wasserturm war, auf dem eine Fahne mit der Inschrift *Instituto Bahai* wehte.

Ein schwarzes Gesicht tauchte hinter der Böschung auf.

«*Qué tal?*»

«Ich gehe spazieren.»

«Kommen Sie herein.»

Das Bahai-Institut von Trevelin bestand aus einem kurzbeinigen, sehr schwarzen und sehr muskulösen Neger aus Bolivien und sechs Ex-Studenten der Universität von Teheran, von denen nur einer anwesend war.

«Alles Männer», kicherte der Bolivianer, «und alle sehr religiös.»

Er versuchte, aus einer Blechdose einen behelfsmäßigen Blinker anzufertigen und wollte am See angeln gehen. Der Perser stand unter der Dusche.

Die Perser waren als Missionare für ihre Weltreligion nach Patagonien gekommen. Sie hatten ziemlich viel Geld, und das Haus war mit Gegenständen ausgestattet, die typisch sind für das Teheraner Kleinbürgertum: weinrote Buchara-Teppiche, buntgemusterte Kissen, Kupfertabletts und Zigarettenkästchen, auf denen Szenen aus dem persischen Epos Schāh-Nāme abgebildet waren.

Der Perser hieß Ali. Er kam unter der Dusche hervor und stolzierte mit einem Sarong um die Hüften im Zimmer herum. Schwarze, krause Haare bedeckten seinen weißen, kränklichen Körper. Er hatte riesengroße, schmachtende Augen und einen herabhängenden Schnauzbart. Er ließ sich auf einen Haufen Kissen sinken, befahl dem Schwarzen, das Geschirr zu spülen, und begann das Weltgeschehen zu kommentieren.

«Persien ist ein sehr armes Land», meinte er.

«Persien ist ein verdammt reiches Land», antwortete ich.

«Persien könnte ein reiches Land sein, wenn die Amerikaner nicht seinen ganzen Reichtum gestohlen hätten.» Ali lächelte und entblößte dabei sein geschwollenes Zahnfleisch.

Er bot sich an, mir das Institut zu zeigen. Alle Bücher in ihrer Bibliothek gehörten zur Bahai-Literatur. Ich notierte mir zwei Titel: *‹Der Zorn Gottes›* und *‹Epistel an den Sohn des Wolfs, Bahai Ullah›*. Ebenfalls vorhanden war eine *‹Anleitung zum besseren Schreiben›*.

«Welcher Religion gehören Sie an?» fragte Ali. «Sind Sie Christ?»

«Heute morgen gehöre ich keiner besonderen Religion an. Mein Gott ist der Gott der Wanderer. Wenn man lange genug wandert, braucht man wahrscheinlich keinen anderen Gott.»

Der Neger war erfreut, das zu hören. Er wollte zum See wandern und angeln gehen.

«Wie gefällt Ihnen mein Freund?» wollte Ali wissen.

«Er gefällt mir gut. Er ist ein netter Freund.»

«Er ist *mein Freund*.»

«Ich zweifle nicht daran.»

«Er ist mein allerbester Freund.» Er schob sein Gesicht nah an meines heran. «Und dies ist *unser* Zimmer.» Er öffnete eine Tür. Es stand ein Doppelbett darin, und am Kopfkissen lehnte eine Stoffpuppe. An der Wand hing eine große, stählerne Machete an einem Lederriemen. Ali nahm sie herunter und fuchtelte mit ihr vor meinem Gesicht herum.

«Ha! Ich werde die Gottlosen töten.»

«Legen Sie das Ding weg.»

«Engländer sind gottlos.»

«Ich sagte, Sie sollen das Ding weglegen.»

«Ich mache doch nur Spaß», antwortete er und hängte die Machete zurück an die Wand. «Es ist sehr gefährlich hier. Argentinier sind gefährliche Menschen. Ich habe auch einen Revolver.»

«Ich möchte ihn nicht sehen.»

Dann zeigte mir Ali voller Stolz den Garten. Die Bahai hatten ihn eigenhändig mit Skulpturen und Gartenmöbeln dekoriert, und der Bolivianer hatte einen kurvigen Weg aus Steinplatten angelegt.

«Aber jetzt müssen Sie gehen», befahl Ali. «Ich bin müde, und wir müssen schlafen.»

Der Bolivianer wollte mich nicht gehen lassen. Es war ein wunderschöner Tag. Er wollte angeln gehen. An einem solchen Morgen ins Bett gehen war das letzte, wozu er Lust hatte.

17

Milton Evans gehörte zu den Honoratioren von Trevelin und war der Sohn des Gründers der Ortschaft. Er war ein Gentleman von einundsechzig Jahren, hatte einen halbrunden Schnurrbart und brüstete sich mit seinen Englischkenntnissen. Sein Lieblingsausspruch war: «Gib mir noch 'ne Pferdepisse!» Und seine Tochter, die kein Englisch verstand, brachte ihm dann ein Bier, und er sagte: «Aah! Pferdepisse!» und stürzte den Inhalt der Flasche hinunter.

Sein Vater, John Evans, war als Säugling mit der *Mimosa* nach Patagonien gekommen. Er war der erste seiner Generation, der reiten konnte wie ein Indianer. Die eintönige Routine von Feldarbeit, Gottesdienst und Teetrinken war nichts für ihn.

Er ließ sich weiter oben in den Kordilleren nieder, machte Geld und baute die Mühle. Als er es zu Wohlstand gebracht hatte, nahm er seine Familie und fuhr mit ihr für ein Jahr nach Wales. Milton war in Ffestiniog zur Schule gegangen und hatte eine lange Geschichte auf Lager, die vom Angeln von einer Brücke handelte.

Er nahm mich mit zu der Stelle, wo das Pferd seines Vaters begraben lag. Auf einem Feldstein, der zwischen Ringelblumen und Tannenbäumen stand und um den ein weißer Zaun gezogen war, stand die folgende Inschrift:

HIER RUHEN DIE STERBLICHEN ÜBERRESTE
MEINES PFERDES EL-MALACARA,
DAS MIR AM 14. MÄRZ 1883
BEI MEINER RÜCKKEHR VON DEN KORDILLEREN
VOR DEN INDIANERN
DAS LEBEN GERETTET HAT

Am Anfang jenes Monats war John Evans in Begleitung seiner drei Freunde Hughes, Parry und Davies das Chubut-Tal nach Westen hinaufgeritten, denn es gab da eine alte Legende von der Existenz einer Stadt und neuerdings auch Gerüchte über Gold. Sie machten im Zelt eines freundlichen Kaziken Rast und hatten bereits die ersten Gräser der Prärie und die Gipfel der Kordilleren gesehen, als sie beschlossen umzukehren, weil sie keine Verpflegung mehr hatten. Die Pferde liefen sich auf spitzen Steinen die Hufe wund und fingen an zu lahmen. Sechsunddreißig Stunden lang saßen sie im Sattel. Parry und Hughes ließen die Köpfe hängen und die Zügel schleifen. Aber Evans war zäher, er schoß zwei Hasen, so daß die vier am Abend etwas zu essen hatten.

Am nächsten Nachmittag ritten sie fast geblendet durch ein staubiges weißes Tal, als sie hinter sich plötzlich das Hämmern von Hufen hörten. John Evans gab El-Malacara die Sporen und konnte den Pfeilen der Indianer entkommen. Als er zurückschaute, mußte er mitansehen, wie Parry und Hughes von ihren Pferden stürzten und Davies mit einem Pfeil in der Seite im Sattel hing. Sein Pferd raste den Pferden der Indianer davon, blieb jedoch abrupt vor einem Abgrund stehen, der die Wüste durchzog. Da die Indianer unmittelbar hinter ihm waren, gab Evans seinem Pferd erneut die Sporen, und El-Malacara machte hoch über dem Abgrund hinweg einen sauberen Satz von sechs Metern und landete schlitternd auf dem Schotter der gegenüberliegenden Seite. Da erkannten die Indianer in ihm einen Mann mit Mut und gaben die Verfolgung auf.

Vierzig Stunden später ritt Evans in die Siedlung der Waliser ein und erstattete dem Gemeindeführer Lewis Jones Meldung über die Toten.

«Aber John», sagte dieser, «die Indianer sind unsere Freunde. Sie würden nie einen Waliser töten!»

Bald darauf erfuhr Lewis Jones von einer argentinischen Patrouille, die das Territorium der Indianer widerrechtlich betreten hatte, und da wußte er, daß es stimmte. Daraufhin brach Evans mit einer Gruppe von vierzig Walisern auf, und als sie sich der Stelle näherten, flogen Habichte davon. Die Leichen waren noch nicht vollständig abgepickt; man hatte ihnen die Geschlechtsorgane abgeschnitten und in den Mund gesteckt. Lewis Jones sagte zu John Evans: «John, der Himmel hat dich vor einem grausamen Tod gerettet.»

Sie trugen die Überreste zusammen und begruben sie. Die Stelle ist durch eine Marmorplatte gekennzeichnet, auf der steht: *Biddmyrd os syrfeddod,* ‹Es wird zahllose Wunder geben . . .›, es ist eine Zeile aus einem Choral von Anne Griffith, der Mystikerin aus Montgomery, die auf einer abgelegenen Farm in den Bergen gelebt hatte und ebenfalls jung gestorben war.

«Sie suchen doch nicht etwa einen Job?» fragte mich Milton Evans. Es war Mittagszeit, und er hielt mir einen Fleischfetzen an der Spitze eines kleinen Spießes entgegen.

«Nicht unbedingt.»

«Komisch, Sie erinnern mich an Bobby Dawes. Ein junger Engländer wie Sie, der durch Patagonien gewandert ist. Eines Tages kam er zu einer Estancia und sagte zu dem Besitzer: ‹Wenn Sie mir Arbeit geben, dann sind Sie ein Heiliger, Ihre Frau ist eine Heilige und Ihre Kinder sind Engel, und Ihr Hund ist der beste Hund der Welt.› Als der Besitzer antwortete: ‹Ich habe keine Arbeit für Sie›, sagte Bobby: ‹In diesem Fall sind Sie ein Hurensohn, Ihre Frau *ist* eine Hure, Ihre Kinder sind Affen, und wenn ich Ihren Hund zu fassen kriege, werde ich ihm in den Arsch treten, bis seine Nase blutet.›»

Milton lachte schallend, als er die Geschichte erzählte. Und dann gab er noch eine zum besten, die ihm ein Vertreter für Landwirtschaftsprodukte irgendwann einmal erzählt hatte. Sie handelte von einem Mittel gegen Milben. Der Witz erreichte seinen Höhepunkt mit dem Satz: ‹Steck ein Stück Zucker in ein Schafsmaul und lutsch an seinem Arsch, bis es süß schmeckt.› Er wiederholte die Geschichte noch einmal, um sicher zu sein, daß ich sie auch verstanden hatte. Ich log. Ein drittes Mal hätte ich sie nicht ertragen.

Ich ließ Milton bei seiner Heuernte zurück, verließ Esquel in nördlicher Richtung und wanderte zu einer kleinen Siedlung namens Epuyen.

18

Die Nacht war schwül, es war schon spät und der Besitzer des einzigen Ladens in Epuyen wischte seinen Ladentisch ab, der auch als Theke diente. Señor Naitane war ein kleiner, zerknitterter Mann mit ungewöhnlich heller Haut. Er warf seinen Kunden nervöse Blicke zu, in der Hoffnung, sie würden endlich gehen. Seine Frau lag schon im Bett und wartete auf ihn. Die Zimmer zum Innenhof lagen schon im Dunkeln. Nur im Geschäft warf noch eine einzige Glühbirne ihr fahles gelbes Licht auf die grünen Wände und die aufgereihten Flaschen und Mate-Teepäckchen. Von den Dachbalken hingen Paprika- und Knoblauchbüschel herunter sowie Kandaren und Sporen, deren gezackte Schatten sich an der Decke abzeichneten.

Ein bißchen früher hatte es so ausgesehen, als wollten die acht anwesenden Gauchos gehen. Ihre am Zaun angebundenen

Pferde waren ungeduldig und scharrten mit den Hufen. Aber immer wenn Naitane den Ladentisch saubergewischt hatte, stellte einer der Gauchos mit einem Knall ein leeres Glas oder eine Flasche darauf ab und bestellte eine neue Runde. Naitane überließ seinem Sohn das Bedienen. Er griff sich einen Staubwedel aus Straußenfedern und wischte ungeduldig die Gegenstände auf den Regalen ab.

Sitzt ein betrunkener Gaucho erst einmal im Sattel, dann bleibt er auch oben und sein Pferd bringt ihn nach Hause. Dem geht jedoch ein gefährlicher Augenblick voraus, nämlich der Augenblick, wenn er aufs Pferd gesetzt wird. Naitane hielt diesen Zeitpunkt für gekommen, denn der jüngste der Gauchos hatte ein knallrotes Gesicht und stützte sich mit den Ellbogen an der Theke ab. Seine Freunde beobachteten, ob er sich wohl auf den Beinen halten konnte. Alle trugen Messer an ihren Gürteln.

Ihr Anführer war ein magerer Kerl mit ungehobelten Manieren. Er trug schwarze Bombachas und ein schwarzes Hemd, das bis zum Bauchnabel offen stand. Über seinen Brustkorb breitete sich ein Wust rötlichen Haars aus, und ebenso rote Borsten sprossen in seinem Gesicht. Er hatte ein paar lange, spitze, bräunlich verfärbte Zähne, und seine Nase ähnelte einer Haifischflosse. Er bewegte sich mit der Geschmeidigkeit einer gutgeölten Maschine und warf Naitane einen spöttischen Blick aus den Augenwinkeln zu.

Dann griff er nach meiner Hand und stellte sich als Teófilo Breide vor. Er hatte eine undeutliche Aussprache, und ich konnte ihn nur mit Mühe verstehen, aber dem, was er sagte, entnahm ich, daß er Araber war – die Erklärung für die Nase war gefunden. Epuyen war eine Siedlung von Arabern, von christlichen Arabern. Ich konnte mir Naitane zwar ebensogut als Ladenbesitzer in Palästina vorstellen, aber Teófilo Breide gehörte hierher, in die schwarzen Zelte.

«Und was sucht ein *gringito* in Epuyen?» wollte er wissen.

«Ich möchte etwas über einen Amerikaner namens Martin Sheffield erfahren, der vor vierzig Jahren hier gelebt hat.»

«Nein!» meinte Teófilo Breide. «Sheffield! *Fantasista! Cuentero! Artista!* Sie kennen die Geschichte von dem Plesiosaurus?»

«Ja.»

«Fantasía», dröhnte er und gab eine Anekdote zum besten, über die die Gauchos brüllend lachten.

«Komisch, daß Sie gerade ihn erwähnen. Sehen Sie das hier?» Er zeigte mir sein *rebenque,* eine argentinische Reitpeitsche, die einen versilberten Griff und einen Lederriemen hatte. «Die hat Martin Sheffield gehört.»

Er sagte, ich sollte zur *lagunita* gehen, dort hätte der Amerikaner vor langen Zeiten seine Zelte aufgeschlagen. Dann knallte er mit dem *rebenque* auf die Theke. Die Knie des jungen Gauchos gaben nicht nach. Die anderen leerten ihre Gläser und gingen hinaus.

Señor Naitane, in dessen Haus ich übernachten wollte, schob mich auf die Straße und verriegelte die Tür. Das Stromerzeugungsaggregat wurde abgestellt. Aus allen Richtungen hörte ich das Geräusch von Hufen, das sich in der Nacht verlor. Ich legte mich unter einen Busch und schlief ein.

19

Die *lagunita* lag am Fuß eines roten Schotterbergs. Sie war ein bißchen größer als ein Teich und kaum mehr als einen Meter tief. Auf ihrer glatten Oberfläche spiegelten sich die schwarzen Nadelholzbäume, die ihren Rand säumten. Wasserhühner schwammen im Schilf. Der Ort sah nicht so aus, als könnte er die Schlagzeilen der Weltpresse erobern.

Eines Morgens im Januar 1922 fand Dr. Clemente Onelli, Direktor des Nationalen Zoologischen Gartens von La Plata, den folgenden Brief auf seinem Schreibtisch vor:

Sehr geehrter Herr,

da mir bekannt ist, wie sehr Ihnen der gute Ruf Ihres Zoos am Herzen liegt, erlaube ich mir, Sie auf ein Phänomen aufmerksam zu machen, das ganz ohne jeden Zweifel von großem Interesse ist und Sie veranlassen könnte, ein der Wissenschaft bisher noch unbekanntes Tier zu erwerben. Es handelt sich um folgendes: Vor ein paar Tagen bemerkte ich Spuren auf einer Weide in der Nähe des Sees, an dem ich mein Jagdzelt aufgeschlagen habe. Die Spuren sahen aus, als stammten sie von einem schweren Fuhrwerk. Das Gras war vollkommmen plattgedrückt und hat sich noch nicht wieder aufgerichtet. Dann sah ich plötzlich mitten im See den Kopf eines Tiers. Zuerst glaubte ich, es sei eine unbekannte Schwanenart, aber die Strudel im Wassser ließen eher die Vermutung zu, daß es sich um ein Krokodil handelte.

Ich schreibe diesen Brief in der Absicht, Sie um materielle Unterstützung für eine Expedition zu bitten, zum Beispiel für ein Boot, Harpunen usw. (Das Boot könnte man hier an Ort und Stelle bauen.) Für den Fall, daß es unmöglich sein sollte, das Tier lebend zu fangen, sollten Sie Balsamierungsmittel mitschicken. Sollten Sie an der Sache interessiert sein, so schicken Sie mir bitte an die Adresse von Perez Gabito die für die Durchführung der Expedition notwendige Ausrüstung.

Ich hoffe auf eine möglichst schnelle Antwort, mit allerfreundlichsten Grüßen,

Martin Sheffield

Der Verfasser des Briefs war ein Abenteurer aus Tom Green County, Texas, der sich eigenmächtig zum Sheriff ernannt hatte und einen Stern und einen breitrandigen Hut trug. Um 1900 tauchte er in Patagonien auf. Er hatte eine gewisse Ähnlichkeit mit Ernest Hemingway. ‹Ärmer als Hiob› streifte er in Gesellschaft einer weißer Stute und eines Schäferhunds durch die Berge. Er klammerte sich hartnäckig an die Illusion, daß Patagonien die Verlängerung des ‹Alten Westens› sei. Er siebte in den Flüssen nach Gold. Mehrere Winter wohnte er bei John Evans in Trevelin und tauschte seine schmutzigen Goldklümpchen gegen Mehl ein. Er war ein Meisterschütze. Er schoß die Forellen aus den Flüssen, dem Polizeichef ein Zigarettenpäckchen zwischen den Lippen weg, und gelegentlich schoß er sogar Damen die hohen Absätze unter den Schuhen weg.

Sheffield bot sich jedem Forscher, der in diesem Teil der Anden auftauchte, als Führer und Saufkumpan an. Bei einer Expedition hatte er bei der Ausgrabung eines Plesiosaurus geholfen, eines kleinen, mit unserer heutigen Schildkröte verwandten Dinosauriers, dessen Hals tatsächlich aussah wie der eines Schwans. Und jetzt stellte er ein lebendes Exemplar in Aussicht.

Onelli rief eine Pressekonferenz ein und gab die bevorstehende Jagd auf den Plesiosaurus bekannt. Eine Dame aus höhren Kreisen stiftete 1500 Dollar für den Kauf der Ausrüstung. Zwei hochbetagte Rentner flüchteten aus dem Krankenhaus de la Mercedes, um gegen das Ungeheuer zu kämpfen. Und außerdem wurde ein Tango und eine Zigarettensorte nach dem Plesiosaurus benannt. Als Onelli andeutete, daß das Tier möglicherweise präpariert werden müsse, suchte der ‹Jockey Club› um das Privileg nach, das Tier ausstellen zu dürfen, was ihm eine scharfe Verurteilung von Don Ignacio Albarracín von der Gesellschaft für den Schutz von Tieren einbrachte.

Während dieser Zeit war das Land durch die allgemeinen Wahlen paralysiert, deren Ausgang darüber entscheiden würde, ob der radikale Präsident Dr. Hipólito Yrigoyen im Amt blieb oder nicht. Auf irgendeine Weise gelang es dem Plesiosaurus, sich als Maskottchen der Rechten in die Kampagne einzuschalten.

Zwei Zeitungen, deren politische Linie es war, ausländisches Investitionskapital zu begrüßen, nahmen sich des Plesiosaurus an. *La Nación* bestätigte die Informationen über die Vorbereitungen der Jagd und hoffte auf einen glücklichen Ausgang des Unternehmens. In *La Prensa* wurde die Begeisterung noch unverhohlener geäußert: «Die Existenz dieses ungewöhnlichen Tiers, das die Aufmerksamkeit des gesamten Auslands auf sich zieht, ist ein außergewöhnliches wissenschaftliches Ereignis. Patagoniens Ruhm wird durch den Besitz eines so unvermuteten Tiers besiegelt werden.»

Telegramme aus aller Welt surrten durch die Drähte nach Buenos Aires. In Erinnerung an seinen alten Jagdfreund Teddy Roosevelt bat ein Mr. Edmund Heller in einem Brief um ein Stückchen Haut für das American Museum of Natural History.

Die Universität von Pennsylvania teilte mit, eine Gruppe von Zoologen sei jederzeit bereit, nach Patagonien aufzubrechen, und fügte hinzu, im Fall einer Gefangennahme sei der angemessene Platz des Tiers natürlich die USA. «Es steht eindeutig fest, daß diese Welt zum alleinigen Ruhm der Nordamerikaner, das heißt der Monroe-Doktrin, geschaffen wurde», hieß es in einem Kommentar der *Diario del Plata*.

Der Plesiosaurus wurde zu einem Wahlgeschenk für die Linke. Zoodirektor Clemente Onelli, der Tierschlächter, wurde als neuer Parsifal, Lohengrin oder Siegfried hingestellt. Die Zeitung *La Montana* meinte, wenn man des Tiers erst habhaft sei, könne es sich als Segen für die arme Bevölkerung der *Tierrra del Diablo* erweisen – eine Anspielung auf die Revolte der *peónes* im Süden Patagoniens, die erst einen Monat zuvor von der argentinischen Armee brutal niedergeschlagen worden war. Ein anderer Artikel erschien unter dem Titel ‹Der Drache von Kappadokien›, und das nationalistische Blatt *La Fronda* schrieb: «Dieses tausendjährige, kolossale, apokalyptische Tier macht Geräusche wie eine Madonna und erscheint meistens in den verschwommenen Visionen betrunkener *gringos*.»

Es bestehen unterschiedliche Meinungen darüber, ob die mit einer riesigen Injektionsspritze ausgestattete Expedition den See jemals erreicht hat. Aber daß dieses Tier nicht existiert haben kann, muß jedem, der einmal an seinem Ufer gestanden hat, klargewesen sein. Und mit dem Plesiosaurus starb die Hoffnung, in Patagonien lebende Dinosaurier zu finden, wie zum Beispiel die von Conan Doyle in seiner *‹Verlorenen Welt›* beschriebenen, die auf einem Plateau gestrandet waren.

Martin Sheffield starb 1936 in Arroyo Norquincó, einem Ort, den er für sein Klondike hielt. Er starb an Goldfieber, Unterernährung und im Delirium tremens. Ein Holzkreuz mit den Initialen M. S. hatte auf seinem Grab gestanden, ist jedoch von einem Souvenirjäger aus Buenos Aires gestohlen worden. Sein Sohn, den er mit einer Indianerin gezeugt hat, führt ein Säuferdasein in El Bolsón. Er trägt seines Vaters Sheriffstern und hält sich für einen durch Erbschaft legitimierten texanischen Sheriff.

Von Epuyen wanderte ich weiter nach Cholila, einer Siedlung in der Nähe der chilenischen Grenze.

20

«Fühlen Sie nur», sagte sie. «Fühlen Sie, wie der Wind durchweht.»

Ich legte meine Hand an die Wand. Es zog sehr stark durch die Ritzen, aus denen der Mörtel herausgefallen war. Die Holzhütte war nach nordamerikanischem Vorbild gebaut worden; die Patagonier machten ihre Hütten anders, sie verschmierten die Ritzen nicht mit Mörtel.

Die Hütte gehörte einer chilenischen Indianerin namens Sepúlveda.

«Im Winter ist es schrecklich», sagte sie. «Ich habe die ganze Wand mit Plastiksäcken behängt, aber der Wind hat sie weggepustet. Das Haus ist morsch, Señor, alt und morsch. Ich würde es lieber heute als morgen verkaufen. Ich hätte so gern ein Haus aus Zement, wo der Wind nicht hereinkommt.»

Señora Sepúlveda hatte die Fenster im Wohnzimmer mit Brettern zugenagelt, nachdem die Scheiben herausgefallen waren. Sie hatte Zeitungspapier über die Ritzen geklebt, aber man konnte auch noch Fetzen der alten Blümchentapete sehen. Sie war eine hart arbeitende Frau, und sie wollte mehr haben. Sie war klein und stämmig, und sie hatte kein leichtes Leben mit ihrem Mann und der morschen Hütte.

Señor Sepúlveda hatte vor lauter Schnaps den Verstand verloren und hing halb sitzend, halb liegend in einem Stuhl neben dem Küchenherd.

«Wollen Sie das Haus kaufen?» fragte sie mich.

«Nein», antwortete ich, «aber geben Sie es nicht umsonst weg. In Nordamerika gibt es Männer, die viel Geld zahlen würden, wenn sie es Stück für Stück wegtragen könnten.»

«Dieser Tisch kommt von den *norteamericanos*», sagte sie, «und der Schrank und der Herd da auch.»

Sie wußte, daß die Hütte etwas Besonderes war, weil sie ‹nordamerikanisch› war. «Früher ist es sicher einmal ein schönes Haus gewesen.»

Sie führte mich herum und versuchte gleichzeitig, ihre älteste Tochter mit einem jungen Straßenbauingenieur zu verkuppeln. Er fuhr einen neuen Lieferwagen und hatte womöglich etwas Bargeld. Er und das Mädchen saßen Händchen haltend im Hof und lachten über einen Esel, der an einem Weidenbaum angebunden war. Am Tag darauf begegnete ich dem Mädchen, als es allein durch die Pampa nach Hause, nach Cholila, lief, weinend.

21

Der Erbauer des Hauses war ein kurzbeiniger Amerikaner mit sandfarbenem Haar, der schon 1902 nicht mehr ganz jung war. Er hatte spindeldürre Finger und eine kurze, gebogene Nase, eine freundliche, sanfte Natur und ein schelmisches Lächeln. Er muß sich hier wie zu Hause gefühlt haben, denn die Landschaft um Cholila erinnert an Gegenden in seinem Heimatstaat Utah – eine Landschaft mit klarer Luft und weitem Horizont, mit schwarzen Tafelbergen und blauen Hügeln, mit grauem Gestrüpp, das in gelbe Blumenfelder übergeht, eine Landschaft, in der die Geier nur sauber abgenagte Knochen zurücklassen, die der Wind kahlgefegt hat und dem Menschen nur die nackte Haut läßt.

In jenem ersten Winter lebte er allein. Aber er las gern und lieh sich von einem englischen Nachbarn Bücher aus. Schon in Utah hatte er sich manchmal auf die Ranch eines pensionierten Lehrers zurückgezogen. Am liebsten las er Bücher über die Geschichte des englischen Mittelalters und schottischer Clans. Obwohl ihm das Schreiben nicht leichtfiel, nahm er sich die Zeit, den folgenden Brief an eine in der Heimat zurückgebliebene Freundin zu verfassen:

Cholila, Ten Chubut
Argentinische Republik, S. Am.
10. August 1902

Mrs. Davies
Ashley, Utah
Liebe Freundin,

ich nehme an, Sie glauben, ich hätte Sie vergessen (oder wäre tot), aber, meine liebe Freundin, ich lebe noch, und wenn ich an meine alten Freunde denke, sind Sie immer die erste, an die ich denke. Wahrscheinlich werden Sie überrascht sein, von mir aus diesem fernen Land zu hören, aber die USA waren mir in den beiden letzten Jahren, die ich dort gelebt habe, zu klein geworden. Ich war ruhelos. Ich wollte mehr von der Welt sehen. In den Vereinigten Staaten hatte ich bereits alles gesehen, was ich gern sehen wollte. Und ein paar Monate später, nachdem ich A. zu Ihnen geschickt hatte, um das Foto vom Seilspringen abzuholen . . . starb einer meiner Onkel und hinterließ unserer kleinen dreiköpfigen Familie 30 000 Dollar. Also nahm ich mir meine 10 000 Dollar und fing an, mich ein bißchen in der Welt umzuschauen. Ich habe die schönsten Städte und Gegenden von Südamerika gesehen, bevor ich hierherkam. Und dieser Teil des Landes gefiel mir so gut, daß ich mich hier niedergelassen habe, und ich glaube, für immer, denn es gefällt mir hier jeden Tag besser. Ich habe 300 Stück Vieh, 1500 Schafe und 28 schöne Reitpferde, die Arbeit wird von zwei Männern erledigt, außerdem besitze ich ein schönes Haus mit vier Zimmern, einen Speicher, Pferdestall, Hühnerstall und ein paar Hühner. Das einzige, was mir fehlt, ist ein Koch, denn ich lebe immer noch allein und fühle mich deshalb manchmal sehr einsam. Ich bin den ganzen Tag allein, und meine Nachbarn sind kaum mehr als eine Handvoll. Hinzu kommt, daß man in diesem Land nur Spanisch spricht, und ich spreche es nicht gut genug, um über die neuesten Skandale mitreden zu können, die allen Nationen so sehr am Herzen liegen, und ohne die jedes Gespräch fade ist. Aber das Land ist erstklassig. Die einzige Industrie hier ist gegenwärtig die Viehzucht (jedenfalls in dieser Gegend), und dafür ist das Land unübertroffen. Ich habe nie zuvor schöneres Weideland gesehen, und große Teile der Hunderte und aber

Hunderte von Meilen sind noch unbesiedelt und ziemlich unbekannt. Wo ich bin, ist das Land gut für die Landwirtschaft, alle Sorten von Getreide und Gemüse wachsen hier ohne Bewässerung. Aber ich bin am Fuß der Anden. Das Land östlich von hier besteht nur aus Prärien und Wüste, das ist sehr gut fürs Vieh, aber für die Landbebauung müßte es bewässert werden. Aber es gibt genügend gutes Land am Fuß der Berge für all die Menschen, die in den kommenden hundert Jahren hier leben werden, denn von der Zivilisation habe ich mich weit entfernt. Bis nach Buenos Aires, der Hauptstadt von Argentinien, sind es 1600 Meilen, und über 400 Meilen bis zur nächsten Eisenbahnlinie oder bis zum nächsten Hafen, aber nur 150 Meilen bis zum Pazifischen Ozean. Wenn man nach Chile will, muß man über die Berge, und das schien bis zum vergangenen Sommer unmöglich. Aber jetzt hat man festgestellt, daß die chilenische Regierung eine Straße bis fast zu uns herüber gebaut hat, so daß wir im kommenden Sommer in rund vier Tagen in Puerto Montt sein können, während es auf dem alten Weg zwei Monate dauerte. Für uns wird das viele Vorteile haben, denn wir verkaufen unser Rindfleisch an Chile und können unser Vieh jetzt in einem Zehntel der Zeit dort hinbringen, und es bleibt fett. Und wir können in Chile auch Vorräte einkaufen, für ein Drittel der Summe, die wir hier bezahlen. Das Klima hier ist viel milder als in Ashley Valley. Der Sommer ist schön und nie so heiß wie dort oben. Und überall kniehohes Gras und eine Menge gutes, kaltes Bergwasser. Aber die Winter sind feucht und unangenehm, denn die meiste Zeit regnet es, aber manchmal gibt es eine Menge Schnee, aber das dauert nicht lange, denn es wird nie so kalt, daß es friert. Ich habe hier noch nie auch nur einen Zentimeter Eis gesehen ...

Der «tote Onkel» war nichts anderes als der Raubüberfall der Wild Bunch-Bande auf die First National Bank in Winnemucca, Nevada, am 10. September 1900. Der Autor des Briefs war Robert Leroy Parker, besser bekannt unter dem Namen Butch Cassidy, der zur damaligen Zeit ganz oben auf der Liste der meistgesuchten Verbrecher der Agentur Pinkerton geführt wurde. Die ‹kleine dreiköpfige Familie› war ein *ménage à trois,* die aus Butch, Harry Longabaugh, genannt Sundance Kid, und der schönen Revolvermuse Etta Place bestand. Mrs. Davies war die Schwiegermutter von Butchs bestem Freund, Elza Lay, der im Knast dahinsiechte.

22 Er war ein netter Junge, ein Junge mit einem aufgeschlossenen, freundlichen Gesicht, der seine Mormonenfamilie und das Haus in dem Pappelwäldchen liebte. Seine beiden Eltern hatten England bereits als Kinder verlassen und waren im Treck mit Brigham Youngs Handkarrengesellschaft von Iowa City über die großen Prärien bis zum Salt Lake gezogen. Anne Parker war eine nervöse, leicht erregbare Schottin, ihr Mann Max eine einfache Seele, der die Familie nur mit Mühe von der Farm ernähren konnte und sich mit Holztransporten einen kleinen Nebenverdienst verschaffte.

Das Häuschen mit den zwei Zimmern steht heute noch in Circleville, Utah. Die Viehgehege sind noch dort, ebenso die Koppel, auf der Robert Leroy zum erstenmal auf einem Kalb geritten ist. Die Pappeln, die er gepflanzt hat, stehen immer noch längs des Bewässerungsgrabens, zwischen dem Gemüsegarten und dem Salbeigestrüpp. Robert war das älteste von elf Kindern, er war ein äußerst anhänglicher Junge mit einem Sinn für *fair play*. Er litt unter der Zwangsjacke der Mormonenreligion (hinter der er Korruption vermutete) und träumte davon, Cowboy zu werden. Er verfolgte in Groschenheftchen die Abenteuer von Jesse James.

Als er achtzehn Jahre alt war, erklärte er die reichen Viehzuchtgesellschaften, die Eisenbahngesellschaften und die Banken zu seinen natürlichen Feinden und kam zu der Auffassung, daß das Recht nicht auf der Seite des Gesetzes stand. An einem Morgen im Juni 1884 teilte er seiner Mutter etwas verlegen und beschämt mit, er werde in einem Bergwerk in Telluride arbeiten gehen. Sie gab ihm die blaue Reisedecke seines Vaters und ein Glas Blaubeermarmelade mit auf den Weg. Er küßte seine kleine Schwester Lula, die in ihrer Wiege schrie, und ritt aus ihrem Leben davon. Die Wahrheit erfuhr die Mutter erst, als Max Parker zum Gehöft zurückkam. Ihr Sohn hatte mit einem jungen Banditen namens Mike Cassidy ein paar Stück Vieh gestohlen. Beide wurden vom Gesetz verfolgt.

Bob Parker legte sich den Namen Cassidy zu und ritt in ein neues Leben, das nach Pferden und Leder roch und keine Grenzen kannte. (Butch hatte er seinen Revolver genannt, den ihm jemand geliehen hatte.) Seine Lehrjahre, die achtziger Jahre, waren das Goldene Zeitalter des Rindes, in dem texanische Langhornkühe die Weiden bevölkerten, und die Cowboys ein ‹mönchisches Leben› führten (auf zehn Männer kam eine Frau), in dem Viehbarone schlechte Löhne, ihren Aktionären aber vierzig Prozent Dividende zahlten. Es war die Zeit der Champagner-Frühstücke im Cheyenne-Club und der englischen Herzöge, die ihre Cowboys *cow-servants* nannten und von diesen als *dudes,* Gecken, bezeichnet wurde. Viele Engländer stiefelten damals im amerikanischen Westen herum, und ein Cowboy schrieb an seinen Arbeitgeber, einen Yankee: «Der Engländer, dem Sie die andre Ranch überlassen haben, ist ein bißchen dreist geworden, und wir mußten den Hurensohn töten. Seitdem Sie fort sind, ist nicht besonders viel passiert . . .»

Dann kamen im langen weißen Winter von 1886/87 dreiviertel der Herden um. Habgier, gepaart mit dieser Naturkatastrophe, brachte einen neuen Typ Mensch hervor, die ‹Cowboy-Outlaws›, Männer, die durch Arbeitslosigkeit und Verfolgung durch das Gesetz zum Viehdiebstahl und in den Untergrund getrieben wurden. In Brown's Hole, auch Hole-in-the-Wall genannt, schlossen sie sich mit professionellen Desperados zusammen, mit Männern wie Black Jack Ketchum, mit dem Psychopathen Harry Tracy, mit Flat-Nose George Curry und mit Harry Logan, der über seine eigenen Morde Tagebuch führte.

In jenen Jahren war Butch Cassidy Viehtreiber und Pferdehüter. Er holte verirrte Kälber zurück und überfiel nebenberuflich Banken, wobei sich seine Begabung als Anführer bemerkbar machte. Nicht zuletzt wegen dieser Eigenschaft war er von den Sheriffs gefürchtet. 1894 wurde er in Wyoming für den Diebstahl eines Pferds, das er nicht gestohlen hatte und dessen Wert auf fünf Dollar geschätzt worden war, zu zwei Jahren Gefängnis verurteilt. Dieses Urteil nahm ihm jede Lust zu weiterem Umgang mit dem Gesetz. Von 1896 bis 1901 beging sein Zugräubersyndikat, besser bekannt als *The Wild Bunch,* eine Reihe perfekt organisierter Überfälle, die die Gesetzesvertreter, die Detektive der Agentur Pinkerton und die Eisenbahngesellschaften in ständige Furcht und Schrecken versetzten. Die Geschichte seiner Streiche nimmt kein Ende: ungestüm ritt er auf dem Outlaw-Trail auf seinem Pferd vorwärts, gab Schüsse auf die Isolatoren der Telegrafenmasten ab oder zahlte einer armen Witwe eine Rente, indem er die Rentenkasse ausraubte. Die armen Siedler auf den kleinen Farmen mochten ihn. Viele von ihnen waren Mormonen, die wegen ihrer Polygamie selbst außerhalb des Gesetzes standen. Sie gaben ihm zu essen, Schutz und Alibis – und gelegentlich ihre Töchter. Heute würde man ihn als einen Revolutionär bezeichnen. Butch hatte jedoch nicht den geringsten Sinn für politische Organisation.

Butch Cassidy hatte nie jemanden getötet. Seine Freunde dagegen waren kampferprobte Mörder, deren Verbrechen gelegentlich Gewissensbisse in ihm aufkommen ließen. Er haßte es, auf den tödlichen Schuß von Harry Longabaugh angewiesen zu sein (Harry war ein Deutscher aus Pennsylvania, der einen bösen Blick und einen schlechten Charakter hatte). Er versuchte auf den geraden Weg zurückzukommen, aber auf seiner Karteikarte in der Pinkerton-Agentur stand bereits zu viel Text, und seine Anträge auf Amnestie blieben unbeantwortet. Jeder neue Raubüberfall vergrößerte seine zu erwartende Strafe um ein paar Jahre. Die Kosten für ihre Expeditionen wurden unbezahlbar. Es heißt, die Wild Bunch habe ihre Beute bei Frauen und am Spieltisch gelassen, aber das stimmt nur zur Hälfte. Weitaus teurer kamen sie die Pferde zu stehen.

Die Kunst des Raubüberfalls hängt von einer schnellen Flucht ab, und Butch Cassidys Raubüberfälle waren nur mit erstklassigen Vollblütern durchzuführen. Sein Pferdehändler war ein Mann namens Cleophas Dowd, ein Sohn irischer Einwanderer aus San Francicso, der Jesuitenpriester werden sollte und als kleiner Junge gezwungen worden war, sich Altar und Beichtstuhl auf Knien zu nähern. Dowd stürzte Eltern und Pater in große Verwirrung, als er wenige Minuten nach seiner Einsegnung als Priester auf einem neuen Rennpferd an ihnen vorbeiritt, einen Gurt mit zwei Pistolen um die Soutane geschnallt. Noch in derselben Nacht genoß er in Sausalito das unsägliche Vergnügen – ein Vergnügen, das er lange genießen sollte –, dem ersten Mann, den er getötet hatte, die letzte Ölung zu geben. Dowd floh aus Kalifornien und ließ sich in Sheep Creek Canyon, Utah, nieder, wo er Pferde für die Outlaws züchtete. Dowd verkaufte seine Pferde erst dann, wenn der Reiter ein Gewehr zwischen den Ohren des Tiers auflegen und einen Schuß abgeben konnte. Die notwendige Schnelligkeit steuerten die Pferde aus dem Cavendish-Gestüt in Nashville, Tennessee, bei. Und dafür mußten seine Kunden teuer bezahlen.

Um 1900 eroberten Gesetz und Ordnung das letzte noch unerschlossene Gebiet Amerikas. Die Vertreter des Gesetzes beschafften sich eigene Vollblüter und lösten auf diese Weise ihr größtes Problem: sie waren jetzt ebenso schnell wie die Outlaws. Das organisierte Verbrechen sah sich gezwungen, in den Städten unterzutauchen. Brown's Hole wurde durch Razzien ausgehoben, die Agentur Pinkerton transportierte bewaffnete Soldaten in Viehwagen heran, und Butch mußte zusehen, wie seine Freunde entweder bei Saloon-Schießereien umkamen oder von gemieteten Revolverhelden niedergeschossen wurden – oder hinter Gittern verschwanden. Ein paar Mitglieder der Bande meldeten sich freiwillig zur US-Armee und exportierten ihr spezifisches Talent nach Kuba oder den Philippinen. Butch jedoch hatte nur die Wahl zwischen einem strengen Urteil – und Argentinien.

Unter den Cowboys ging das Gerücht um, daß das Land der Gauchos noch jene gesetzlose Freiheit biete, die in Wyoming in den Jahren nach 1870 geherrscht hatte. Der Künstler-Cowboy Will Rogers schrieb dazu: «Sie brauchten dort unten nordamerikanische Reiter als Antreiber für die Eingeborenen. Die Eingeborenen waren zu langsam.» Butch hoffte, dort vor einer Auslieferung sicher zu sein. Seine beiden letzten Überfälle dienten zur Finanzierung der Reise. Nach dem Überfall in Winnemucca ließen die fünf Anführer in Fort Worth in allerbester Laune ein Gruppenfoto von sich machen und schickten dem Bankdirektor einen Abzug. (Das Foto hängt noch heute in dem Büro.)

Im Herbst 1901 begegnete Butch Cassidy in New York Sundance Kid und dessen Freundin Etta Place. Sie war jung, schön und intelligent, und sie ließ die Männer nach ihrer Pfeife tanzen. Auf ihrer Karteikarte bei Pinkerton stand, daß sie Lehrerin in Denver gewesen war, und ein Gerücht besagte, sie sei die Tochter eines verwöhnten englischen Tunichtguts namens George Capel, daher das Anagramm ‹Place›. Als James Ryan und Mr. und Mrs. Harry A. Place besuchte die ‹dreiköpfige Familie› Opern und Theater. (Sundance Kid war ein leidenschaftlicher Wagnerianer.) Bei Tiffany kauften sie Etta eine goldene Armbanduhr, und anschließend fuhren sie mit dem Segelschiff SS *Soldier Prince* nach Buenos Aires. Bei ihrer Ankunft stiegen sie im Hotel *Europa* ab, statteten dem Direktor des Landverteilungsbüros einen Besuch ab und sicherten sich 12 000 Morgen unbebautes Land in Chubut.

«Gibt es in der Gegend irgendwelche Banditen?» erkundigten sie sich, und sie waren froh zu hören, daß das nicht der Fall war.

Ein paar Wochen später entdeckte sie der walisische Polizeichef von Esquel, Milton Roberts, beim Zelten in der Nähe von Cholila. Ihre erstklassigen Vollblüter, alle gesattelt, kamen ihm ziemlich ungewöhnlich vor. Wie wir aus dem Brief erfahren haben, war Butch im ersten Winter allein. Er stattete die Farm mit Schafen aus, die er einem englischen Nachbarn abkaufte. Das Haus, das er sich nach dem Vorbild des Häuschens in Circleville baute, nur etwas größer, war im Juni fertig.

Im Jahr darauf hatte Frank Dimaio, ein Detektiv der Pinkerton-Agentur, an Hand des Fotos von Winnemucca ihre Spur bis nach Cholila verfolgt. Er scheute sich jedoch, die Reise nach Patagonien zu machen, und zwar wegen der vielen Geschichten über den Dschungel und die Schlangen. Möglicherweise war das seine Rettung. Die ‹dreiköpfige Familie› benutzte Cholila fünf Jahre lang ungestört als Hauptquartier. Sie bauten ein Backsteinhaus, eröffneten einen Kolonialwarenladen (der heute einem arabischen Kaufmann gehört), überließen es jedoch ‹einem anderen Nordamerikaner›, ihn zu betreiben.

Die Leute in der Gegend hielten sie für friedliche Bürger. Ihre Nachbarin Señora Blanca de Gérez hinterließ bei ihrem Tod vor drei Jahren eine Notiz, die ihre Enkel mir in Cholila zeigten:

«Sie waren nicht besonders gesellig, aber was immer sie taten, war korrekt. Sie übernachteten häufig in unserem Haus. Ryan war umgänglicher als Place, er nahm immer an den Festen unserer Siedlung teil: Beim ersten Besuch von Gouverneur Lezana spielte Place auf seiner Gitarre eine Samba, und Ryan tanzte mit der Tochter von Don Ventura Solís. Niemand hatte den Verdacht, daß sie Verbrecher sein könnten.»

Die Pinkerton-Agentur schrieb an den Polizeichef in Buenos Aires: «Es ist nur eine Frage der Zeit, bis diese Männer irgendwo in der argentinischen Republik wieder einen schrecklichen Raubüberfall begehen werden.» Sie irrte sich nicht. Der ‹dreiköpfigen Familie› ging langsam das Geld aus, und außerdem hatte sie die Kunst des Überfalls in ihren Bann gezogen. Ohne sie wurde ihnen das Leben langweilig. Möglicherweise spornte sie die Ankunft ihres Freundes Harvey Logan an. Dieser war 1903 aus einem Gefängnis in Knoxville, Tennessee, herausgeschlichen, nachdem er seinen Wärter schlicht und einfach mit einem Eisendraht, den er in seinem Stiefel versteckt hielt, erdrosselt hatte. Er tauchte als Andrew Duffy in Patagonien auf, ein Pseudonym, das er bereits in Montana benutzt hatte.

Im Jahre 1905 machte sich die wieder erstandene Wild Bunch auf den Weg und raubte eine Bank im Süden der Provinz Santa Cruz aus. Und sie wiederholte die Vorstellung im Sommer 1907 in der Banco de la Nación in Villa Mercedes in der Provinz San Luis. Anscheinend hat Harvey Logan dem Bankdirektor eine Kugel in den Kopf gejagt. Etta war auch dabei, als Mann verkleidet, eine Tatsache, die von Blanca de Gérez indirekt bestätigt wurde: «Die Señora hatte kurzgeschnittenes Haar und trug eine Perücke.»

Im Dezember 1907 verkauften sie Cholila überstürzt an ein Viehzüchtersyndikat und setzten sich in die Kordilleren ab.

Keiner ihrer Nachbarn hat sie je wiedergesehen. Ich hörte eine ganze Reihe von Gründen für ihre Abreise. Am häufigsten hieß es, Etta hätte sich gelangweilt oder eine Blinddarmentzündung gehabt und darauf bestanden, sich in Denver operieren zu lassen. Eine andere Erklärung lautete, der Blinddarm sei in Wirklichkeit ein Baby gewesen und der Vater ein junger Engländer namens John Gardner, der aus gesundheitlichen Gründen in Patagonien eine Farm betrieb. Weiter hieß es, Harvey Logan habe dafür gesorgt, daß er aus Kids Reichweite verschwand und ihn auf seinen Familiensitz nach Irland zurückgeschickt.

Angeblich hat sich Etta 1924 in Denver aufgehalten. (Ihre Tochter – und Konkurrentin – war möglicherweise Betty Weaver, die an fünfzehn spektakulären Banküberfällen teilnahm, bevor sie 1932 in Belleplaine, Kansas, verhaftet und zu einer Gefängnisstrafe verurteilt wurde.) In Ashley Valley in Utah lernte ich einen alten Mann kennen, der in seinem Schaukelstuhl auf der Veranda hin- und herwippte und sich erinnerte, Butch Cassidy 1908 gesehen zu haben. Sollten sie in jenem Sommer tatsächlich in die USA zurückgekommen sein, dann haben sie ein erstaunliches Tempo draufgehabt, denn bereits im Dezember arbeiteten die beiden Outlaws in Bolivien für einen Mann namens Siebert in dem Concordia-Zinnbergwerk.

Die klassische Darstellung ihres Todes in San Vicente, Bolivien, im Dezember 1909, anläßlich des Raubs der Lohnkasse eines Bergwerks, stammte aus der Feder des Westernschriftstellers Arthur Chapman und wurde zum erstenmal 1930 in *Elk's Magazine* veröffentlicht. Es war ein ideales Drehbuch für einen Film: da war der Kavallerie-Captain, der getötet wird, als er die *gringos* verhaften will; der Innenhof mit den Lehmwänden, in dem überall tote Esel herumliegen; die ungleichen Chancen; und der verwundete Kid, dem Butch eine Kugel in den Kopf jagte, bevor er sich mit der letzten Kugel selbst erschießt, weil er nun einen Menschen getötet hat. Die Geschichte endet damit, daß die bolivianischen Soldaten bei einer der Leichen Ettas Tiffany-Armbanduhr finden.

Niemand weiß, woher Chapman diese Geschichte hat. Butch hätte sie selber erfinden können. Schließlich hatte er sich vorgenommen, in Südamerika zu ‹sterben›, um unter einem neuen Namen wiederaufzutauchen. Che Guevaras Mörder, der verstorbene Präsident René Barrientos, ließ die Schießerei in San Vicente untersuchen. Er war ein leidenschaftlicher Wildwest-Fan und beauftragte ein Team damit, das Geheimnis zu lösen. Er verhörte persönlich die Dorfbewohner, ließ auf dem Friedhof Leichen ausgraben, studierte Armee- und Polizeiakten und kam zu dem Schluß, die ganze Geschichte sei erfunden. Auch die Agentur Pinkerton glaubte nicht an sie. Sie hatte ihre eigene Version, die allerdings auch nur auf äußerst dürftigen Beweisen aufgebaut war: Danach war die gesamte ‹dreiköpfige Familie› 1911 bei einem Schußwechsel mit der uruguayischen Polizei ums Leben gekommen. Drei Jahre später wurde Butch Cassidy für tot erklärt – sollte er damals noch gelebt haben, so hatte er erreicht, was er wollte.

«Alles Unsinn», meinten seine Freunde, als ihnen die Geschichten aus Südamerika zu Ohren kamen. Butch ging Schießereien stets aus dem Wege. Und nach 1915 haben ihn Hunderte von Menschen gesehen – oder glauben es zumindest: als Waffenschmuggler für Pancho Villa in Mexiko, mit Wyatt Earp als Goldsucher in Alaska, als Tourist in einem Ford-T-Modell im Westen, bei Besuchen früherer Freundinnen (die ihn jetzt reichlich fett fanden) oder als Zuschauer bei einer Wildwest-Show in San Francisco.

Ich suchte die Kronzeugin für seine Rückkehr auf, seine Schwester, Mrs. Lula Parker Betenson, eine energische und aufrichtige alte Dame um die Neunzig, die ihr Leben lang die Demokratische Partei unterstützt hatte. Sie hatte nicht den geringsten Zweifel: ihr Bruder war im Herbst 1925 nach Circleville zurückgekommen und hatte im Kreis der Familie Blaubeertorte verzehrt. Sie glaubt, daß er Ende der dreißiger Jahre im Staate Washington an einer Lungenentzündung gestorben ist. Einer anderen Version zufolge ist er in einer Stadt im Osten als pensionierter Eisenbahningenieur mit zwei verheirateten Töchtern gestorben.

23 Nicht weit weg von Cholila gab es eine Eisenbahnlinie, mit der ich nach Esquel zurückfahren konnte. Der Bahnhof sah aus wie ein Spielzeugbahnhof. Der Fahrkartenverkäufer hatte das Gesicht eines heimlichen Trinkers. In seinem Büro hing ein Foto von einem etwas weichlich wirkenden Jungen mit angeklatschtem Haar aus gutbürgerlichem Haus, der wegen Mordes an dem Fiat-Vertreter gesucht wurde. Die Eisenbahnbeamten trugen blaßgraue Uniformen mit goldenen Tressen. Auf dem Bahnsteig stand ein kleiner Altar zu Ehren der Jungfrau von Luján, der Schutzheiligen der Reisenden.

Die Lokomotive war etwa achtzig Jahre alt, made in Germany. Sie hatte einen hohen Schornstein und rote Räder. Die Polster in den Abteilen der ersten Klasse stanken nach abgestandenem Essen. Die zweite Klasse war sauber und hell, hatte erbsengrüne Klappsitze und einen Holzofen in der Mitte.

Ein Mann kochte in seinem blauen Emaille-Kessel Mate auf dem Ofen. Eine alte Dame redete auf ihre Lieblingsgeranie ein, und zwei Alpinisten aus Buenos Aires saßen eingezwängt zwischen ihren Gepäckstücken. Sie sahen intelligent und intolerant aus, verdienten lausige Gehälter und zogen auf übelste Weise über die USA her. Die anderen Reisenden waren araukanische Indianer.

Es ertönten zwei Pfiffe, und der Zug setzte sich mit einem Ruck in Bewegung. Straußenvögel stieben von den Schienen hoch, als wir an ihnen vorbeifuhren. Ihr Gefieder richtete sich auf wie eine Rauchsäule. Die grauen Berge vibrierten im Dunst der Hitze. Von Zeit zu Zeit wirbelte ein Lastwagen am Horizont eine Staubwolke auf.

Einer der Indianer blickte die Alpinisten herausfordernd an

und ging zu ihnen, um Streit anzufangen. Er war stark betrunken. Ich lehnte mich in meinem Sitz zurück und wurde Zeuge der Geschichte Südamerikas in Kurzfassung. Der junge Mann aus Buenos Aires hörte sich die Beschimpfungen eine halbe Stunde lang an, dann sprang der auf, explodierte und forderte den Indianer mit einer Handbewegung auf, auf seinen Platz zurückzugehen.

Der Indianer zog den Kopf ein und sagte: «*Sí, Señor, sí, Señor.*»

Die Siedlungen der Indianer befanden sich unmittelbar an der Eisenbahnlinie, damit Betrunkene immer nach Hause finden konnten. Als der Indianer an seiner Station angekommen war, stolperte er aus dem Zug und drückte dabei seine fast leere Geneverflasche fest an sich. Überall zwischen den Hütten glitzerten Flaschenscherben in dem verschleierten Sonnenlicht. Ein Junge in einem gelben Anorak stieg ebenfalls aus und stützte den Betrunkenen beim Gehen. Ein Hund, der in einem Eingang gelegen hatte, sprang auf und leckte ihm das ganze Gesicht ab.

24 Überall südlich der Kordilleren hört man Geschichten über die *bandoleros norteamericanos*. Die hier folgende habe ich dem zweiten Band der ‹*Erinnerungen eines patagonischen Fuhrmanns*› von Asencio Abeijón entnommen.

Im Januar 1908 (also einen Monat nachdem Butch Cassidy Cholila verkauft hatte) ritt ein Mann durch die Pampa del Castillo und kam an einer Gruppe von vier Reitern vorbei, die mehrere Vollblutpferde mit sich führten. Es waren drei *gringos* und ein chilenischer *peón*. Sie hatten Winchester-Gewehre mit Holzgriffen. Einer von ihnen war eine als Mann verkleidete Frau. Der Reiter schenkte dem keine Bedeutung. Alle *gringos* waren eigenartig gekleidet.

Am selben Abend stiegen drei Reiter in *Cruz Abeijóns Hotel* in La Mata ab. Eine Frau befand sich nicht unter ihnen. Es waren zwei *norteamericanos* und ein Chilene. Sie erklärten, sie wollten Land kaufen. Der kleinere von beiden, der Bob Evans hieß, war freundlich und aufgeschlossen. Er sprach gut Spanisch und spielte mit Abeijóns Kindern. Der andere war groß, hellhäutig, schweigsam und machte ein finsteres Gesicht. Er nannte sich Willie Wilson.

Nach dem Frühstück erkundigten sich die *gringos* bei Abeijón nach dem besten Hotel in Comodoro Rivadavia. Sie ließen den Chilenen bei den Pferden zurück und ritten die fünfzehn Kilometer in die Stadt. Comodoro war in jenen Tagen vor dem Ölboom ein winziger Ort, zwischen Felsen und Meer eingeklemmt. Auf seiner einzigen Straße befanden sich die Salesianer-Kirche, das Hotel *Vascongada* und die Casa Lahusen, ein Laden für alles, der auch als Bank herhalten mußte. Die Amerikaner tranken mit den Honoratioren des Orts und setzten dabei ihre Erkundigungen nach käuflichem Land fort. Sie blieben eine Woche. Eines Morgens überraschte sie ein Polizist bei Schießübungen am Strand. «Wir wollten nur nicht aus der Übung kommen», erklärten sie dem Polizeichef Don Pedro Barros scherzend, der ihre Winchester untersuchte und sie ihnen lächelnd zurückgab.

Die Amerikaner ritten nach La Mata zurück. Bob Evans verteilte Karamelbonbons an Abeijóns Kinder. Am nächsten Morgen waren sie wieder verschwunden, dieses Mal mit dem *peón* und den Pferden. Abeijón mußte feststellen, daß seine Telefondrähte durchgeschnitten waren.

Am 3. Februar um ein Uhr mittags wehte ein heißer Wind, als die Einwohner von Comodoro beim Mittagessen saßen. Wilson und Evans banden die Reservepferde an einem Pfosten am Ortseingang fest und ritten zur Casa Lahusen. Evans pflanzte sich neben dem Haupteingang auf. Wilson und der *peón* ritten auf den Liefereingang zu. Sie stiegen ab, und der Chilene hielt die Pferde fest. Ein zufälliger Augenzeuge hörte, wie sich die beiden Männer stritten, dann sah er, wie der *peón* davonsprang, sich hinter einem Pferd duckte und Wilson auf ihn schoß. Die Kugel lief durch den ganzen Arm bis in die

Schulter, und der Chilene fiel zwischen einen Stapel Wollballen.

Polizeichef Barros, der den Schuß gehört hatte, fand Wilson, eine Hand auf der Brust, zusammengekrümmt auf dem Boden liegen. «Das Schwein hat auf mich geschossen», sagte er. Barros forderte ihn auf, ihn zum Revier zu begleiten, um den Vorfall zu klären. Wilson sagte: «Nein» und zog seinen Revolver, wobei ‹seine blauen Augen teuflisch aufblitzten›. Evans schrie: «Hör auf, du Idiot» und ritt mit seinem Pferd zwischen die beiden Männer, wobei er Barros einen Stoß versetzte, so daß auch dieser zwischen die Wollballen fiel.

Die Amerikaner bestiegen ihre Pferde, banden die Reservepferde los und galoppierten davon. Das Unternehmen hatte nur fünf Minuten gedauert. Barros rannte zum Revier und begann mit einer Maschinenpistole wild in die Luft zu feuern. Vier berittene Polizisten folgten ihnen, gaben jedoch bald auf. In derselben Nacht hörte sie ein Baske an ihrem Lagerfeuer Akkordeon spielen und dazu singen.

Der *peón* saß in Comodoro hinter Gittern. Er hatte noch in letzter Minute von Wilson einen größeren Anteil an der Beute gefordert.

Von Esquel aus ging ich den Spuren einer zweiten Wilson und Evans-Geschichte in Richtung Süden nach.

25

Der schmale Pfad zum Arroyo Pescado führte durch dorniges Gestrüpp und endete an dem grünen Streifen, wo der Fluß aus den Bergen kam und sich zu einer Lagune ausweitete, in der Schilf wuchs. Ein paar Flamingos flogen auf, ein orange-schwarzes Flattern, und schlugen das blaue Wasser zu weißem Gischt, bis ihre Beine sich von der Oberfläche lösten. Am steinigen Ufer lagen überall leere Flaschen und Blechdosen – das war alles, was von der walisischen *Compania Mercantil de Chubut* übriggeblieben war.

Am Nachmittag des 29. Dezember 1909 verließ der Geschäftsführer, ein kräftig gebauter, ehemaliger Athlet aus Bala namens Llwyd ApIwan, sein Geschäft und ging über die Straße zu seinem Haus, um Tee zu trinken. Seine beiden Arme waren bis zu den Ellbogen bandagiert, da er ein mitten in der Nacht ausgebrochenes Feuer, dessen Ursache nicht geklärt werden konnte, mit seinen bloßen Händen gelöscht hatte. Wenige Minuten später wurde er von seinem Gehilfen Bobby Roberts zurückgerufen, weil Wilson und Evans gekommen waren, um kleine Nägel zu kaufen. Sie waren gute Kunden und in den Kordilleren als Fuhrleute und ausgezeichnete Schützen bekannt.

ApIwan ging zum Geschäft zurück und stellte dort fest, daß Bobby Roberts von Evans mit der Waffe in Schach gehalten wurde und laut heulte. Wilson stieß ihn selbst mit vorgehaltenem Gewehr ins Büro und befahl ihm, den Safe zu öffnen.

«Der Safe ist leer», sagte ApIwan.

Aber Wilson wußte es besser. Die *Compania* hatte eine Sendung goldener Sovereigns erwartet, mit denen die Wollschnur bezahlt werden sollte. ApIwan öffnete den Safe und zeigte ihm ein paar argentinische Banknoten.

«Die gehören den Indianern», sagte er. «Ihr habt kein Glück. Die Sovereigns sind noch nicht da.»

Indianern wollte Wilson kein Geld wegnehmen. Er rief Evans etwas zu, und als er rückwärts aus dem Büro ging, verfingen sich seine Sporen in einem indianischen Teppich, und er stolperte. Als er hinfiel, sprang der Waliser auf ihn zu, konnte sich trotz seiner bandagierten Hände den Revolver greifen und drückte ab. Aber der Revolver hatte keinen Abzug, Wilson hatte ihn herausgenommen und den Mechanismus gefedert. Wilson griff schnell nach einem Minirevolver, den er um den Hals trug, und schoß ApIwan ins Herz.

Die Outlaws ritten nach Süden davon zu ihrem Lager am Río Pico. Ich beschloß, ihre Spur weiterzuverfolgen, und lief querfeldein zur Hauptstraße zurück. Der Fahrer eines Lastwagens mit Rohwolle hielt an und nahm mich mit. Er trug ein schwarzes, mit rosa Rosen besticktes Hemd und hörte Beethovens ‹*Fünfte*› vom Tonband. Es war eine verlassene Gegend. Die Hügel färbten sich golden und purpurrot in der untergehenden Sonne. Neben einem Telegrafenmast stand eine einsame Gestalt:

26 Er hatte blondes Haar und war unterwegs nach Süden. Das Haar fiel ihm ständig ins Gesicht, und er warf es mit einer kurzen Kopfbewegung zurück. Sein Körper war zart, fast mädchenhaft. Wenn er lächelte, hielt er den Mund geschlossen, um seine verfärbten Zähne zu verbergen. Er sei Bergmann, erklärte er. Er suche Arbeit in einem Bergwerk.

Er hatte eine Seite aus einem alten Exemplar der *National Encyclopaedia* herausgerissen, auf der eine Karte mit den verschiedenen Bergwerken Argentiniens abgebildet war. In Río Pico gab es eine Goldmine.

Er hatte zu den ersten Blumenkindern im Haight Ashbury-Distrikt von San Francisco gehört. Einmal, als er hungrig war, hatte er auf dem Gehsteig der Haight Street einen halbaufgegessenen Schokoladenriegel aufgehoben und gegessen. Dieses Ereignis hatte sich ihm ins Gedächtnis gegraben, und er erwähnte es mehrere Male.

In San Francisco war er auf Methadon abgefahren, kam aber davon los, als er zum erstenmal Arbeit in einem Bergwerk gefunden hatte. Die Arbeit in den Minen hätte etwas Elementares an sich, meinte er. Minen gaben ihm das Gefühl der Sicherheit. Als Bergarbeiter in Arizona hatte er ein Haus und einen anständigen Lohn gehabt, aber nur so lange, bis ihn das Finanzamt erwischte. Diese verdammten Steuern. Da hatte er sich gesagt: Damit bin ich fertig. Ich gehe nach Südamerika und suche mir eine andere Mine.

Wir halfen dem Fahrer, einen Reifen zu wechseln, und er lud uns in Gobernador Costa zu Drinks ein. Ich fragte einen walisischen Kaufmann nach dem Bergwerk in Río Pico. Er sagte, das sei schon vor fünfzig Jahren geschlossen worden, und das nächste sei ein Koalin-Bergwerk in Apeleg.

«Was ist Koalin?»

«Weiße Porzellanerde.»

«Weiße was? Haben Sie weiß gesagt? Weiß? Herrgott! Eine weiße Mine! Wo soll die Mine sein?»

«In Apeleg.»

«Und wo ist Apeleg?»

«Rund hundert Kilometer weiter südlich», sagte der Waliser. «Außerdem gibt's noch das Kohlebergwerk in Río Turbio, aber es ist Fettkohle, dort würden Sie sicher nicht gern arbeiten.»

Der Bergarbeiter hatte kein Geld, und sein Paß war ihm gestohlen worden. Ich lud ihn zum Abendessen ein. Am nächsten Morgen sagte er, er wolle weiter nach Süden. «Es wird schon klappen, Mann. Es geht ja nur darum, die richtige Mine zu finden.»

27

Das Hotel in Río Pico war in hellem Türkis gestrichen; es gehörte einer jüdischen Familie, die nicht einmal die einfachsten Grundbegriffe des Profits kannte. Die Zimmer lagen eng nebeneinander um einen Innenhof, in dem ein Wassertürmchen stand und mit umgedrehten Flaschen abgegrenzte Blumenbeete waren, auf denen knallrote Lilien wuchsen. Die Eigentümerin war eine tapfere, schwarzgekleidete Frau mit sorgenvoller Miene und schweren Augenlidern, die mit der ganzen Hingabe einer jüdischen Mutter um den Tod ihres erstgeborenen Sohns trauerte. Er war Saxophonist gewesen. Er war nach Comodoro Rivadavia gegangen und dort an Magenkrebs gestorben. Sie bohrte mit einem Dorn zwischen ihren Zähnen und hatte für die Absurdität des Lebens nur ein bitteres Lachen übrig.

Ihr zweiter Sohn, Carlos Rubén, war ein Junge mit olivfarbener Haut und dem unsteten Blick eines Semiten. Er war versessen darauf, die Welt kennenzulernen und würde sicher bald das Weite suchen. Ihre Töchter tippelten in Filzpantoffeln über den nackten, gescheuerten Fußboden. Sie ordnete an, ein Handtuch und eine rosa Geranie in mein Zimmer zu bringen.

Am nächsten Morgen gab es ein Höllenspektakel wegen der Rechnung.

«Was macht das Zimmer?»

«Nichts. Wenn Sie nicht darin geschlafen hätten, wäre es sowieso leer geblieben.»

«Was macht das Abendessen?»

«Nichts. Wir wußten doch nicht, daß Sie kommen. Wir haben für uns selbst gekocht.»

«Und was macht der Wein?»

«Wir bieten unseren Gästen immer Wein an.»

«Und der Mate-Tee?»

«Niemand zahlt bei uns für Mate-Tee.»

«Was kann ich denn bezahlen? Es bleiben ja nur noch Brot und Kaffee übrig.»

«Das Brot kann ich Ihnen nicht berechnen, aber der Milchkaffee ist ein *gringo*-Getränk, und das sollen Sie bezahlen.»

Die Sonne stand schon am Himmel. Die Schornsteine spien die Rauchfahnen der Holzfeuer senkrecht in den Himmel. Río Pico war früher einmal die deutsche Kolonie Nueva Alemania gewesen, und die Häuser sahen deutsch aus. Blüten von Schwarzem Holunder drückten sich gegen die Bretterwände. Vor der Bar stand ein Holztransporter, der gerade in die Berge aufbrechen wollte.

28 Las Pampas lag dreißig Kilometer von Río Pico entfernt. Es war das letzte Dorf vor der Grenze. Im Norden erhob sich der El Cono, ein erloschener Vulkan mit knochenweißem Steingeröll und noch helleren Schneeflächen. Im Tal der grüne Fluß, der eilig über weiße Steine hinwegfloß. Zu jeder Holzhütte gehörte ein kleines Stück Land mit Kartoffeln, das vor dem Vieh durch Zäune und Dorngestrüpp verbarrikadiert war.

In Las Pampas gab es zwei Familien, die Patrocinios und die Solís, die sich gegenseitig des Viehdiebstahls beschuldigten, in ihrem gemeinsamen Haß auf die staatliche Holzgesellschaft aber enge Verbündete waren.

Es war Sonntag. Der Herrgott hatte den Patrocinios einen Sohn geschenkt. Patrocinio gehörte die Dorfkneipe und feierte das freudige Ereignis mit einem *asado*. Seit zwei Tagen kamen von allen Seiten Gäste herbeigeritten. Ihre Pferde waren im Stall angebunden, und die Lassos und *boleadoras* hingen in den Sattelgurten. Die Männer lagen im weißen Klee, tranken Wein aus Schläuchen und wärmten sich am Feuer. Die Sonne vertrieb den milchigen Schleier, der in Fetzen über dem Tal lag.

Rolf Mayer, ein Gaucho mit deutschem und indianischem Blut, übernahm das Schlachten. Er war schlank und schweigsam und hatte riesige scharlachrote Hände. Er war ganz in Schokoladenbraun gekleidet und nahm nie den Hut vom Kopf. Als Schlachtmesser diente ihm ein Bajonett mit einem gelblichen Elfenbeinknauf. Er legte jedes Schaf auf ein Gestell und begann das tote Tier seines Fells zu entkleiden, bis es rosaglänzend, die Beine in die Luft gestreckt, auf dem weißen Innenfutter seines eigenen Vlieses lag. Dann setzte er die Messerspitze an der Stelle an, wo sich die Haut über dem Magen strafft, und das heiße Blut spritzte über seine Hände. Das machte ihm Spaß. Man merkte es an der Art, wie er dabei die Augen schloß, die Unterlippe vorschob und die Luft durch die Zähne sog. Er holte die Innereien heraus, trennte Leber und Nieren ab und warf den Rest den Hunden zu.

Er trug die fünf Tiere zum Bratplatz und befestigte sie an den fünf Eisenkreuzen, die schräg über dem Feuer standen.

Am Nachmittag kam von den Kordilleren ein scharfer Wind und Schneegestöber zu uns herunter. Ein Träumer mit flachsblondem Haar schürte das Feuer, während die anderen Männer *taba* spielten. Der *taba* ist ein Sprungbeinknochen einer Kuh. Der Spieler wirft ihn etwa zehn Schritte weit in einen Kreis aus Schlamm oder Sand. Fällt der Knochen auf seine konkave Seite, bedeutet es *suerte* (Glück), und er gewinnt. Fällt er auf seine konvexe Seite, bedeutet es *culo* (Arsch), und er verliert. Fällt er auf die Kante, dann ist der Wurf ungültig. Ein guter Spieler weiß genau, wieviel Schwung er braucht, damit der *taba* auf *suerte* fällt. Natürlich gibt es eine Menge Witze über *culo*. Ich war viele Male *culo* und verlor viel Geld.

Nach Anbruch der Dunkelheit spielte Patrocinio auf dem Akkordeon, und der Träumer sang dazu mit nasaler Stimme. Die Frauen trugen Kleider aus Kreton, und die jungen Männer hielten einen respektvollen Abstand zu ihren Tänzerinnen.

29

Ein Mann namens Florentino Solís bot sich an, mit mir in die Berge zu reiten. Sein Gesicht war hellrot verbrannt, und als er seinen Hut abnahm, sah ich die scharfe Trennungslinie zwischen der roten und der weißen Haut. Er war ein Wanderer, hatte weder Frau noch Haus und besaß nichts außer zwei schönen *criollo*-Ponies, zwei Sätteln und einem Hund.

Ein paar Stück Vieh trugen sein Brandzeichen und weideten

auf den kargen Feldern an der Grenze. Meistens ließ er sie frei herumziehen. Er war ins Tal gekommen, um eine Kuh gegen Lebensmittel einzutauschen, und war wegen des *asado* geblieben. Er fühlte sich in Gesellschaft nicht wohl. Er hatte den ganzen Tag nichts getrunken, sondern allein am Fluß gesessen und mit Grashalmen in seinen Zähnen herumgestochert.

Der Morgen war kalt. Über den Gipfeln der Berge türmten sich Wolken auf. Solís zog sich eine Hose aus Schafsleder über und bestieg seine Schecke. Patrocinio lieh mir einen schwarzen Wallach. Wir wateten durch den Fluß. Die Ponies verschwanden bis zu den Sätteln im Wasser, behielten aber Boden unter den Füßen. Eine Stunde lang ritten wir einen steilen Berg hoch, auf einem Pfad, der in Serpentinen bis zu einem roten Felskamm führte und sich dann zwischen riesengroßen Bäumen verlor. Nach einer weiteren Stunde kamen wir zu einem Felskliff. Solís zeigte auf einen Haufen Bretter, die zu Humus verfaulten, und sagte: «Das war das Gefängnis von Ramos Otero.»

Ramos Luis Otero war ein verstörter junger Mann, Sohn einer Patrizierfamilie, der in abgetragenen, ehemals erstklassigen Anzügen herumlief und leidenschaftlich gern Geschirr spülte. Er haßte Frauen. Er haßte die Salonatmosphäre von Buenos Aires und arbeitete lieber als Hinterwäldler in Patagonien. Ein Jahr lang hatte er für einen Vermessungstrupp der Regierung gearbeitet, aber als man seine Verkleidung durchschaute, hatte er sich die Estancia Pampa Chica in Corcovado gekauft, die auf halbem Weg zwischen den Bergen und dem Tal lag.

In der letzten Märzwoche des Jahres 1911 waren Otero und sein *peón* Quintanilla mit einem leichten Wägelchen und zwei Pferden auf dem Weg nach Hause. Als sie durch den Cañadón del Tiro kamen, trafen sie auf zwei Männer, die in die entgegengesetzte Richtung ritten. Einer von ihnen winkte Otero lächelnd zu. Der andere schnappte sich, als er auf gleicher Höhe mit Otero war, die Zügel seines Pferds. Die Reiter waren Nordamerikaner.

Sie spannten die Pferde aus und zwangen Otero und den *peón*, mit ihnen in die Berge zu reiten. Als sie zu dem Felskliff kamen, fällten die Amerikaner ein paar Bäume und bauten ein Gefängnis aus den Stämmen, die sie mit Lederriemen zusammenbanden. Otero empfand eine besonders starke Abneigung gegen den Blonden namens Wilson, der seinen Freund die schwerste Arbeit machen ließ.

Sie wurden beide in das Gefängnis gepfercht. Otero dachte an Selbstmord, und Quintanilla war gelb vor Angst. Zweimal am Tag wurden sie von ihren Aufsehern herausgelassen, damit sie essen und ihre körperlichen Bedürfnisse erledigen konnten. Die Bande bestand aus mehreren Männern, alle waren *gringos,* entweder aus Nordamerika oder aus England. Nach etwa zwei Wochen ließ einer der Wärter versehentlich ein Streichholz fallen. Otero hob es auf, zündete damit ein kleines Feuer auf dem Boden an und brannte mit der glühenden Asche die Lederriemen durch. In der Nacht schob er einen Stamm zur Seite, und beide Männer konnten fliehen.

Als er wieder in Freiheit war, kam ihm der Verdacht, daß seine Brüder, die mit dem Lösegeld angereist waren, die Entführung geplant hätten, damit er Patagonien verlasse. Er war kein sehr ausgeglichener Mensch. Auch die Polizei wollte ihm seine Geschichte nicht abnehmen, bis er sie zu dem Felskliff führte. Aber da wurde die Angelegenheit zu einem nationalen Ereignis.

Der Innenminister ordnete eine Menschenjagd an, um die Kordilleren von Outlaws zu säubern. Im Dezember 1911 kamen Wilson und Evans nach Río Pico herunter, um bei den beiden deutschen Brüdern Hahn Vorräte einzukaufen. Die Hahns hatten die Siedlung gegründet und machten ihre amerikanischen Freunde darauf aufmerksam, daß die Grenzpolizei das Gebiet kontrollierte. Wilsons Hand war entzündet und geschwollen. Er hatte Patronen umgepackt, und dabei war eine explodiert. Doña Guillermina Hahn verband die Wunde, und sie ritten in die Sicherheit der Berge zurück.

Aber Evans hatte mit der Frau von einem der Männer der Familie Solís angebändelt. Dieser Mann wußte, wo sich das Lager der Outlaws befand, und führte die Patrouille dorthin. Evans saß gerade unter einem Baum und aß zu Mittag. Wilson, der wegen seiner Hand fieberte, lag im Zelt. Der Offizier, ein gewisser Lieutenant Blanco, versteckte sich hinter einem Baum und rief: *«Arriba las manós!»* Evans feuerte, er tötete einen

Soldaten und verwundete einen anderen, den gemeinen Soldaten Pedro Peñas (der 1970 im Alter von 104 Jahren noch gelebt und in Rawson in der Nähe von Comodoro ein Interview gegeben hat). Die Soldaten erwiderten das Feuer und erschossen Evans. Wilson flüchtete aus dem Zelt und rannte barfuß in ein nahe liegendes Wäldchen, wurde jedoch kurze Zeit später von den Soldaten neben seinen Freund gelegt. Bei den Männern fand man zwei goldene Armbanduhren und das Foto einer *«mujer hermosísima»* (Zeugenaussage von Pedro Peñas).

Wir ritten im Trab nach Las Pampas zurück, und als ich ein paar niedrigen Zweigen ausweichen wollte, die den Weg versperrten, riß der Sattelriemen und mein Pferd warf mich ab. Ich fiel auf den steinigen Boden und blickte durch das Gebüsch hoch zu Solís, dessen traurige Mine gerade einem breiten Lächeln wich.

«Füße!» erzählte er später Patrocinio. «Alles, was ich sehen konnte, waren die Füße vom *gringo*.»

Ich hatte mir die Hand bis zum Knochen aufgeschnitten, und wir ritten nach Río Pico, um sie verbinden zu lassen.

30

Die Ärztin kam durch eine Schwingtür herein. Irgend etwas war mit ihren Beinen nicht in Ordnung. Sie hatte zarte weiße Hände und eine Mähne gelben Haars, das langsam ergraute. Sie knurrte mich auf englisch an, aber ich wußte, daß sie Russin war. Sie bewegte sich mit der langsamen Geschmeidigkeit, die untersetzte russische Frauen davor bewahrt, plump zu wirken. Sie kniff die Augen zusammen, als versuchte sie, nicht zu sehen.

In ihrem Zimmer lagen rote Kissen und rote Teppichvorleger herum, und an den Wänden hingen zwei Bilder mit russischem Sujet, hingekleckste Landschaften, die einer ihrer Exilfreunde aus seiner schwachen Erinnerung heraus gemalt hatte: schwarze Kiefern und ein rotgelber Fluß, viel Licht, das durch Birkenzweige auf die weißen Bretterwände einer Datscha fiel.

Sie gab jeden ersparten Peso für Bücher aus, die sie bei der YMCA-Press in Paris bestellte. Mandelstam, Zvetaeva, Pasternak, Gumilëv, Achmatova, Solschenizyn – diese Namen gingen ihr wie eine Litanei von der Zunge. In Samisdat-Publikationen verfolgte sie das Schicksal sowjetischer Dissidenten. Gierig verlangte sie nach Informationen über die letzten Exilierten. Was war mit Sinjawski in Paris geschehen? Was würde aus Solschenizyn im Westen werden?

Ihre Schwester war Lehrerin in der Ukraine. Die Ärztin schrieb ihr oft, aber seit Jahren hatte sie keine Antwort mehr bekommen.

Ich sagte ihr, daß Patagonien mich an Rußland erinnere. Río Pico sei doch bestimmt ein bißchen so wie der Ural? Sie warf mir einen finsteren Blick zu. Sie wurde in Río Pico *nicht* an Rußland erinnert. In Argentinien gab es nichts als Schafe und Kühe – und menschliche Schafe und Kühe. Und auch in Westeuropa gab es nichts.

«Vollkommen dekadent», sagte sie. «Der Westen verdient es, verschlungen zu werden. Nehmen Sie nur England. Dort toleriert man die Homosexualität! Widerlich! Eines fühle ich ... eines weiß ich mit Sicherheit ... Die Zukunft der Zivilisation liegt in den Händen der Slawen.»

Im Laufe des Gesprächs brachte ich einen schwachen Einwand gegen Solschenizyn vor.

«Was verstehen Sie denn schon davon?» erwiderte sie eingeschnappt. Ich hatte etwas Ketzerisches gesagt. Jedes geschriebene Wort Solschenizyns war die Wahrheit, die absolute, blendende Wahrheit.

Ich fragte, wie sie nach Argentinien gekommen sei.

«Ich war im Krieg Krankenschwester und wurde von den Nazis gefangengenommen. Als alles vorbei war, fand ich mich in Westdeutschland wieder. Ich heiratete einen Polen, er hatte Familie hier.»

Sie zuckte mit den Schultern und ließ mich den Rest erraten. Plötzlich mußte ich an eine Geschichte denken, die mir eine italienische Freundin erzählt hatte. Bei Kriegsende war sie ein kleines Mädchen gewesen und hatte in einer Villa am Comer See gelebt. Eines Nachts hörte sie im Dorf Frauen schreien. Die Schreie setzten sich in ihrer Phantasie fest, und jahrelang wachte sie nachts auf und hörte wieder das fürchterliche Schreien. Erst viel später sprach sie mit ihrer Mutter über die Schreie, und die Mutter erklärte ihr: «Das waren die russischen Krankenschwestern, die von Churchill und Roosevelt zu Stalin zurückgeschickt wurden. Man hat sie auf Lastwagen verladen, und sie wußten, daß sie nach Hause fuhren, um zu sterben.»

Durch die Strümpfe der Ärztin schimmerte der rosa Kunststoff von künstlichen Gliedern. Beide Beine hörten an den Knien auf. Vielleicht hatte ihr die Amputation das Leben gerettet.

«Sie sind doch in Rußland gewesen, was meinen Sie, würde man mich wieder ins Land lassen? Gegen die Kommunisten habe ich nichts. Ich würde alles darum geben, wenn ich wieder zurückgehen könnte.»

«Es hat sich vieles geändert», sagte ich. «Die Lage dort ist jetzt entspannter!»

Sie wollte glauben, daß es stimmte. Und dann sagte sie mit jener eigenartigen Traurigkeit, die keine Tränen zuläßt: «Die Entspannung ist etwas für die Amerikaner, nicht für uns. Nein. Es wäre zu gefährlich, wenn ich zurückginge.»

Zwei Kilometer außerhalb der Siedlung lebte noch jemand im Exil:

31 Sie wartete auf mich, ein blasses Gesicht hinter einem staubigen Fenster. Wenn sie lächelte, öffnete sich ihr rotgeschminkter Mund wie eine rote Fahne, in die ein plötzlicher Windstoß fährt. Ihr Haar war kastanienbraun gefärbt. Ihre Beine waren ein Mesopotamien von Krampfadern.

Man sah ihr an, daß sie früher außergewöhnlich schön gewesen war.

Sie hatte Kuchen gebacken, und der graue Teig klebte an ihren Händen. Ihre blutroten Fingernägel waren zersplittert und abgebrochen.

«J'aime bien la cuisine. C'est une des seules choses que je peux faire maintenant», sagte sie mit zögernder Stimme auf französisch. Ihre Augen leuchteten, als ihr die Sprache ihrer Kindheit wieder einfiel. Sie nahm ein Farbfoto von ihrer Stadt in die Hand und fing an, die Namen von Kais, Straßen, Parks, Brunnen und Avenuen zu nennen. Gemeinsam wanderten wir durch das Genf der Vorkriegszeit.

Vor langer Zeit hatte sie in Operettentheatern und Cafés gesungen. Nach Argentinien, in das Land der vielen Möglichkeiten und des Tangos, war sie Anfang der dreißiger Jahre gekommen. Sie zeigte mir die Partitur eines Lieds, *‹Novia Pálida›* (Blasse Braut), einen langsamen Walzer, den sie selbst komponiert hatte. Auf dem grünen Umschlag war ein Foto von ihr aus dem Jahre 1932. Sie lehnte in einem Seemannsanzug mit großem weißem Kragen an der weißen Reling eines Schiffs und lächelte schüchtern.

An irgendeinem Negativpunkt ihres Lebens hatte sie einen mondgesichtigen Schweden geheiratet. Zwei gescheiterte Existenzen hatten sich gefunden und ließen sich bis ans Ende der Welt treiben. Durch Zufall in diesen Strudel geraten, bauten sie sich genauso ein Häuschen wie in seinem heimatlichen Malmö, mit funktionalen Fenstern und vertikalen Holzbrettern, die sie mit Eisenoxid rot anstrichen.

Der Schwede war vor fünfzehn Jahren gestorben, und sie hatte Río Pico nie mehr verlassen. Ihr Sohn war Lastwagenfahrer. Er trug karierte Hemden und ein rotes Taschentuch um den Hals, aber wenn er sich entspannte, verfiel sein Gesicht zu nordischer Traurigkeit.

Ihre beiden Zimmer gingen ineinander über. Der Raum war durch zwei Plastikvorhänge geteilt, die sie so bemalt hatte, daß sie wie karmesinrote Samtvorhänge im Theater aussahen, die mit vergoldeten Quasten zusammengehalten wurden.

«Ich male immer noch ein bißchen», sagte sie.

Jeder Zentimeter ihrer Wände war mit Wandgemälden bedeckt, einige mit Farbe, einige mit Buntstiften gemalt.

Gelbes Sonnenlicht kam von weither über die Pampa ins Zimmer gerollt. Es spielte auf den Segeln von Jachten, die an einem Sommertag über das Wasser glitten; streifte Cafés, in denen japanische Laternen hingen, das Château de Chillon, Berghütten und die Île des Peupliers.

Sie hatte kleine Engelsköpfe aus Holz geschnitzt, ihnen rosige Wangen gemalt und sie auf den Sims gestellt. An einer Wand hing ein kleines Ölbild, eine sonnige Landschaft, die durch einen schwarzen Abgrund gespalten war. Auf dem Boden des Abgrunds lagen Schädel und Knochen, und oben führte ein wackliger Steg hinüber, auf dem ein kleines Mädchen mit bleichem, ängstlichem Gesicht stand. Sein rotes Haar wehte im Wind und es drohte hinunterzufallen. Aber ein goldener Engel, der über ihm schwebte, reichte ihm seine Hand.

«Ich mag dieses Bild», sagte sie. «Es ist mein Schutzengel. Mein Engel, der mir immer zu Hilfe gekommen ist.»

Ein Exemplar der ‹*Novia Pálida*› lag geöffnet auf dem Notenpult des Klaviers. Wo sich der Elfenbeinbelag von den Tasten abgelöst hatte, klafften schwarze Löcher. Mir fiel auf, daß sie nicht alle ihre Fingernägel lackiert hatte. Einige waren rot, andere hatte sie weiß gelassen. Vielleicht besaß sie nicht genug Lack, um sich alle Fingernägel anzumalen.

Ich verließ die Sopranistin und ging weiter zu den Deutschen.

32 Der Wind trieb den Geruch des Regens noch vor dem Regen selbst ins Tal, den Geruch nasser Erde und aromatischer Pflanzen. Die alte Frau holte ihre Wäsche herein und nahm die Rohrstühle von der Terrasse. Der alte Mann, Anton Hahn, zog Stiefel und Regenmantel an und ging in den

Garten, um zu prüfen, ob die Auffangbehälter für das Wasser in Ordnung waren. Der *peón* kam mit einer leeren Flasche aus der Scheune herüber, die die Frau mit Apfel-*chicha* füllte. Er war bereits betrunken. Zwei rote Ochsen waren vor einen Wagen gespannt und erwarteten unruhig das heraufziehende Gewitter.

Der alte Mann ging durch seinen Gemüsegarten und dann durch den Blumengarten, der mit leuchtenden Sommerblumen übersät war. Nachdem er sich vergewissert hatte, daß der Regen für alles eine Wohltat sein würde, kam er ins Haus zurück. Abgesehen von dem Blechdach, unterschied sich das Haus in nichts von den Häusern in einem Dorf Süddeutschlands: Fachwerk mit weißem Putz, Fensterladen, der Zaun mit dem kleinen Pförtchen, gescheuerte Fußböden, bemalte Holztäfelung, ein Lüster aus Hirschgeweih und Drucke vom Rhein.

Anton Hahn nahm seine Tweedmütze vom Kopf und hängte sie an einem Geweih auf. Er zog Stiefel und Segeltuchgamaschen aus und schlüpfte in Filzpantoffeln. Er hatte einen flachen Kopf, und sein Gesicht war rot und voller Falten. Ein kleines Mädchen mit einem Pferdeschwanz kam in die Küche.

«Willst du deine Pfeife, Onkel?»

«Bitte.» Sie brachte ihm eine große Meerschaumpfeife und stopfte sie mit Tabak aus einem blau-weißen Topf.

Der alte Mann goß sich einen Krug *chicha* ein. Während der Regen aufs Dach prasselte, erzählte er mir von der Colonia Nueva Alemania. Seine Onkel hatten sich 1905 hier niedergelassen, und er war ihnen nach dem Ersten Weltkrieg gefolgt.

«Was sollte ich sonst machen? Unser Vaterland war in einem schlimmen Zustand. Vor dem Krieg konnte keine Familie genug Söhne haben. Einer war Soldat. Ein anderer war Tischler, und zwei blieben auf dem Hof. Aber nach 1918 war Deutschland voll von Flüchtlingen vor den Bolschewisten. Sogar die Dörfer waren voll von ihnen.»

Sein Bruder lebte auf dem Hof der Familie an der bayrisch-württembergischen Grenze. Sie schrieben sich einmal im Monat, hatten sich jedoch seit 1923 nicht mehr gesehen.

«Der Krieg war der größte Irrtum in der Geschichte», sagte Anton Hahn. Der Krieg war ihm zu einer fixen Idee geworden.

«Zwei Völker der höheren Rasse, die sich gegenseitig ruinieren! Gemeinsam hätten England und Deutschland die ganze Welt regieren können. Jetzt fällt sogar Patagonien an die *indígenas* zurück. Eine Schande!»

Er setzte seine Klage über den Untergang des Abendlandes fort und ließ an einer Stelle den Namen Ludwig fallen.

«Der verrückte Ludwig?»

«Der König? Verrückt? Haben Sie gesagt, der König wäre verrückt? Und das in meinem Haus! Nein!»

Ich mußte mir schnell etwas einfallen lassen.

«Manche Leute halten ihn für verrückt, aber er war natürlich ein großes Genie», sagte ich.

Aber das beruhigte Anton Hahn noch nicht. Er stand auf und erhob seinen Krug.

«Stehen Sie auch auf», befahl er.

Ich stand auf.

«Auf den König! Auf das letzte Genie Europas! Mit ihm ist die Größe meiner Rasse ausgestorben.»

Der alte Mann lud mich zum Abendessen ein, aber ich lehnte dankend ab, da ich erst zwei Stunden zuvor mit der Sopranistin gegessen hatte.

«Sie werden mein Haus nicht verlassen, ohne mit uns gegessen zu haben. Danach können Sie tun und lassen, was Sie wollen!»

Also aß ich seinen Schinken, die Gurken und die goldgelben Eier und trank seinen Apfel-*chicha,* der mir zu Kopf stieg. Dann fragte ich ihn nach Wilson und Evans.

«Es waren Gentlemen», erwiderte er. «Sie waren Freunde meiner Familie, und meine beiden Onkel haben sie begraben. Meine Cousine kann Ihnen die Geschichte erzählen.»

Die alte Frau war groß und mager, und ihre gelbliche Gesichtshaut hing in Falten herab. Sie hatte weißes Haar und einen Pony, der knapp über den Augenbrauen endete.

«Ja, ich erinnere mich an Wilson und Evans. Ich war damals vier Jahre alt.»

Es war ein heißer, windstiller Tag zu Beginn des Sommers gewesen. Die Grenzpolizei, achtzig Männer an der Zahl, hatten die Kordilleren nach den Outlaws durchsucht. Die Polizisten waren selber Verbrecher, die meisten stammten aus Paraguay. Wenn einer Polizist werden wollte, mußte er entweder weiß oder ein Christ sein. Alle in Río Pico mochten die Nordamerikaner. Ihre Mutter, Doña Guillermina, hatte Wilsons Hand verbunden, genau an dieser Stelle, hier in der Küche. Es wäre ganz leicht für sie gewesen, nach Chile zu gehen. Wie hätten sie auch wissen sollen, daß der Indianer sie verraten würde?

«Ich erinnere mich daran, wie die Leichen hergebracht wurden», erzählte sie. «Die *Fronterizas* brachten sie auf einem Ochsenkarren her. Sie lagen da draußen vor dem Gartentor. Sie waren in der Hitze aufgedunsen und stanken fürchterlich. Meine Mutter schickte mich in mein Zimmer, ich sollte das nicht sehen. Dann hat der Offizier ihnen den Kopf abgeschnitten und kam die Verandatreppe hoch, mit einem Kopf in jeder Hand, er hielt sie an den Haaren fest. Er hat meine Mutter um Spiritus gebeten. Denn Sie müssen wissen, daß diese *agencía* in New York 5000 Dollar zahlte pro Kopf. Sie wollten die Köpfe dort hinschicken und das Geld kassieren. Darüber war mein Vater sehr wütend. Er schrie sie an, sie sollten ihm die Köpfe und die Leichen geben, und dann hat er sie begraben.»

Das Gewitter war vorüber. Am Ende des Tals stürzten graue Wassersäulen vom Himmel. Im Obstgarten wuchsen neben den Apfelbäumen blaue Lupinen. Wo Deutsche waren, waren auch blaue Lupinen.

Neben der Koppel ragte ein grobes Holzkreuz aus einem kleinen Erdhügel. Die krummen Stiele einer Pampasrose wuchsen aus dem Boden, und man konnte meinen, sie würden von den Leichen darunter gedüngt. Ich beobachtete, wie ein grauer Bussard durch die Luft segelte und zu Boden schoß, und betrachtete das wehende Gras der Prärie und die Gewitterwolken, die sich lila färbten.

Der alte Mann war aus dem Haus getreten und blieb hinter mir stehen.

«Niemand würde auf den Gedanken kommen, eine Atombombe auf Patagonien abzuwerfen», sagte er.

33 Wer waren Wilson und Evans? Die Geschichte der Outlaws ist derart verworren, daß nichts unmöglich ist, aber es gibt ein paar Anhaltspunkte:

Am 29. Januar 1910 schickte der Polizeichef Milton Roberts einen Brief an die Pinkerton-Agentur in New York, der die Beschreibung von Llwyd ApIwans Mördern enthielt. Evans war demnach etwa fünfunddreißig Jahre alt. Etwa 1,70 Meter groß. Untersetzt. Haarfarbe rot, aber möglicherweise gefärbt. Wilson war jünger, etwa fünfundzwanzig. Etwa 1,80 Meter groß. Schmaler Körperbau. Helles Haar. Braun gebrannt, kurze, gerade Nase. Beim Gehen bog er seinen rechten Fuß leicht nach außen ab. (Man erinnere sich auch, daß Wilson der Meisterschütze war und nicht Evans.)

Roberts fügte hinzu, daß Wilson mit Duffy (Harvey Logan) gemeinsame Sache gemacht hatte, sowohl in Patagonien als auch in Montana, wo sie einen Zug überfallen hatten. Dabei handelt es sich zweifellos um den Überfall auf den Wagner-Zug am 3. Juni 1901. Zur Bande gehörten damals Harvey Logan, Butch Cassidy, Harry Longabaugh, Ben Kilpatrick (‹der lange Texaner›) sowie O. C. Hanks und Jim Thornhill, die sich um die Pferde kümmerten.

Roberts geht in seinem Brief davon aus, daß Evans und Wilson sowie Ryan und Place vier verschiedene Personen waren. Seine Beschreibungen treffen exakt auf Cassidy und The Kid zu, abgesehen vom Alter. Aber dieses Problem läßt sich leicht lösen: Die walisischen Polizisten hatten die Outlaws nie persönlich zu Gesicht bekommen, und ich selbst habe die Erfahrung gemacht, daß man in Patagonien gewöhnlich das Alter eines Menschen um zehn bis fünfzehn Jahre unterschätzt.

Und doch: Der Grabhügel in Río Pico ist unmöglich mit Lula

Bettensons Aussage über die Rückkehr ihres Bruders in Einklang zu bringen. Es sei denn, es hat sich folgendes abgespielt: Butch Cassidy soll ein paar Freunden in Utah erzählt haben, daß Sundance Kid in Südamerika erschossen wurde, er selbst jedoch entkommen konnte und mit einem Indianerjungen eine Art Huckleberry Finn-Idylle erlebt habe. Vor kurzem erhielt ich einen Brief von Señor Francisco Juárez aus Buenos Aires, der diese Hypothese zu erhärten scheint. Er ist nach mir in Río Pico gewesen, und ihm hat man erzählt, daß Evans den *Fronterizas* entkommen konnte und daß der neben Wilson begrabene Mann ein englisches Mitglied der Bande war.

34 Ich verließ Río Pico und kam zu einer schottischen Schaffarm. Auf dem Schild am Gatter stand: ‹Estancia Lochinver: 1,444 km.› Das Gatter war in bestem Zustand. Den Pfosten zierte ein bemalter Knauf in Form einer Distel.

Ich legte die 1,444 Kilometer zurück und kam zu einem Wellblechhaus mit Zwillingsgiebel und sehr steilem Dach, einer Bauweise, zu der eigentlich besser Steine paßten. Der Schotte stand auf der Treppe vor dem Haus, ein stämmiger Mann mit weißem Haar, schwarzen Augenbrauen und einem kantigen Gesicht. Er hatte den ganzen Tag seine Schafe zusammengetrieben, in den Gehegen befanden sich etwa dreitausend Tiere. Am nächsten Tag sollten die Schafscherer kommen.

«Aber man kann nie sicher sein, ob sie auch wirklich kommen, wenn sie es sagen. Mit den Leuten in diesem Land kann man nicht reden. Wenn man ihnen sagt, daß sie schlechte Arbeit gemacht haben, packen sie ihr Zeug zusammen und verschwinden. Man darf ihnen nicht das geringste sagen, sonst schneiden sie die Tiere in Stücke. Ja, die schlachten sie regelrecht, statt zu scheren.»

Sein Vater war Kleinbauer auf der Insel Lewis gewesen und nach Patagonien gekommen, als die großen Schafzuchtgesellschaften sich hier niederließen. Die Familie hatte es zu etwas gebracht, Land gekauft, ein bißchen Spanisch gelernt, aber im Herzen waren sie alle Schotten geblieben.

Bei kaledonischen Bällen trug er einen Kilt und spielte auf dem Dudelsack. Einen hatte er sich aus Schottland schicken lassen und einen hatte er während eines langen patagonischen Winters mit eigenen Händen gebastelt. Im Haus hingen Drucke von Schottland, Fotografien der königlichen Familie sowie ein Porträt des Malers Karsh von Winston Churchill.

«Sie wissen doch sicher, wer das war, oder?»

Unter das Foto der Königin war respektierlich eine Dose mit Mackintoshs-Karamelbonbons gestellt worden.

Seine Frau war stocktaub, seit sie mit dem Auto in einen Zug gerast war. Sie hatte es nicht gelernt, von den Lippen abzulesen, und man mußte alle Fragen an sie auf einen Block Papier schreiben. Er war ihr zweiter Ehemann, und sie waren seit zwanzig Jahren verheiratet. Sie liebte die feine englische Lebensart. Sie liebte es, einen silbernen Toastständer zu benutzen. Sie liebte hübsche Wäsche und bedruckten Kattun und glänzendes Messing. Patagonien liebte sie nicht. Sie haßte den Winter und bedauerte, keine Blumen zu haben.

«Ich hatte schreckliche Mühe, bis hier etwas wuchs. Die Lupinen halten sich gut, aber meine Nelken haben noch nie einen Winter überlebt. Ich begnüge mich meist mit Einjahrsblumen – Godetien, Onagrazeen, Rittersporn und Ringelblumen –, aber man weiß nie, ob etwas aus ihnen wird. Dieses Jahr sind die Wicken eine reine Katastrophe, und dabei habe ich sie so gern in der Vase. Ich finde, zu einem Heim gehören Blumen.»

«Mir sind ihre verdammten Blumen völlig egal», brummelte er.

«Was meinst du, mein Lieber? Er ist so überarbeitet, wissen Sie. Er hat ein schwaches Herz! Er sollte wirklich nicht den ganzen Tag auf der Farm herumreiten. *Ich* sollte die Schafe eintreiben. Er *haßt* Pferde. Als ich noch in Buenos Aires lebte, bin ich immer gern ausgeritten.»

«Quatsch! Sie hat keine Ahnung vom Reiten. Sie reitet auf

irgendeiner schicken Estancia herum und glaubt, sie könnte Schafe eintreiben.»

«Was meinst du, mein Lieber?»

«In einem Punkt hat sie allerdings recht. Ich habe nie Pferde gemocht. Aber heutzutage finden Sie niemanden mehr, der auf ein Pferd steigen will. Früher mal war das ein prima Land hier. Man hat sie bezahlt, und sie haben gearbeitet. Heute habe ich nur noch den Jungen, und der kann sich jede Minute davonmachen. Und den alten *peón,* aber der ist dreiundachtzig und ich muß ihn auf dem Pferd festbinden.»

Der Schotte lebte seit vierzig Jahren im Tal. Er hatte den Ruf, sehr knauserig zu sein. Als der Wollpreis in einem Jahr in die Höhe ging, nahm er seine Frau zu einem Besuch nach Schottland mit. Sie wohnten in den besten Hotels und verbrachten eine Woche auf Lewis. Endlich sah er mit eigenen Augen, wovon seine Mutter so oft erzählt hatte – Möwen, Fischerboote, Heide und Torf. Er fühlte sich stark dort hingezogen.

Er wollte Patagonien den Rücken kehren und sich nach Lewis zurückziehen. Sie wollte auch fort, aber nicht unbedingt nach Lewis. Ihre Gesundheit war besser als seine. Er wußte nicht, wie er das alles schaffen sollte. Die Wollpreise fielen, und die Peronisten waren hinter seinem Land her.

Am nächsten Morgen standen wir vor dem Haus und blickten die lange Reihe der Telegrafenmasten entlang, von wo der Lastwagen mit den Scherern kommen mußte. Wo jedermann einen Rasen erwartet hätte, lag Lehmerde, und in der Mitte stand ein vergitterter Käfig.

«Was bewahren Sie darin auf?» fragte ich ihn.

«Ach, der Schurke ist mir einfach weggestorben.»

Auf dem Boden des Käfigs lag zusammengerollt das Skelett einer Distel.

35 Auf dem Wege nach Comodoro Rivadavia wanderte ich durch eine schwarze Steinwüste bis nach Sarmiento. Auch das war eine staubige Siedlung aus Blechhütten, die sich auf einem Streifen bebaubaren Lands zwischen dem türkis funkelnden Musters-See und dem grünschlammigen Colhué-Huapi-See hinzog.

Ich ließ den Ort hinter mir und wanderte zum Versteinerten Wald. Windpumpen drehten sich wie wahnsinnig. Ein stahlblauer Fischreiher lag erschlagen unter einem elektrischen Kabel. Aus seinem Schnabel lief ein roter Faden Blut, seine Zunge fehlte. Die Stämme der umgestürzten Schuppentannen waren so glatt gebrochen, als seien sie abgesägt worden.

Um Sarmiento herum lebten eine Menge Buren. Meist trafen sie sich zum Mittagessen im Hotel *Orroz*. Sie hießen Venter, Visser, Vorster, Kruger, Norval, Eloff, Botha und de Bruyn und waren alle Nachfahren jener hartgesottenen Afrikaander, die 1903, angewidert vom Union Jack, nach Patagonien emigriert waren. Sie lebten in Furcht vor den Herren, feierten den Dingaans-Tag und schworen auf die niederländisch-reformierte Kirche. Sie heirateten nur unter sich, und ihre Töchter mußten in die Küche gehen, wenn ein Lateinamerikaner das Haus betrat. Viele kehrten nach Südafrika zurück, als Dr. Malan an die Macht kam.

Der angesehenste Bürger der Stadt war jedoch der Litauer Casimir Slapelič. Vor fünfzig Jahren hatte er in der *barranca* den Dinosaurier gefunden. Jetzt, da er weder Zähne noch Haare hatte und fünfundachtzig Jahre alt war, war er einer der ältesten praktizierenden Piloten der Welt. Jeden Morgen zog er seinen weißen Fliegeranzug aus Segeltuch über, fuhr mit seinem klapprigen Moskwa zum Aero-Club und schleuderte sich und seinen etwas altertümlichen Eindecker in die Lüfte. Sein Lebenshunger wurde durch das Risiko nur noch gesteigert.

Der Wind hatte seine Nase poliert und sie lila verfärbt. Ich traf ihn beim Mittagessen an, als er gerade eine Borschtschsuppe in den elfenbeinfarbenen Trichter in seinem Gesicht löffelte. Er hatte sein Zimmer nach baltischer Art mit Blümchengardinen, Geranien, seinen Diplomen für Luftakrobatik und einem signierten Foto von Neil Armstrong hübsch dekoriert. Alle seine Bücher waren in litauischer Sprache geschrieben, der Aristokratin aller indoeuropäischen Sprachen, und handelten vom Unabhängigkeitsstreben seines Landes.

Seine Frau war gestorben, und er hatte ein junges Indianerpaar adoptiert, aus lauter Freundlichkeit, und weil er Gesellschaft brauchte. Die junge Frau saß mit dem Rücken an die weiße Wand gelehnt auf dem Fußboden, stillte ihr Baby und verschlang alle Besucher mit glänzenden Augen.

Casimir Slapelič war ein wahres Wunder. Früher einmal hatte er versucht, ein Vogelmensch zu sein. Jetzt wollte er auf dem Mond landen.

«Ich werde Sie im Flugzeug mitnehmen», meinte er.

«Vielleicht», sagte ich.

«Ich fliege Sie über die Bunte Wüste.»

Der Wind hatte die Wucht eines Orkans. Als wir in seinem Moskwa saßen, fiel mir auf, daß seine Beine, perfekt geformt wie Bogen, kaum Kontrolle über die Pedale hatten.

«Ich glaube, wir fliegen besser nicht», sagte ich.

«Dann nehme ich Sie zu meiner Schwester mit. Sie hat eine Sammlung indianischer Pfeilspitzen.»

Wir hielten vor einem Zementhäuschen und gingen durch den Garten auf den Hintereingang zu. Zwischen den Ringelblumen seiner Schwester ragte ein weißer Phallus hervor.

«Das Schienbein eines Dinosauriers», erklärte Slapelič.

Die Schwester hatte ein ledernes Gesicht, das hohes Alter verriet. Sie war Mitglied eines Damenzirkels in Sarmiento, der ‹Archäologinnen›, die nicht eigentlich ‹Archäologinnen›, sondern vielmehr Sammlerinnen von Antiquitäten waren. Sie durchforschten Höhlen, Kampfplätze und Seeufer nach den Überbleibseln von Jagden vergangener Zeiten. Jede von ihnen hatte ein paar *peónes,* die ihnen alles ablieferten, was sie in der Umgegend gefunden hatten. Die ‹Professionellen› warfen ihnen Plünderei vor.

An diesem Nachmittag hatte die exilierte Baltin eine Waliserin bei sich ‹empfangen›. Die Besucherin beobachtete, wie ihre unebenbürtige Konkurrentin ihre Schätze aus weißem Seidenpapier auswickelte, und ihr neidischer Blick stand in lebhaftem Widerspruch zu ihren gönnerhaften Bemerkungen.

Casimir Slapelič̌s Schwester wußte, wie sie den Neid ihrer Rivalin anstacheln konnte. Sie breitete mit schwarzem Samt bezogene Pappdeckel vor ihr aus, auf denen sie die Pfeilspitzen befestigt hatte. Sie glitzerten wie Juwelen und waren so arrangiert, daß man sie für tropische Fische halten konnte. Ihre Finger spielten über die angeraute Oberfläche hin. Zu bewundern waren außerdem flache Messer aus rosa und grünem Feuerstein, *boleadoras*-Steine, ein blaues Götzenbild und ein paar mit Adlerfedern geschmückte Pfeile.

«Meine Sammlung ist besser», sagte die Waliserin.

«Größer, aber nicht so schön», erwiderte die Litauerin.

«Ich werde meine an die Präsidentin verkaufen, dann wird sie im Nationalmuseum ausgestellt.»

«*Wenn* sie sie kauft», antwortete die alte Frau.

Casimir Slapelič langweilte sich. Wir gingen in den Garten hinaus.

«All diese Sachen von Toten. Gefällt mir nicht», sagte er.

«Mir auch nicht.»

«Was machen wir jetzt?»

«Wir besuchen die Buren.»

«Die Buren sind schwierig, aber wir können es ja versuchen.»

Wir fuhren in den Osten der Stadt, wo die Buren ihre Häuser hatten. Slapelič klopfte irgendwo an, worauf die gesamte Familie in den Hof hinauskam, mich, den Engländer, mit starren Blicken ansah und kein einziges Wort sagte. Er klopfte an eine andere Tür, die ihm aber vor der Nase zugeschlagen wurde. Er machte den walisischen Ehemann einer Burin ausfindig, der wohl reden wollte, aber wenig wußte. Und dann entdeckte er eine pralle Burin, die über ihrem

Gartenzaun hing und ein grimmiges Gesicht machte. Auch sie wollte reden, aber nur gegen Geld und in Anwesenheit ihres Anwalts.

«Nicht sehr freundlich», sagte ich.

«Es sind eben Buren», erwiderte Casimir Slapelič.

36 In Comodoro Rivadavia sprach ich bei Pater Manuel Palacios vor, der als das umfassendste Genie des Südens galt. Er lebte im Salesianer-College, einer Betonkaserne zwischen Felsen und Meer. Der Wind wirbelte Staubwolken durch die Luft, die von den Flammen des Bohrturms gespenstisch rotgelb beleuchtet wurden.

Ein Priester suchte Schutz im Eingang der Kapelle und unterhielt sich mit zwei Jungen. Um seinen Kopf lag ein wunderschöner Kranz aus grauen Löckchen. Windstöße hoben seine Soutane an und gaben den Blick auf seine porzellanweißen Beine frei.

«Wo kann ich Pater Palacios finden?»

Seine glatte Stirn legte sich in Falten, und er sah plötzlich besorgt aus.

«Nirgends.»

«Aber er lebt doch hier?»

«Ja, aber er empfängt keine Besucher. Er arbeitet. Er arbeitet Tag und Nacht. Außerdem erholt er sich gerade von einer Operation. Krebs», flüsterte er, «es bleibt ihm nur noch wenig Zeit.»

Er stimmte ein Loblied auf die Vielseitigkeit des patagonischen Gelehrten an. Pater Palacios war Doktor der Theologie, der Anthropologischen Theorie und der Archäologie. Er war Meeresbiologe, Zoologe, Ingenieur, Physiker, Geologe, Agronom, Mathematiker, Genetiker und Tierpräparator. Er beherrschte vier europäische Sprachen und sechs indianische Dialekte. Er schrieb gerade an der Allgemeinen Geschichte des Salesianer-Ordens sowie an einer Abhandlung über biblische Prophezeiungen über die Neue Welt.

«Aber was soll bloß aus all diesen Schriften werden?» fragte der Pater mit verlegenem Lächeln. «Es liegt eine so große Verantwortung auf unseren Schultern. Wie sollen wir diesen Schatz hüten? Und wie veröffentlichen?»

Er schnalzte mit der Zunge.

«Warum wollen Sie ihn sehen?»

«So viel mir bekannt ist, ist er Experte in Indianerfragen.»

«Experte? Er *ist* ein Indianer! Nun ja, ich bringe Sie zu ihm, aber ich kann Ihnen nicht versprechen, daß er Sie empfangen wird.»

Der vielseitige Gelehrte saß ungerührt vom Sandsturm in einem Tamariskenhain und war in ein nordamerikanisches Lehrbuch für angewandte Ingenieurwissenschaften vertieft. Er hatte eine blaue Baskenmütze auf dem Kopf und trug einen schlabbrigen grauen Anzug. Sein faltiger Schildkrötenhals ragte aus einem Zelluloidkragen hervor. Er bot mir seinen Fußschemel an und forderte mich auf, zu seinen Füßen Platz zu nehmen. Seinem Kollegen wies er einen Stuhl zu, der aussah, als hätte ihn jemand zu spät aus dem Feuer gerettet, dann sah er auf seine silberne Armbanduhr.

«Ich kann Ihnen eine halbe Stunde zur Verfügung stellen, in der ich Sie in groben Zügen mit der Vorgeschichte Patagoniens bekannt machen werde.»

Pater Palacios überschüttete mich mit Informationen: mit Statistiken, mit Ergebnissen des Radiokarbonverfahrens sowie mit Migrationen von Menschen und Tieren. Er berichtete vom Zurückweichen der Meere, von der Entstehung der Anden und dem Auftauchen neuer Artefakte. Er besaß ein fotografisches Gedächtnis und konnte jede einzelne der indianischen Felszeichnungen im Süden in allen Einzelheiten beschreiben: «. . . Im zweiten Versteinerten Wald können Sie die einzigartige Darstellung eines Mylodons finden . . . In Río Pinturas finden Sie ein Rodeo von Paleolamas abgebildet, die Männer tragen Penisschutz . . . Auf einer anderen Freske kann man erkennen, wie

Fallen gelegt werden, genauso wie Pigafetta es beschrieben hat ... In Lago Posadas wird ein tödlicher Kampf zwischen einem Macrauchenia und einem Smilodon dargestellt ...»

Ich schrieb mir alles genau auf. Der Pater stand neben den verkohlten Überresten des Stuhls. Seine Soutane flatterte im Wind.

«Qué inteligencia! Oh Padre! Qué sabiduría!» jubelte er.

Pater Palacios lächelte und sprach weiter. Mir fiel auf, daß er sich nicht mehr an mich wandte, sondern in den Himmel starrte und seinen Monolog an die vorüberziehenden Wolken richtete.

«O Patagonien», rief er aus. «Du verrätst deine Geheimnisse nicht an Narren. Aus Buenos Aires, sogar aus Nordamerika kommen die Experten hierher. Und was wissen sie? Über ihre Inkompetenz kann man sich nur wundern. Nicht ein Paläontologe hat bisher die Knochen des Einhorns ausgegraben.»

«Des Einhorns?»

«Ja, Einhorns. Das patagonische Einhorn gehört zur ausgestorbenen Megafauna des späten Diluviums. Die letzten Einhörner wurden im fünften oder sechsten Jahrtausend vor Christus von Jägern ausgerottet. In Lago Posadas können Sie zwei Darstellungen von Einhörnern finden. Eines hält sein Horn aufrecht, wie es in Psalm 92 heißt: ‹Aber mein Horn wird erhöht werden wie das eines Einhorns.› Das andere durchbohrt einen Jäger und stampft dabei auf dem Pampasboden auf, wie es im Buche Hiobs steht.» (Im Buch Hiob 39/21 ist es das Pferd, das ‹auf den Boden stampft›, während es in den Versen 9 und 10 heißt, das Einhorn sei unfähig, einen Pflug zu ziehen.)

Sein Vortrag zerfloß zu einer Traumreise: Indianerstämme von den Marquisen-Inseln landeten mit ihren Kanus an den Stränden der südchilenischen Fjorde, erstiegen die Anden, siedelten sich in der Nähe von Lago Musters an und vermischten sich mit den einheimischen Stämmen. Pater Palacios berichtete von einer Entdeckung, die er selbst in Feuerland gemacht hatte: der Skulptur einer kopflosen Frau in Lebensgröße, die mit rotem Ocker bemalt war.

«Oh Dios! Qué conocimientos!»

«Besitzen Sie Fotografien?» fragte ich.

«Natürlich besitze ich Fotografien», antwortete er und lächelte wieder. «Aber sie sind nicht zur Veröffentlichung bestimmt. Und jetzt möchte ich Ihnen eine Frage stellen. Auf welchem Kontinent ist die menschliche Rasse zuerst aufgetaucht?»

«In Afrika.»

«Falsch! Vollkommen falsch! Schon im Tertiär gab es hier in Patagonien menschenähnliche Wesen, die die Entstehung der Anden miterlebten. Und in Feuerland lebte eine Frühmenschenform, bevor der Australopithecus in Afrika auftauchte. Außerdem ist der letzte im Jahre 1928 hier gesehen worden», fügte er beiläufig hinzu.

«Genio!»

Pater Palacios erzählte die Geschichte vom Yoshil, die er dann in einer wissenschaftlichen Publikation veröffentlicht hat:

Der Yoshil (ein indianischer Name) war – und ist vielleicht noch – ein schwanzloses Mitglied der Familie der Protohominiden. Er hatte Flechtenhaar von gelblichgrüner Farbe. Stehend war er etwa 80 Zentimenter groß, er ging auf zwei Beinen und lebte auf dem Territorium der Haush. Wenn er ging, führte er als Waffe immer einen Stein oder eine kleine Keule mit sich. Am Tage hielt er sich in *Ñire*-Bäumen (Notofagus antarctica) auf, und nachts wärmte er sich gern am Feuer eines einsamen Jägers. Wahrscheinlich war der Yoshil Vegetarier und ernährte sich von wilden Früchten, Pilzen und den weißen Maden, die dem Magellan-Specht als Hauptnahrungsmittel dienen.

Der erste neuzeitliche Bericht über einen Yoshil stammt von Yioi:molke, einem Jäger des Haush-Stamms, der 1886 während einer Jagd auf Kormorane in der Nähe von Caleta Yrigoyen einen Yoshil gesehen hatte. Als letzter bisher ist der Jäger Pai:men 1928 einem Yoshil begegnet. Die dramatischste Begegnung mit einem Yoshil hatte jedoch der Indianer Paka irgendwann während des Ersten Weltkriegs. Er hatte Pater Palacios selbst darüber berichtet.

Paka übernachtete allein im Wald, als der Yoshil an seinem Lagerfeuer auftauchte. Da Paka gehört hatte, das Tier sei gefährlich, griff er zu seinem Bogen, worauf es sich mit ein paar Sprüngen in Sicherheit brachte. Paka hatte Angst, im Schlaf getötet zu werden, und legte sich mit seiner griffbereiten Waffe nieder. Als sich der Yoshil wieder näherte, schoß er einen Pfeil ab und hörte einen Schmerzensschrei. Am nächsten Morgen fand er den Kadaver in unmittelbarer Nähe. Mit Entsetzen mußte er feststellen, daß das Tier dieselben Gesichtszüge wie sein erst vor kurzem gestorbener Bruder hatte. Er schaufelte ein Grab und war sich nicht sicher, ob er einen Yoshil begrub – oder seinen eigenen Bruder ein zweites Mal unter die Erde brachte.

«Ich habe beschlossen, die Kreatur *Fuegopithecus Pakensis* zu nennen», meinte Pater Palacios zum Abschluß. «Es ist natürlich nur eine provisorische Bezeichnung. Möglicherweise gehört der Yoshil zur selben Art wie die anderen Protohominiden Patagoniens, zum *Homunculus Harringtoni* aus Chubut. Auf diese Frage kann nur neues Skelettmaterial eine Antwort geben.»

«Dios! Qué ciencia!»

«Jetzt haben wir unseren Überblick wohl beendet», sagte Pater Palacios und vertiefte sich wieder in sein Buch.

Ich verließ ihn und war voller Bewunderung für die Inspiration dieses Autodidakten.

«Ein Genie», hauchte mein Begleiter, als wir durch die Tamariskensträucher auf das Collegegebäude zugingen.

«Sagen Sie, täusche ich mich oder ist das College geschlossen?»

«Geschlossen», sagte er. «Es ist geschlossen. Zu viele Probleme.»

Die Mauern waren mit roten Fäusten und den Parolen irgendeiner proletarischen Front bedeckt.

«Diese Jungen», stöhnte er und schüttelte den Kopf, «diese Jungen!»

Die Glocke der Kapelle läutete.

«Ich muß jetzt zur Messe. Sagen Sie mir nur noch, Bruder, welcher Religion gehören Sie an?»

«Der protestantischen.»

«Ein anderer Weg», seufzte er, «dieselbe Gottheit. *Adiós, Hermano.*»

37 Jetzt hatte ich zwei Gründe, in die Kordilleren zurückzukehren: ich wollte Charley Milwards frühere Schaffarm in Valle Huemeules besuchen und Pater Palacios' Einhorn finden. Ich bestieg einen Bus nach Perito Moreno und kam mitten in einem Sandsturm dort an. Das Restaurant gehörte einem Araber, der Linsen und Radieschen servierte. Ein Pfefferminzschößling auf seiner Theke erinnerte ihn an eine Heimat, die er nicht kannte. Ich fragte ihn, ob irgendein Bus nach Norden führe. Er schüttelte den Kopf.

«Ab und zu ein paar chilenische Lastwagen, aber nur ganz selten.»

Bis nach Valle Huemeules wares es über hundertfünfzig Kilometer, aber ich beschloß, es zu wagen. An die Mauern einer verlassenen Polizeistation am Ausgang der Stadt hatte jemand mit blauer Farbe ‹Perón = Gorilla› geschrieben. Nicht weit davon entfernt lag ein Haufen leerer Ginflaschen: das Denkmal für einen toten Lkw-Fahrer. Jedes Mal wenn seine Freunde daran vorbeifuhren, warfen sie eine weitere Flasche dazu. Ich wanderte zwei Stunden, fünf Stunden, zehn Stunden – kein Lastwagen in Sicht. Mein Notizbuch verrät einiges von meiner damaligen Stimmung:

Einen ganzen Tag lang und auch den darauffolgenden gewandert. Die Straße ist gerade, grau, staubig, ohne Verkehr. Ein ständiger Wind, der einem den Kopf abreißt. Manchmal hört man einen Lastwagen, man ist sich ganz sicher, daß es ein Lastwagen ist, aber es war nur der Wind. Oder das Geräusch, als würde ein Gang heruntergeschaltet, aber auch das war der Wind. Manchmal hörte er sich so an, als führe ein leerer Lastwagen holpernd über eine Brücke. Selbst wenn ein Lastwagen direkt hinter einem gefahren wäre, hätte man ihn nicht gehört. Und selbst wenn man den Wind im Rücken gehabt hätte, hätte er das Motorengeräusch erstickt. Das einzige Geräusch, das man hören konnte, kam von einem Guanako, ein Geräusch, als ob ein Baby gleichzeitig weinte und nieste. Man sah ihn in etwa hundert Meter Entfernung stehen – ein einsames Guanako-Männchen, größer und anmutiger als ein Lama, mit rotgelbem Fell und einem weißen, hochaufgerichteten Schwanz. Es heißt immer, Guanakos seien scheue Tiere, aber dieser war richtig verrückt nach mir. Als ich nicht mehr laufen konnte und mich in meinem Schlafsack auf dem Boden ausstreckte, blieb er auch stehen, in gleicher Entfernung, und gluckste und wimmerte. Am nächsten Morgen stand er ganz in meiner Nähe, aber der Schreck, als ich mich aus meiner Haut – dem Schlafsack – herausschälte, war zu groß für ihn! Es war das Ende einer Freundschaft, und ich beobachtete, wie er über ein Dorngestrüpp hinweghüpfte – er sah aus wie eine Galionsfigur in der rollenden See.

Der nächste Tag noch heißer und windiger. Die heißen Windstöße trieben mich rückwärts, zogen an meinen Beinen, drückten gegen meine Schultern. Die Straße begann und endete in einer gräulichen Fata Morgana. Kaum sah ich ein Staubphantom hinter mir, glaubte ich, es sei ein Lastwagen, obwohl ich wußte, daß ich jetzt nicht mehr mit einem Lastwagen rechnen konnte. Oder es kamen viele schwarze Pünktchen auf mich zu. Wenn ich dann stehenblieb, mich auf den Boden setzte und wartete, wanderten die Pünktchen von der Straße weg, und ich stellte fest, daß es Schafe waren.

Am Nachmittag des zweiten Tages kam tatsächlich ein chilenischer Lastwagen. Der Fahrer war ein unverwüstlicher Mensch mit fröhlichem Gesicht. Seine Füße stanken nach Käse. Er mochte Pinochet und war mit der allgemeinen Lage seines Landes durchaus zufrieden.

Er nahm mich mit bis zum Lago Blanco. Das Wasser des Sees war trübe und milchigweiß. Dahinter lag eine Prärie mit smaragdgrünem Gras, die von einer Kette blauer Berge begrenzt wurde. Das war Valle Huemeules.

Charley Milward hatte sich zuletzt im Jahre 1919 hier aufgehalten. Die Besitzerin des Cafés erinnerte sich noch an seinen Schnauzbart. *«Los enormes bigotes»,* sagte sie und imitierte seinen hoppelnden Gang am Stock. Der Dorfpolizist trank gerade seinen Spätnachmittagsgin, und sie sagte ihm, er solle mich zur Estancia fahren. Devot erklärte er sich bereit, fuhr aber dann erst bei sich zu Hause vorbei und holte seinen Revolver, um zu zeigen, daß er ein richtiger Kerl war.

Die Estancia Valle Huemeules war rot und weiß angestrichen und trug das Siegel effizienter Zentralgewalt. Sie gehörte der Familie Menéndez-Behety, den Schafzuchtmoguln des Südens, die nach dem Ersten Weltkrieg, zusammen mit einem französischen Wollhändler, Charleys Besitz aufgekauft hatten. Der Manager der Farm war ein Deutscher, der mir auf den ersten Blick mißtraute. Ich glaube, er hatte den Verdacht, ich hätte einen Anspruch auf die Farm. Trotzdem erlaubte er mir, im Quartier der *peónes* zu schlafen.

Die Schafschur war in vollem Gang. Im Schurstall befanden sich zwanzig Boxen und ebenso viele Scherer – muskulöse Chilenen mit nackten Oberkörpern. Ihre schwarzen Hosen glänzten vom Fett der Wolle. Eine Antriebswelle, getrieben von einem Dampfmotor, lief durch die ganze Länge des Stalls! Der Raum war vom Lärm dröhnender Kolben, schlagender Gurte, rasselnder Schermaschinen und blökender Schafe erfüllt. Wenn die Männer die Beine der Tiere zusammengebunden hatten, gaben die Schafe jeden Widerstand auf und lagen wie Todgeweihte da, bis die quälerische Prozedur vorbei war. Nackt und mit roten Schnitten an den Eutern sprangen sie dann mit einen Satz auf die Beine, als sprängen sie über einen imaginären Zaun oder in die Freiheit.

Der Tag endete mit einem morbiden purpurroten Sonnenuntergang. Es läutete zum Abendessen, und die Scherer legten ihre Scherwerkzeuge nieder und liefen zur Küche. Auf dem Gesicht des alten Kochs lag ein sanftes Lächeln. Er schnitt eine halbe Lammkeule für mich ab.

«So viel kann ich nicht essen.»

«Und ob Sie das können!»

Er legte seine Hände auf den Magen. Für ihn war das vorbei.

«Ich habe Krebs», sagte er, «dies ist mein letzter Sommer.»

Als es dunkel war, lehnten sich die Gauchos gegen ihre Sättel und streckten mit dem Wohlbefinden satter Raubtiere die Beine von sich. Die Anlernlinge legten Pappelscheite in einen Holzofen nach, auf dem zwei Mate-Kessel standen.

Das Ritual wurde von einem Mann bestimmt, der die heißen braunen Feldflaschen bis an den Rand mit der grünen Flüssigkeit füllte. Die Männer streichelten ihre Flaschen und ließen das bittere Getränk langsam in sich hineinfließen. Sie redeten über Mate-Tee wie andere Männer über Frauen reden.

Man gab mir eine Strohmatte, und ich rollte mich auf dem Boden zusammen und versuchte zu schlafen. Die Männer spielten mit Würfeln und sprachen über Messer. Sie holten alle ihre Messer hervor und verglichen die Qualitäten, indem sie die Spitzen in den Tisch rammten. Licht gab nur eine Sturmlampe, und die Schatten der Messerklingen zuckten an der weißen Wand über meinem Kopf auf. Ein chilenischer Scherer stellte eine merkwürdige Vermutung darüber an, was sein Messer einem *gringo* wohl alles antun könne. Er war sehr stark betrunken.

Ein anderer Mann sagte: «Es ist wohl besser, wenn ich den *gringo* in meinem Zimmer schlafen lasse.»

38 Ein Bure nahm mich in seinem Wagen mit zurück in den Süden. Wir fuhren durch Perito Moreno und kamen zum Arroyo Feo, wo die vulkanischen *Badlands* anfangen. Er war Tierarzt und hielt nicht viel von seinen Landsleuten, den Buren.

Eine Krause zerklüfteter weißer Klippen tanzte um den Horizont herum. Der Boden war mit jetzt verkrusteten, magentaroten, verlaufenen Flecken bedeckt. Die Nacht verbrachte ich bei einem Straßenbautrupp. Ihre Wohnwagen standen in einem Ring aus gelben Bulldozern. Die Männer aßen fettige Krapfen und forderten mich auf, ebenfalls zuzugreifen. Perón grinste auf die Gesellschaft herab.

Unter den Arbeitern befand sich ein Schotte mit feuerrotem Haar und dem athletischen Körper eines Felsenschleuderers. Er stierte mich in einer Mischung aus Neugier und Schmerz mit trüben blauen Augen an, um Ähnlichkeiten in Rasse und Herkunft nachzuspüren. Sein Name war Robbie Ross.

Die anderen Männer waren Südamerikaner oder indianische Mischlinge.

«Der da ist Engländer», sagte einer.

«Schotte», verbesserte ich ihn.

«Sí, soy Escocés», antwortete Robbie Ross. Auf englisch konnte er sich nicht ausdrücken. *«Mi patria es la Inglaterra misma.»*

Für ihn waren England und Schottland eine unteilbare, nebulöse Einheit. Ross erledigte immer die schwersten Arbeiten und diente den Männern als Zielscheibe für ihre Witzeleien.

«Es borracho», sagte derselbe Mann. «Er ist ein Säufer.»

Ganz offensichtlich hatten die Männer nicht damit gerechnet, daß Robbie Ross wütend werden würde. Und offensichtlich war es nicht das erste Mal, das sie ihn einen Säufer nannten. Aber er schlug mit der geballten Faust auf den Tisch und sah zu, wie die Knöchel seiner Hand immer weißer wurden. Alle Farbe war aus seinem Gesicht gewichen. Seine Lippen zitterten, und er ging dem Mann an die Kehle und versuchte ihn aus dem Wohnwagen zu zerren.

Die anderen überwältigten ihn, und er begann zu weinen. Irgendwann in der Nacht hörte ich ihn immer noch weinen. Am nächsten Morgen wollte er den anderen Engländer nicht mehr sehen.

39 Um acht Uhr morgens fuhr ein alter roter Mercedes-Lastwagen ins Lager. Der Fahrer stieg aus, um einen Kaffee zu trinken. Er war auf dem Weg zum Lago Posadas mit einer Ladung Ziegelsteinen, und nahm mich mit. Paco Ruiz war achtzehn Jahre alt. Er war ein hübscher Junge mit großen weißen Zähnen und klugen braunen Augen. Sein Bart und seine Baskenmütze dienten ihm zur Pflege seines Che Guevara-Kults. Er hatte den Ansatz eines Bierbauchs und ging nicht gern zu Fuß.

Sein Vater war Bankangestellter und hatte das Geld für den Lastwagen zusammengekratzt. Paco liebte seinen Lastwagen, den er Rosaura nannte. Er putzte und polierte seine Rosaura und hatte das Führerhaus mit Spitzenrüschen geschmückt. Über dem Armaturenbrett hatte er eine kleine Statue der Jungfrau von Luján, einen Sankt Christophorus und einen Plastikpinguin angebracht, der jedes Mal nickte, wenn wir über ein Schlagloch fuhren. Am Dach innen klebten Aktbilder, aber irgendwie waren die Mädchen für ihn abstrakter als Rosaura, die eine richtige Frau war.

Er und Rosaura waren seit drei Monaten unterwegs. Falls sie einmal zusammenbrechen sollte, würde er Geld für eine neue Rosaura haben, und sie würden ihr ganzes Leben lang weiterfahren. Paco Ruiz war ein großer Idealist. Er wollte kein Geld machen und freute sich, wenn man ihn einen *tipo gaucho* nannte. Die anderen Lkw-Fahrer halfen ihm und brachten ihm das Fluchen bei. Sein Lieblingsfluch war *concha de cotorra,* was ‹Papageienfotze› bedeutet.

Paco hatte Rosaura überladen, und wir mußten der schleifenden Kupplung und der geflickten Reifen wegen in niedrigen Gängen stotternd bergab fahren. Wir waren gerade mitten in einer kleinen Schlucht, und er jagte den Gang rein, und wir rollten dröhnend den Berg hinunter, als plötzlich ein Zischen zu hören war.

«*Puta madre!* Wir haben einen Platten.»

Der linke Innenreifen war geplatzt. Paco parkte Rosaura auf dem Schotterweg neben der Straße, und zwar so schräg, daß das Gewicht auf den Reifen der rechten Seite lag. Er machte den Ersatzreifen los und warf den Wagenheber auf den Boden. Aber es war der falsche Wagenheber. Seinen eigenen hatte er – und das war typisch für ihn – einem Freund geliehen, der eine noch schwerere Fracht transportierte. Und dieser kleine Wagenheber hob den Wagen zwar an, aber nicht hoch genug.

Also grub Paco ein Loch unter den Reifen und nahm die Räder ab. Aber gerade als er das innere Rad anfaßte, rutschte der Fuß des Wagenhebers ab und versank im Schotter. Rosaura schwankte zur Seite und die Ziegelsteinladung verrutschte.

«*Qué macana!* Verfluchter Mist!»

Sieben Stunden lang warteten wir auf einen Lastwagen, dann wurde uns das Warten zu dumm, und wir versuchten es noch einmal. Paco lag unter der Achse und richtete den Wagenheber wieder auf. Diesmal legte er Steine unter den Fuß. Er war rot im Gesicht und völlig verschmiert von Öl und Sand und zeigte erste Anzeichen von Ungeduld. Er schaufelte das Loch noch ein bißchen tiefer, so daß das Chassis freistand, und es gelang ihm, beide Reifen wieder an ihren Platz zu bringen. Aber sie saßen schief, und er konnte die Schrauben nicht anziehen. Da begann er, mit den Füßen gegen das Rad zu treten und zu schreien: *«Puta . . . puta . . . puta . . . puta . . . putana . . . puta . . . puta . . .»*

Ich machte mich auf den Weg, um bei der nächst liegenden Estancia Hilfe zu holen. Der Besitzer war ein zahnloser Malagueño um die Neunzig. Er hatte keinen Wagenheber, und ich kürzte den Weg ab und ging quer durch das graue Gestrüpp zum Wagen zurück. Ich sah die Straße und Rosauras rotes Führerhaus, und als ich näher kam, fiel mir auf, daß sie noch weiter zur Seite gekippt war. Von Paco keine Spur. Ich fing an zu rennen, denn ich war sicher, daß er eingeklemmt unter dem Wagen lag. Ich fand ihn ein Stück von der Straße entfernt auf der Erde, bleich, ängstlich und wimmernd. Er befühlte eine

Beule, die an seinem Schienbein anschwoll. Er hatte es noch einmal versucht, dabei war der Wagenheber von der Achse abgerutscht und hatte sein Bein aufgeschürft. Jetzt saßen wir erst recht in der Klemme. Man sollte die Frau, die man liebt, nie treten.

40 Paco und ich bekamen Hilfe von der Straßenbaukolonne, und wir trafen mit einem Tag Verspätung in Lago Posadas ein. Wir übernachteten bei einem freundlichen, deprimierten Kastilianer, einem Monarchisten, der Burgos verlassen hatte, als der König Madrid verließ. Er lebte lieber in einer fremden Republik als in der seines eigenen Landes.

«Das Einhorn», sagte er, «das berühmte Einhorn. Ich kenne den Platz. Wir nennen ihn Cerro de los Indios.» Und er deutete über die Tamarisken in der Flußebene hinweg auf eine Gruppe rötlicher Felsen, die breitbeinig am Eingang des Tals standen. Der Himmel war stahlblau, und die beiden kreisenden schwarzen Punkte waren Kondore.

«Es gibt viele Kondore hier, und auch viele Pumas», sagte der Monarchist.

Cerro de los Indios war ein Basaltklotz mit roten und grünen Flecken, glatt wie patinierte Bronze und in geradlinige Schichten zerfallen. Die Indianer hatten die Stelle mit einem untrüglichen Blick für das Geheiligte ausgesucht. Ich stand am Fuß des Berges und sah auf die türkisfarbenen Wasser des Lago Posadas und des Lago Purreydon hinab, die sich wie durch einen Korridor zwischen violetten Felsen hindurch bis nach Chile hineinschlängelten. Auf jedem Felsüberhang hatten die Jäger mit rotem Ocker das von ihnen gejagte Wild dargestellt. Auch sich selbst hatten sie dargestellt: als winzige, strichförmige Gestalten, die munter herumhüpften. Das Alter der Fresken wurde auf rund zehntausend Jahre geschätzt.

Wie in der Bibel beschrieben, stand Pater Palacios' Einhorn mit erhobenem Horn auf einer der Felswände, allein. Es hatte einen dicken Hals und einen konischen Körper.

Das kann nicht sehr alt sein, dachte ich mir. Könnte ein Bulle im Profil sein.

Aber wenn es alt war, wirklich alt, dann mußte es ein Einhorn sein.

Unter der Darstellung befand sich ein Votivaltar mit Opfergaben – eine Dose Nestlé-Milch, ein Gipsmodell von einem Mädchen im Bett, ein mit grauer Farbe überzogener Nagel sowie ein paar Kerzenstummel.

41

Die Frau des Spaniers steckte mir ein Lunchpaket mit kalten Koteletts zu, und ich wanderte in nördlicher Richtung durch eine von tiefen Schluchten und Tafelbergen durchzogene Landschaft, wo die ungewöhnlichsten Farben an die Erdoberfläche gedrungen waren. An einer Stelle waren die Felsen abwechselnd fliederfarben, rosa und zitronengrün. In einem hellgelb glitzernden Schlund lagen die Knochen ausgestorbener Säugetiere. Er führte zu einem von roten Felsen umringten, ausgetrockneten Seebett, auf dessen Grund Kuhschädel aus einer schuppigen Kruste von rotgelbem Schlamm herausragten.

Beim Anblick dieser unnatürlichen Farben bekam ich Kopfschmerzen, die aber sofort nachließen, als ich einen grünen Baum entdeckte – eine Pyramidenpappel, ein Zeichen dafür, daß Menschen in der Nähe waren.

Vor einer Lehmhütte saß ein zusammengeschrumpftes altes Paar und wärmte sich in der Sonne. Die Frau hatte die Wände ihres Zimmers mit Collagen bedeckt. Die Landschaft hatte ihre Phantasie angeregt. Das Prunkstück war der bemalte Gipskopf einer japanischen Geisha, mit dem Heiligenschein einer Madonna und den behaarten Schenkeln eines argentinischen Fußballspielers. Darüber hing eine Tontaube, das Sinnbild des Heiligen Geistes, die sie mit blauen Plastikbändchen und gefärbten Straußenfedern in eine Art Paradiesvogel verwandelt hatte. Neben einer Bleistiftzeichnung von General Rosas hatte sie das Foto des patagonischen Fuchses placiert.

Die Frau reichte mir ihren Mate-Kürbis, füllte mir meine Flasche mit Wasser, das den süßlichen Geschmack von Schafmilch hatte, und zeigte mir einen Pfad, der über die Berge führte.

Als die Sonne ziegelrot unterging, kam ich zur Hütte eines Deutschen. Er lebte mit einem mageren Indianerjungen zusammen. Die beiden saßen auf Metallhockern, die aus einem Eissalon zu stammen schienen, feierlich bei Tisch. Sie hatten beide dieselben Messer, mit denen sie sich auf eine verbrannte Lammkeule stürzten. Sie sprachen nicht miteinander und auch nicht mit mir. Schweigend gab mir der Deutsche einen Zinnteller. Schweigend führte er mich nach dem Abendessen zu einer Scheune und deutete auf einen Haufen Schaffelle.

Am nächsten Morgen war der Himmel bedeckt, und aus Chile kamen Regenwolken herübergezogen. Der Deutsche deutete mit ausgestrecktem Arm auf einen Einschnitt zwischen den schwarzen Bergen und machte mir mit einer fallenden Handbewegung klar, daß sich auf der anderen Seite ein Tal befand. Ich winkte ihm zu, und er hob seine große braune Hand mit gespreizten Fingern gen Himmel.

Ich folgte ein paar Hufspuren, die das gelbliche Stoppelgras durchkämmten. An einer Stelle war der Boden mit weißen Splittern bedeckt, dem Rückenschild eines toten Gürteltiers. Der Pfad führte in Serpentinen den Tafelberg hinauf und fiel zu einer braunen Mulde ab, die mit abgestorbenen Bäumen übersät war. Am Ende der Mulde stand ein Farmhaus zwischen einer Gruppe von Pappeln.

Der Besitzer kam gerade mit seinen *peónes* aus dem Haus. Er war ein großer junger Mann in einem gestreiften Poncho. Sein schwarzes Pferd glänzte, und das versilberte Pferdegeschirr rasselte, als er davonritt.

«Die Frauen sind in der Küche», rief er mir zu. «Sagen Sie ihnen, sie sollen Ihnen Kaffee machen.»

Seine Frau und seine Mutter saßen in einer weißgekachelten Küche. Sie gaben mir Kaffee und Schokoladenkuchen und Schafskäse und gewürztes Apfelmus. Das ganze Jahr hindurch saßen sie in der Küche, mit Ausnahme der zehn Tage, in denen sie ihre Einkäufe in Comodoro erledigten. Ich bedankte mich bei den Frauen und ging weiter, dreizehn Kilometer zu Fuß. Gegen Mittag sah ich die mohnroten Dächer der Estancia Paso Roballos.

Dahinter, nach Westen zu, ragte der kleine Tafelberg des Lago Buenos Aires auf. Seine Felswände stiegen aus einem jadegrünen Fluß, eine reine Festung von sechshundert Metern Höhe, mit verschiedenen vulkanischen Schichten, grün und rosa gestreift wie das Fähnlein einer Reiterschwadron. Dort, wo der Tafelberg abfiel, waren vier Berge, ihre Gipfel reihten sich in einer geraden Linie hintereinander: ein purpurroter Buckel, eine rotgelbe Säule, ein Kamm von rosa Zacken und der Kegel eines aschgrauen, mit Schneezinnen bedeckten, erloschenen Vulkans.

Der Fluß mündete unten in einen See, den Lago Ghio, dessen Wasser milchig-türkis war. Das Ufer war blendend weiß, und auch die Klippen waren weiß oder von waagerechten braunen Streifen durchzogen. Am nördlichen Ufer sah man Lagunen mit klarem saphirblauem Wasser, die durch einen Streifen Gras von dem trüben Wasser des Sees getrennt waren. Auf der Oberfläche schwammen Tausende von Schwänen mit schwarzen Hälsen. Die seichten Gewässer dahinter schimmerten rosa vom Gefieder der unzähligen Flamingos.

Paso Roballos sah so aus, als hätte sich genau hier an dieser Stelle die Goldene Stadt befunden, und vielleicht war es ja auch so.

42 Um 1650 taumelten zwei spanische Matrosen, beide Deserteure und Mörder, aus den Wäldern, die Chiloé Island gegenüberliegen. Sie waren von der Magellan-Straße aus auf der östlichen Seite der Anden nach Norden gewandert. Vielleicht wollten sie nur die Aufmerksamkeit des Gouverneurs von ihren Verbrechen ablenken, jedenfalls berichteten sie ihm von der Existenz einer Stadt mit silbergedeckten Palästen und weißhäutigen Bewohnern, die Spanisch sprachen und sich als Nachfahren der Überlebenden aus Pedro de Sarmientos Kolonie an der Magellan-Straße ausgaben.

Die Schilderungen der beiden Männer belebten von neuem das Interesse für Trapalanda, der Zauberstadt der Cäsaren, eines anderen Eldorado, das irgendwo im südlichen Teil der Anden versteckt lag. Man hatte es nach Francisco César, dem Navigator von Sebastian Cabot, benannt. César war 1528 vom Río de la Plata aufgebrochen, hatte die Anden überquert und eine Zivilisation entdeckt, in der Gold zum täglichen Gebrauch gehörte. Seine Erzählungen verdichteten sich zu einer Legende, die die Sehnsüchte der Menschen und ihre Habgier bis ins 19. Jahrhundert hinein befeuerte.

Mehrere Expeditionen machten sich auf den Weg, um die Stadt ausfindig zu machen. Laut einer Beschreibung aus dem 18. Jahrhundert liegt die Stadt südlich des 45. Breitengrads (Paso Roballos liegt am 47. Breitengrad). Sie war eine Bergfestung unterhalb eines Vulkans, und zu ihren Füßen lag ein wunderschöner See. Es war auch ein Fluß da, der Río Diamante, der reichlich Gold und andere kostbare Steine mit sich führte. Um die Stadt zu durchqueren, brauchte man zwei Tage. Ihr einziger Zugang war durch eine Zugbrücke verwehrt. Die Häuser waren aus behauenem Stein und die Türen mit Juwelen besetzt. Die

Pflüge waren aus Silber und auch die Möbel eines noch so bescheidenen Haushalts waren aus Silber und Gold. Es gab keine Krankheiten. Alte Menschen starben, als hätte sich der Schlaf ihrer bemächtigt. Die Männer trugen Dreispitzhüte, blaue Hemden und gelbe Umhänge (in der indianischen Mythologie sind dies die Farben des Höchsten Wesens). Die Menschen dort bauten Pfeffer an, und die Blätter ihrer Rettiche waren so groß, daß man Pferde an den Stengeln festbinden konnte.

Nur wenige Reisende haben diese Stadt je mit eigenen Augen gesehen. Und es herrscht auch keine Einigkeit über ihre tatsächliche Lage: Man nennt in diesem Zusammenhang die Insel Patmos, die Wälder Guyanas, die Wüste Gobi und die Nordseite des Berges Meru. Auch der Name der Stadt variiert: Uttarakuru, Avalon, das Neue Jerusalem, die Insel der Seligen. Diejenigen, die sie tatsächlich gesehen haben, sind erst nach unmenschlichen Anstrengungen an ihr Ziel gelangt. Im 17. Jahrhundert haben zwei spanische Mörder den Beweis erbracht, daß man nicht der Prophet Hesekiel sein muß, um einen Felsen für ein Paradies zu halten.

43

Der Besitzer der Estancia Paso Roballos stammte aus Teneriffa auf den Kanarischen Inseln. Er saß in seiner rosagetünchten Küche, in der eine schwarze Standuhr die Stunden schlug, und seine Frau löffelte mit gleichgültigem Gesicht Rhabarbermarmelade. Das Haus bestand nur aus Fluren und unbenutzten Zimmern. Im Wohnzimmer blätterten von einem kleinen Sofa Goldschüppchen ab und fielen auf den Boden. Die ein halbes Jahrhundert alte, einst mit Optimismus installierte sanitäre Einrichtung war zusammengebrochen und verströmte Ammoniakdünste.

Der alte Mann war krank vor Heimweh und träumt von

verlorener Vitalität, als er die Namen der Blumen und Bäume seiner Heimat nannte und von Ackerbau und von den Tänzen auf seinem sonnenbeschienenen Berg im Meer erzählte.

Auf die Johannisbeersträucher draußen im Garten prasselte der Hagel nieder.

Der Schwiegersohn des Ehepaars war der Ortspolizist. Seine Aufgabe war es, die Grenze zu bewachen und Schafschmuggler hinter Schloß und Riegel zu bringen. Er hatte einen wunderbaren athletischen Körper, und seine in Ziehharmonika-Falten gelegte Stirn verriet, daß er das eintönige Leben leid war und daß es ihm auch leid tat, immer wieder seinen Ehrgeiz unterdrücken zu müssen.

Sein Kopf war voll von Wundern und Eroberungszügen. Er erzählte von Wikingern, die sich im brasilianischen Dschungel aufgehalten hätten. Ein Professor, behauptete er, hätte Runeninschriften ausgegraben. Die Marsmenschen seien in Peru gelandet und hätten den Inkas die Kunst der Zivilisation beigebracht. Wie sollte man sich ihre überlegene Intelligenz sonst erklären?

Irgendwann würde er seine Frau an ihren Vater zurückgeben, würde in der *camioneta* der Polizei nach Norden fahren, den Paraná-Fluß überqueren, Brasilien, Panama, Nicaragua und Mexiko hinter sich lassen, und die *chicas* in Nordamerika würden ihm um den Hals fallen.

Er lächelte bitter über diese Fata Morgana eines unmöglichen Traums.

«Warum gehen Sie zu Fuß?» fragte der alte Mann. «Können Sie nicht reiten? Die Menschen in dieser Gegend hassen Wanderer. Sie halten sie für verrückt.»

«Ich kann reiten», antwortete ich ihm, «aber ich laufe lieber. Die eigenen Beine sind zuverlässiger.»

«Ich habe einmal einen Italiener gekannt, der das auch sagte.»

Sein Name war Garibaldi gewesen. Auch er haßte Pferde und Häuser. Er trug einen araukanischen Poncho und hatte nie Gepäck bei sich. Er wanderte bis nach Bolivien und dann wieder zurück bis zur Magellan-Straße. Er schaffte über sechzig Kilometer am Tag und arbeitete nur, wenn er neue Stiefel brauchte.

«Ich habe ihn schon seit sechs Jahren nicht mehr gesehen»,

sagte der Alte. «Ich nehme an, die Kondore haben ihn erwischt.»

Nach dem Frühstück am nächsten Morgen deutete er auf eine Terrasse hoch oben auf dem gegenüberliegenden Berg.

«Von dort kommen die Fossilien.»

Die Waliserin aus Sarmiento hatte dort oben Mylodon-Knochen und die Kinnlade eines Macrauchenias gefunden, eines langhalsigen Säugetiers. Ich erkletterte den Berg, schützte mich hinter einem Felsen vor herabrutschendem Schnee und aß eine Dose ranziger Sardinen. Vor mir lag ein ehemaliger Meeresboden, übersät mit versteinerten Austern, die feucht glänzten und Millionen Jahre alt waren.

Ich saß da und träumte von Fisch. Ich träumte von *portugaises*-Austern, von Maine-Hummer, Seebarsch und *bluefish*. Sogar von Kabeljau träumte ich, so sehr rebellierte mein Magen gegen die einseitige Diät aus fettem Lammfleisch und uralten Sardinen.

Ich stolperte umher und wurde von Windstößen ein paarmal fast umgeworfen. Aber ich fand ein paar Messer aus Obsidian und auch den Panzer eines Glyptodons, Ameghinos *Propalaeohoplophorus*. Ich beglückwünschte mich zu dieser wichtigen Entdeckung, denn bisher waren von einem Glyptodon noch nie irgendwelche Artefakte gefunden worden. Später in New York wurde mir indessen von Mr. Junius Bird glaubhaft versichert, daß mein Glyptodon bereits versteinert war, bevor der Mensch auf den amerikanischen Kontinenten auftauchte.

Von Paso Roballos aus wanderte ich nach Osten, das heißt, ich rannte vor dem Sturm her. Mein Lederrucksack war vollgestopft mit Knochen und Steinen. Zu beiden Seiten der Straße lagen leere Champagnerflaschen, weggeworfen von den Gauchos, die nach Hause ritten. Auf den Etiketten war zu lesen: Duc de Saint-Simon, Castel Chandon und Comete de Valmont.

Ich machte mich auf den Weg zurück zur Küste und kam in den ersten Februartagen in Puerto Deseado an.

44 Die Stadt Puerto Deseado ist bekannt für ihr Salesianer-College, das, angefangen vom Kloster Sankt Gallen bis zu einem mehrstöckigen Parkhochhaus, alle architektonischen Stile in sich vereint. Ferner besitzt Puerto Deseado eine *Gruta* von Lourdes sowie einen Bahnhof, der die Form und die Ausmaße eines großen schottischen Landhauses hat.

Ich übernachte in der Estacíon de Biología Marina, wo sich eine Gruppe von Wissenschaftlern aufhielt, die begeistert im Schlamm nach Sandwürmern gruben und sich ständig über die lateinischen Namen von Algen stritten. Der fest angestellte Ornithologe der Station, ein strenger junger Mann, beschäftigte sich mit der Migration des Jackass-Pinguins, auch Riesenkönigsfischer genannt. Wir unterhielten uns bis spät in die Nacht und diskutierten darüber, ob wohl auch in unserem menschlichen zentralen Nervensystem Reisen vorprogrammiert seien – alles schien dafür zu sprechen, denn wie sonst ließ sich unsere wahnsinnige Unrast erklären?

Am nächsten Morgen ruderten wir zu der Pinguin-Kolonie auf einer Insel im Fluß. Im folgenden eine Zusammenfassung dessen, was mir der Ornitologe anvertraute:

Der Magellan- oder Jackass-Pinguin überwintert im südlichen Atlantik vor der Küste Brasiliens. Am 10. November eines jeden Jahres können die Fischer von Puerto Deseado beobachten, wie eine Vorhut der Tiere flußaufwärts schwimmt und sich auf einer der Flußinseln niederläßt, wo sie die Ankunft der restlichen Truppe abwartet, die in Massen am 24. November eintrifft. Sie fangen sofort an, ihre alten Schutzhöhlen wieder herzurichten, deren Eingänge sie mit glänzenden Kieselsteinen schmücken, für die sie eine besonders große Vorliebe haben.

Pinguine sind monogam und treu bis in den Tod. Jedes Paar

hütet einen winzigen Flecken eigenen Territoriums und jagt Eindringlinge davon. Das Weibchen legt zwischen einem und drei Eiern. Es gibt keine Arbeitsteilung zwischen den Geschlechtern: beide gehen fischen und betreuen abwechselnd die Jungen. Wenn in der ersten Aprilwoche das kalte Wetter einsetzt, löst sich die Kolonie wieder auf.

Die Jungen waren schon geschlüpft und so gewachsen, daß sie größer waren als ihre Eltern. Wir beobachteten, wie sie ungeschickt ans Ufer watschelten und sich schwerfällig ins Wasser fallen ließen. Im 17. Jahrhundert hatte der Forscher Sir John Narborough an derselben Stelle gestanden und sie mit den folgenden Worten beschrieben: «Sie standen aufrecht wie kleine Kinder in weißen Schürzen und leisteten einander Gesellschaft.»

Albatrosse und Pinguine sind die letzten Vögel, die ich würde töten wollen.

45

Am 30. Oktober 1593 ankerte das 120 Tonnen schwere Schiff *Desire* auf der Rückfahrt nach England im Fluß vor Port Desire. Das Schiff, nach dem Thomas Cavendish sieben Jahre zuvor die Siedlung benannt hatte, war bereits zum viertenmal hier.

Der jetzige Kapitän hieß John Davis. Er stammte aus der Grafschaft Devon und war der geschickteste Navigator seiner Generation. Er hatte bereits drei Reisen in die Arktis hinter sich, auf der Suche nach der Ost-West-Passage. Vor sich hatte er noch zwei Bücher über Navigation und sechs tödliche Dolchstiche von der Hand eines japanischen Piraten.

Davis hatte an Cavendishs zweiter Reise ‹in Richtung Südsee› teilgenommen. Die Flotte war am 26. August 1591 von Plymouth aufgebrochen. Der kommandierende Kapitän befand sich auf dem Galionsschiff *Leicester,* die ihm folgenden Schiffe waren die *Roebuck*, die *Desire* und die *Black Pinnace, Schwarze Pinasse,* so genannt, weil sie die Leiche von Sir Philip Sidney transportiert hatte.

Der frühe Erfolg war Cavendish zu Kopf gestiegen. Er haßte seine Offiziere und die Mannschaft. Vor der brasilianischen Küste ließ er stoppen, um die Stadt Santos auszurauben. Ein starker Wind trieb die Schiffe vor der Küste Patagoniens auseinander, aber wie vereinbart trafen sie in Port Desire wieder zusammen.

Die Flotte fuhr in die Magellan-Straße ein, als dort bereits Winter war. Als sich einer der Matrosen die Nase schneuzte, brach sie ab. Hinter Kap Froward gerieten sie in einen Sturm aus Nordwesten und suchten Schutz in einer kleinen Bucht. Der Wind heulte über ihre Schiffsmasten hinweg. Nur widerwillig erklärte sich Cavendish bereit, nach Brasilien zurückzufahren, um neuen Proviant zu besorgen und die Fahrt erst im Frühjahr fortzusetzen.

In der Nacht des 20. Mai ließ Cavendish vor Port Desire unangekündigt den Kurs ändern. Im Morgengrauen fanden sich die *Desire* und die *Black Pinnace* allein auf hoher See wieder. Davis steuerte daraufhin den Hafen an, weil er glaubte, seinen Kommandanten, wie auf der Hinfahrt, dort zu treffen. Aber Cavendish hatte Kurs auf Brasilien genommen und steuerte anschließend St. Helena an. Eines schönen Tages legte er sich in seiner Kabine aufs Bett und starb, möglicherweise an einem Schlaganfall, nicht ohne Davis vorher als Deserteur verflucht zu haben: «Dieser Schurke hat mir den Tod gebracht.»

Davis konnte den Mann zwar nicht leiden, aber er war kein Verräter. Kaum war der strenge Winter überstanden, brach er wieder nach Süden auf, um seinen Kommandanten zu suchen. Der Wind trieb die beiden Schiffe zu ein paar Inseln, die bis dahin unentdeckt waren und heute als Falkland-Inseln bekannt sind.

Dieses Mal passierten sie die Magellan-Straße und erreichten den Pazifik. Bei einem Sturm vor Kap Pilar verlor die *Desire* die *Pinnace,* die mit Mann und Maus unterging. Davis stand allein am Ruder und betete um ein rasches Ende, als plötzlich die Sonne durch die Wolken brach. Er nahm eine Peilung vor, bestimmte seine Position und gelangte so wieder in die ruhigeren Wasser der Meerenge.

Er segelte zurück nach Port Desire. Die Besatzung meuterte. Die Männer waren von Skorbut befallen, und in ihrer Haut hatten sich Läuse eingenistet, «ganze Trauben von erbsengroßen Läusen, jawohl, und manche waren so dick wie Bohnen». Er ließ das Schiff reparieren, so gut es ging. Die Männer ernährten sich von Eiern, Möwen, jungen Seehunden, Scharbockskraut und einem Fisch, der *pejerry* hieß. Dieser Diät hatten sie es zu verdanken, daß ihre Gesundheit bald wiederhergestellt war.

Fünfzehn Kilometer weiter südlich lag eine Insel, die ursprüngliche Pinguin-Insel, auf der die Matrosen zwanzigtausend dieser Vögel erschlugen. Die Tiere kannten keine natürlichen Feinde und begegneten ihren Mördern ohne jede Angst. John Davis ließ die Pinguine trocknen und salzen und befahl, daß vierzehntausend Stück im Laderaum des Schiffs untergebracht wurden.

Am 11. November wurden sie von Tehuelche-Indianern angegriffen, «die Sand in die Luft warfen, wie wilde Tiere hüpften und rannten und Masken vor den Gesichtern hatten, die wie Hundeköpfe aussahen – oder aber, sie hatten tatsächlich Hundeköpfe». Bei dem Gefecht kamen neun Männer ums Leben, darunter die beiden Anführer der Meuterei, Parker und Smith. Ihr Tod wurde als gerechtes Gottesurteil angesehen.

Die *Desire* lichtete am 22. Dezember nach Anbruch der Dunkelheit die Anker und nahm Kurs auf Brasilien, wo der Kapitän Tapioka-Mehl laden wollte. Am 30. Januar erreichte sie die Insel Plasencia vor der Küste von Rio de Janeiro, und die Männer fielen über das Obst und Gemüse in den Gärten der Indianer her.

Nach sechs Tagen ging eine Gruppe Matrosen an Land, zusammen mit den Böttchern, die Holz sammeln wollten, um Reifen für die Fässer zu machen. Es war ein heißer Tag, und die Männer badeten ungeschützt, als sie von einem Haufen Indianer und Portugiesen angegriffen wurden. Der Kapitän schickte ein weiteres Boot an Land, und seine Leute fanden die Leichen der dreizehn Männer nebeneinander aufgereiht, die Gesichter zum Himmel gerichtet. Neben den Toten stand ein Kreuz.

Als John Davis sah, daß aus dem Hafen von Rio Pinassen ausliefen, segelte er schnell aufs offene Meer zurück. Ihm blieb keine andere Wahl. An Bord befanden sich noch acht Fässer Wasser, aber auch das war nicht mehr genießbar.

Während sie sich dem Äquator näherten, nahmen die Pinguine Rache an ihnen. In ihnen brütete ein etwa zwei Zentimeter langer «widerlicher Wurm». Diese Würmer fraßen alles auf außer Eisen: Kleidung, Bettzeug, Stiefel, Hüte, Lederpeitschen und lebendiges Menschenfleisch. Die Würmer fraßen sich durch die Flanken des Schiffs und drohten, es zu versenken. Je mehr Würmer von den Männern getötet wurden, um so schneller vermehrten sie sich.

Am Wendekreis des Krebses wurde die Besatzung erneut von Skorbut befallen. Ihre Fußknöchel und Brustkörper schwollen an, und ihre Geschlechtsorgane waren dermaßen aufgebläht, daß sie «weder stehen noch liegen, noch gehen konnten».

Der Kummer machte einen schweigsamen Mann aus dem Kapitän. Wieder betete er um ein rasches Ende. Er bat seine Männer, Geduld zu üben, Gott zu danken und seine Bestrafung anzunehmen. Aber die Mannschaft tobte vor Wut, und das Schiff hallte vom Stöhnen und Fluchen der Sterbenden wider. Von den sechsundsiebzig Mann, die in Plymouth an Bord gegangen waren, waren nur Davis und ein Schiffsjunge gesund geblieben. Am Ende waren nur noch fünf Männer imstande, das Schiff zu bedienen und vorwärts zu bringen.

So erreichte der alte, verfaulte Schiffsrumpf, nachdem er verloren auf dem Meer getrieben hatte, am 11. Juni 1593 mit zerrissenen Toppsegeln und Spreitsegeln die irische Hafenstadt Berehaven in der Bantry-Bucht. Ihr Gestank machte die Einwohner des kleinen, ruhigen Fischerdorfs schaudern.

Bei seiner Rückkehr nach Devon fand Davis seine Frau in den Armen eines «windigen Buhlen» vor. Die folgenden zwei Jahre saß er an seinem Schreibtisch und verfaßte die Bücher, auf die sich sein Ruhm gründen sollte: ‹*Die hydrographische Beschreibung der Welt*›, in dem er bewies, daß Amerika eine Insel war, und ‹*Die Geheimnisse des Seemanns*›, einem Handbuch der Astronavigation, in dem er die Anwendung des von ihm persönlich erfundenen *backstaff* erklärte, mit dem die Höhe der Himmelskörper gemessen werden konnte.

Aber schließlich wurde er wieder von der Unruhe ergriffen. Er segelte mit dem Earl of Essex zu den Azoren, dann als Navigator der Seeländer nach Ostindien. Am 29. Dezember 1605 starb er an Bord des englischen Schiffs *Tyger* in der Meerenge von Malakka. Er hatte ein paar japanische Piraten zu großes Vertrauen geschenkt und den Fehler begangen, sie zu einem Essen einzuladen.

‹*John Davis' Reise in die südlichen Meere*› wurde 1600 von der Hakluyt Society in London veröffentlicht. Es vergingen zwei Jahrhunderte, bis ein anderer Mann aus Devonshire, Samuel Taylor Coleridge, die 625 umstrittenen Zeilen seiner Ballade vom ‹Alten Matrosen› mit ihren hämmernden Wiederholungen, dem Ruch des Verbrechens, dem Umherirren und der schließlichen Sühne niederschrieb.

John Davis und der Matrose haben das Folgende gemeinsam: eine Reise in den Schwarzen Süden, den Mord an einem Vogel (oder mehreren Vögeln), die darauf folgende Rache, das Umherirren in den Tropen, das verfaulende Schiff und die Flüche der sterbenden Männer. Besonders die Zeilen 236 bis 239 sind ein Echo auf diese elisabethanische Reise:

> Die vielen Männer, stark und jung!
> Und jeder von ihnen verblich!
> Und tausendfach, tausendfach schleimiges Zeug
> Lebte fort, und es lebte ich.

In ‹*The Road to Xanadu*› verfolgte der amerikanische Gelehrte John Livingston Lowes die Spur des Opfers des Alten Matrosen und stieß auf einen ‹unglücklichen schwarzen Albatros›, der im 18. Jahrhundert von einem gewissen Hatley, dem Steuermann des Piratenschiffs von Kapitän George Shelvocke, erschossen wurde. Wordsworth besaß ein Exemplar dieses Reiseberichts und zeigte es Coleridge, als die beiden Männer den Versuch machten, die Ballade gemeinsam zu schreiben.

Coleridge selbst war ein ‹nachtwandelnder Mensch›, ein Fremder in seiner eigenen Heimat, der von einer Pension zur anderen zog, unfähig, irgendwo Wurzeln zu schlagen. Er war schwer von einer Krankheit geschlagen, die Baudelaire den ‹Ekel vor dem eigenen Heim› nannte. Daher seine Identifikation mit anderen heruntergekommenen Wanderern – mit Kain, mit dem Ewigen Juden Ahasver und mit den horizontsüchtigen Navigatoren des 16. Jahrhunderts. Denn der Alte Matrose war er selbst.

Lowes wies nach, wie stark die von Hakluyt und Purchas veröffentlichten Reiseschilderungen die Phantasie Coleridges beflügelt haben. Das mächtige Stöhnen des Eises, das John Davis bei einer früheren Reise nach Grönland gehört hatte, kehrt in der Zeile 61 wieder: Es kracht und stöhnt und kreischt und höhnt. Aber offensichtlich ist er nicht auf den Gedanken gekommen, daß Davis' Reise zur Magellan-Straße Coleridge als Hintergrund für seine Ballade gedient haben könnte.

46 Ich kam durch drei langweilige Städte, San Julián, Santa Cruz und Río Gallegos.

Wenn man an der Küste entlang nach Süden läuft, wird das Gras grüner, die Schaffarmen werden größer und die Briten zahlreicher. Es sind die Söhne und Enkel jener Männer, die in den neunziger Jahren des letzten Jahrhunderts das Land urbar gemacht und eingezäunt haben. Viele von ihnen kamen von den Falklands, wo sie ihren Lebensunterhalt nur mühsam verdient hatten. Sie kamen mit nichts als der Erinnerung an ihre Vertreibung aus den Highlands, und sie wußten nicht, wo sie sonst hätten hingehen sollen. Während des Schafwollbooms um die Jahrhundertwende machten sie «das große Geld», denn ihr unbegrenztes Reservoir an billigen Arbeitskräften hatte zur Folge, daß die patagonische Wolle alle anderen Konkurrentinnen unterbot.

Heute stehen sie mit ihren Farmen am Rand des Bankrotts, auch wenn die Häuser nach wie vor hübsch gestrichen sind und man alles ordentlich vorfindet: vor dem Wind geschützte Beete mit Kräutern und Pflanzen, Rasensprenger, Obstkörbe, Treibhäuser, Gurkensandwichs, gebundene Sammelausgaben von *Country Life* und vielleicht sogar den Erzdechanten auf der Durchreise.

Die Schafzucht in Patagonien begann im Jahre 1877, als ein gewisser Mr. Henry Reynard, ein englischer Kaufmann aus Punta Arenas, eine Schafherde von den Falkland-Inseln kommen und sie auf der Elizabeth-Insel in der Magellan-Straße grasen ließ. Sie pflanzten sich erstaunlich schnell fort, so daß andere Kaufleute dem Beispiel folgten. Die erfolgreichsten Unternehmer waren ein skrupelloser Asturier namens José Menéndez und sein liebenswürdiger jüdischer Schwiegersohn Moritz Braun. Anfangs waren sie Konkurrenten, aber später schlossen sie sich zusammen und gründeten ein Imperium, zu dem Estancias, Kohlebergwerke, Tiefkühllagerhallen, Ladenketten, Handelsschiffe und ein Bergungsunternehmen gehörten.

Menéndez starb 1918 und vererbte König Alphons XIII. von Spanien einen Teil seiner Millionen. Er wurde in Punta Arenas in einer kleineren Ausgabe des Mausoleums von Victor Emmanuel begraben. Die Familien Braun und Menéndez fuhren fort, mit Hilfe ihrer Gesellschaft, kurz *La Anónima* genannt, das Land zu unterwerfen. Sie importierten Zuchthengste aus Neuseeland, holten sich Schäfer und deren Hunde von den Hebriden sowie Manager für ihre Farmen aus der britischen Armee, durch die das Geschehen auf den Farmen eine Art Manövercharakter erhielt. Infolgedessen wirkte die Provinz Santa Cruz wie ein Vorposten des britischen Empire, der von spanisch sprechenden Funktionären verwaltet wurde.

Fast alle *peónes* waren Einwanderer. Sie kamen – und kommen noch heute – von der schönen grünen Insel Chiloé, wo das Klima mild ist, die Lebensbedingungen primitiv und die Farmen übervölkert sind, und wo es immer Fisch zu essen gibt und nicht besonders viel zu tun und die Frauen stolz und energisch sind und die faulen Männer ihren geringen Lohn beim Spiel verlieren.

Die Chiloten schlafen in spartanischen Schlafsälen, haben wunde Hintern vom vielen Reiten und kämpfen mit einer Ernährung aus Fleisch und Mate gegen die Kälte an, bis sie wegen Altersschwäche oder eines Magenkrebses zusammenbrechen. Meistens arbeiten sie ohne Begeisterung. Nachts hörte ich sie häufig über ihre Arbeitgeber klagen: *«Es hombre despótico»*, sagten sie. Aber wenn man Archie Tuffnell erwähnte, zögerten sie ein wenig und meinten dann: «Na ja, Mr. Tuffnell macht da eine Ausnahme.»

47 «Sie wollen also zu Mr. Tuffnell», sagte der Mann hinter der Bar. «Das ist nicht einfach zu finden. Zuerst ist da eine Straße, die man kaum eine Straße nennen kann, und dann geht es auf einem Weg weiter, der nicht einmal ein Weg ist.»

Er war ein kräftiger Mann in einem gestreiften Anzug mit einer zweireihigen Weste. An einer dicken Goldkette klimperten Schlüssel und Siegel. Sein Haar war angeklatscht wie bei einem Tangotänzer und lag in glänzenden pechschwarzen Strähnen um seinen Kopf, aber an den Wurzeln war es weiß. Er sah krank und elend aus. Er war immer noch ein großer Schürzenjäger und gerade erst zu seiner Ehefrau zurückgekehrt.

Auf einer Papierserviette zeichnete er eine Karte auf. «Das Haus steht zwischen ein paar Bäumen an einem See», sagte er und wünschte mir Glück.

Es war bereits dunkel, als ich an meinem Ziel ankam. Im Mondlicht schimmerten die Perlmuttschalen versteinerter Austern. Auf dem See schwammen ein paar Enten, schwarze Silhouetten auf silbrigen Wasserrillen. Ich folgte einem goldenen Lichtfaden bis zu einer Pappelgruppe. Ein Hund bellte. Die Tür öffnete sich, und der Hund raste mit einem Stück roten

Fleisches im Maul an mir vorbei. Die Frau deutete mit der Hand auf eine Hütte zwischen Weidenbäumen.

«Der alte Mann wohnt da drüben», sagte sie.

Ein Mann um die Achtzig stand hoch aufgerichtet vor mir und blinzelte mich grinsend durch eine stahlumrandete Brille an. Sein Gesicht glänzte rosa, und er trug Khakishorts. Ich entschuldigte mich für die späte Stunde und trug ihm mein Anliegen vor.

«Haben Sie jemals einen Kapitän Milward gekannt?»

«Der gute alte Mill! Natürlich kannte ich den alten Mill. Konsul Seiner Majestät in Punta Arenas, Chile. Ein cholerischer alter Knabe. Allzuviel fällt mir zu ihm aber nicht ein. Hatte 'ne junge Frau, die war ein bißchen stämmig, sah aber gut aus. Aber kommen Sie doch bitte herein, ich mache Ihnen was zu essen. Erstaunlich, daß Sie mich ganz allein gefunden haben.»

Archie Tuffnell liebte Patagonien und nannte es ‹Old Pat›. Er liebte die Einsamkeit, die Vögel, die Weite und das gesunde, trockene Klima. Vierzig Jahre lang hatte er die Schafzuchtfarm einer großen englischen Grundstücksgesellschaft verwaltet. Als er in den Ruhestand treten mußte, war ihm der Gedanke an die Enge in England unerträglich gewesen, und er hatte sich eigenes Land gekauft und 2500 Schafe und ‹meinen Mann Gómez› mitgenommen.

Archie hatte der Familie Gómez das Haus überlassen und lebte allein in einer Fertigbauhütte, deren Inneneinrichtung eine Lehre in Askese erteilte. Es gab eine Dusche, ein schmales Bett, einen Tisch und zwei Klappstühle, aber keinen Sessel.

«Ich will doch nicht in einem Lehnstuhl versinken. Nicht in meinem Alter. Könnte ja sein, daß ich nicht wieder hochkomme.»

In seiner Schlafecke befanden sich zwei Drucke mit Jagdmotiven und ein paar sepiabraune Erinnerungsfotos, auf denen zuversichtlich blickende Frauen und Männer vor Wintergärten oder in Jagdkleidung posierten.

Er war kein schlauer Mann, sondern eher weise, ein Junggeselle, der in sich ruhte, Schwierigkeiten aus dem Weg ging und nie jemandem ein Leid zugefügt hatte. Seine Wertmaßstäbe stammten noch aus der Zeit König Edwards, aber er hatte durchaus begriffen, daß die Welt sich verändert hatte und daß man den Veränderungen einen Schritt voraus sein mußte, um sich selbst nicht ändern zu müssen. Er folgte einfachen Regeln: bleib zahlungsfähig; warte nie, bis die Preise steigen; gib nie mit deinem Geld vor deinen Arbeitern an.

«Sie sind ein stolzer Haufen», pflegte er zu sagen. «Man muß eine gewisse Distanz wahren, sonst halten sie einen für einen Speichellecker. Ich tue das, indem ich absichtlich schlecht Spanisch spreche. Man muß *selbst* unbedingt das tun, was sie tun *müssen*. Es kräht kein Hahn danach, was man auf dem Konto hat, solange man dasselbe ißt wie sie.»

‹Mein Mann Gómez› und Archie waren unzertrennlich. Den ganzen Morgen über machten sie sich im Garten zu schaffen, jäteten Unkraut im Spinatbeet oder pflanzten Tomatensetzlinge. Señora Gómez kochte das Mittagessen, und als die Sonne im Zenit stand, legte sich der alte Mann zu einem Schläfchen hin, während ich in der blauen Küche saß und zuhörte, wie Gómez über seinen Arbeitgeber redete.

«Ein Wunder ist er», sagte er. «So intelligent! So großzügig! So gut aussehend! Ich verdanke ihm alles.»

An dem Ehrenplatz, wo in den meisten Haushalten ein Bild von Perón oder Jesus Christus oder General San Martín hing, strahlte Mr. Tuffnell von einem ungewöhnlich großen Foto von der Wand herab.

48 Ich stand an der Küste bei San Julián und versuchte, mir ein prunkvolles Abendessen in Drakes Kabine vorzustellen: die silbernen Teller mit den Goldrändern, die Musik von Geigen und Trompeten, den Plebejer-Admiral und seine erlauchten Gäste sowie den Meuterer Thomas Doughty. Dann lieh ich mir ein undichtes Boot aus und ruderte zum

Gibbet Point, der ‹Galgenspitze›, von wo aus ich die Küste nach dem ‹großen Mühlstein› auf Doughtys Grab absuchte, in den sein Name in Latein eingemeißelt wurde, damit er von allen, die nach uns kommen, besser verstanden werden möge! Drake hatte ihn neben dem Galgen enthaupten lassen, an dem Magellan seine Matrosen Quesada und Mendoza achtundfünfzig Winter zuvor hatte aufhängen lassen. Holz hält sich gut in Patagonien. Die Böttcher der *Pelican* hatten den Pfosten abgesägt und als Andenken für die Mannschaft Trinkkrüge daraus angefertigt.

Beim Mittagessen im Hotel berieten ein paar Schafzüchter darüber, ob sie aus Protest gegen die Politik der Regierung Isabel Peróns, die den Preis der Wolle weit unter ihrem Wert auf dem Weltmarkt festgelegt hatte, die Hauptstraße mit Wollballen verbarrikadieren sollten. Das Hotel war in einem Pseudo-Tudorstil erbaut: man hatte über das Wellblech schwarze Balken genagelt. Dieser Stil paßte zu dem, was San Julián noch mit dem 16. Jahrhundert verband.

49 Bernal Díaz berichtet, daß sich die spanischen Eroberer beim Anblick der juwelengeschmückten Städte Mexikos gefragt hätten, ob sie nicht vielleicht in eine Erzählung aus den Amadis-Romanen geraten seien oder in einen Traum. Díaz wird manchmal zitiert, um die Behauptungen zu untermauern, die Geschichte strebe nach dem Ebenmaß des Mythos. Ähnliches trug sich bei der Ankunft Magellans in San Julián im Jahre 1520 zu:

Vom Schiff aus sahen sie, wie ein nackter Riese am Ufer tanzte, «tanzte und hüpfte und sang, und beim Singen Sand in die Luft und auf sein Haupt warf». Als sich die Weißen ihm näherten, hob er einen Finger zum Himmel, als wollte er fragen, ob sie vom Himmel gefallen wären. Als er dem kommandierenden Kapitän vorgeführt wurde, bedeckte er seine Nacktheit mit einem Umhang aus Guanakofell.

Der Riese war ein Indianer vom Stamm der Tehuelche, einer kupferhäutigen Rasse von Jägern, deren Größe, Kraft und betäubend laute Stimmen in lebhaftem Widerspruch zu ihrem gefügigen Charakter standen. (Vielleicht haben sie Swift als Vorbild für die derben, aber liebenswürdigen Riesen von Brobdingnag gedient.) Magellans Chronist Pigafetta sagt, daß sie schneller rannten als Pferde, ihre Pfeilspitzen mit Feuersteinen versahen, rohes Fleisch aßen, in Zelten hausten und ‹wie Zigeuner› herumzogen.

Es heißt weiter, Magellan habe «Ha, Patagon!» gesagt und damit ‹großer Fuß› gemeint, weil der Indianer große Mokassins anhatte. Dieser Ursprung des Wortes ‹Patagonien› wird im allgemeinen akzeptiert. Aber auch wenn *pata* im Spanischen ‹Fuß› heißt, so hat das Suffix *gon* keine Bedeutung. Das griechische Wort παταγος hingegen bedeutet ‹Brüllen› oder ‹Zähneknirschen›, und da Pigafetta von den Patagoniern behauptet, sie ‹brüllten wie Stiere›, ist es durchaus möglich, daß zur Besatzung Magellans ein griechischer, vielleicht vor den Türken geflohener Matrose gehört hatte.

Ich las die Mannschaftsrollen durch, konnte aber keine Registrierung eines griechischen Matrosen finden. Dann machte mich Professor Gonzáles Díaz aus Buenos Aires auf *‹Primaleon von Griechenland›* aufmerksam, einen Ritterroman, der ebenso unglaubwürdig und ebenso beliebt war wie *‹Amadis von Gaula›*. Er wurde 1512 in Kastilien veröffentlicht, also sieben Jahre bevor Magellan die Segel setzte. Ich sah in der englischen Übersetzung aus dem Jahre 1596 nach und fand am Ende des zweiten Bandes Anhaltspunkte dafür, daß Magellan ein Exemplar in seiner Kabine mit sich geführt haben muß:

Ritter Primaleon segelt zu einer abgelegenen Insel und trifft dort auf ein grausames, häßliches Volk, das rohes Fleisch ißt und sich in Felle kleidet. Im Innern der Insel lebt ein Ungeheuer mit dem ‹Kopf einer Dogge› und den Füßen eines Hirsches, das der ‹Große Patagon› genannt wird, aber trotz seiner äußeren Erscheinung menschliche Regungen erkennen läßt und Frauen liebt. Das Oberhaupt der Insulaner fleht Primaleon an, sie von dem Ungeheuer zu befreien. Primaleon reitet los, überwältigt den Patagon mit einem einzigen Schwertstoß und fesselt ihn mit der Leine, an der er sonst seine beiden zahmen Löwen führt. Das Gras färbt sich rot von dem Blut des Patagon, und er ‹brüllt so schrecklich, daß auch das mutigste Herz in Angst und Schrecken versetzt worden wäre›. Er erholt sich jedoch und leckt sich seine Wunden ‹mit seiner langen, breiten Zunge› sauber.

Daraufhin beschließt Primaleon, die Kreatur in seine Heimat Polonia mitzunehmen, um die königliche Kuriositätensammlung zu bereichern. Während der Überfahrt unterwirft der Patagon sich seinem neuen Gebieter, und als sie an Land gehen, werden sie von Königin Gridonia erwartet, die sich das Ungeheuer ansehen möchte. «Das ist kein anderer als der Teufel», sagt sie. «Von meiner Hand soll er keine Liebkosung erfahren.» Aber ihre Tochter Prinzessin Zephira streichelt das Ungeheuer, sie singt ihm etwas vor und bringt ihm ihre Sprache bei, und das Tier ‹ist entzückt, einer schönen Dame ins Gesicht sehen› und ihr ‹gehorsam wie ein Spaniel› folgen zu dürfen.

Als Magellan den Winter in San Julián verbrachte, faßte er ebenfalls den Entschluß, zwei dieser Riesen für Karl V. und seine Kaiserin zu entführen. Er legte ihnen irgendeinen Tand in die Hände, während sie von seinen Männern an den Knöcheln mit Eisenringen gefesselt wurden, und erklärte, das sei auch eine Art Schmuck. Als die Riesen begriffen, daß man ihnen eine Falle gestellt hatte, brüllten sie auf (in Richard Edens Übersetzung) ‹wie Stiere und riefen ihren Oberteufel Setebos um Hilfe›. Einer konnte entkommen, aber den anderen brachte Magellan an Bord und taufte ihn Paul.

Es mag sein, daß die Geschichte nach Ebenmaß strebt, erreichen tut sie es jedoch nur selten: Der Riese Paul starb mitten auf dem Pazifik an Skorbut, und seine Leiche wurde den Haien zum Fraß vorgeworfen. Und Magellans Leiche lag mit dem Gesicht nach unten in den seichten Gewässern von Mactan: er war dem Schwert eines Filippinos zum Opfer gefallen.

Es vergingen neunzig Jahre, bis am 1. November 1611 zum erstenmal *‹Der Sturm›* im Whitehall-Theater aufgeführt wurde. Shakespeares Quellen für das Stück sind Gegenstand heftigster

Auseinandersetzungen. Wir wissen aber, daß er den Bericht über den üblen Trick von San Julián in Pigafettas ‹*Reise*› gelesen hat:

Caliban: Ich muß gehorchen; seine Kunst bezwänge
Wohl meiner Mutter Gott, den Setebos
Und macht ihn zum Vasallen

Shakespeare legte die ganze Bitterkeit der Neuen Welt in den Mund Calibans. («Dies Eiland ist mein, von meiner Mutter Sycorax, das du mir wegnimmst.») Er hatte begriffen, daß die Sprache des weißen Mannes eine Kriegswaffe war («Hol die Pest Euch fürs Lehren Eurer Sprache»), daß die Indianer vor dem erstbesten Dummkopf, der ihnen die Freiheit versprach, in die Knie gehen würden («Ich will den Fuß dir küssen ... Ban, ban, Ca-Caliban, hat zum Herrn einen neuen Mann: Schaff einen neuen Diener dir an»). Er hatte Pigafetta sorgfältiger gelesen, als allgemein bemerkt wird:

Caliban: Bist du nicht vom Himmel gefallen?
Stephano: Ja, aus dem Monde, glaub's mir; ich war zu seiner Zeit der Mann im Monde.

Und:

Stephano: Kann ich ihn wieder zurechtbringen, und ihn zahm machen, und nach Neapel mit ihm kommen, so ist er ein Präsent für den besten Kaiser, der je auf Rindsleder getreten ist.

Die Frage ist nur: Kannte Shakespeare auch das Buch, das die Ereignisse von San Julián ausgelöst hat?

Ich glaube, er kannte es. Beide Ungeheuer waren halb Mensch, halb Tier. Der Große Patagon war ‹gezeugt von einem Biest in den Wäldern› und Caliban ein giftiger Sklave, vom Teufel selbst gezeugt. Beide erlernten eine fremde Sprache. Beide liebten eine weiße Prinzessin (auch wenn Caliban versuchte, Miranda zu vergewaltigen). Und beide stimmten in einem wichtigen Punkt überein: der Patagon hatte den ‹Kopf der Dogge›, und Trinculo sagt über Caliban: «Ich lache mich noch zu Tode über dies mopsköpfige Ungeheuer.»

Der Ursprung der ‹Hundeköpfe› ist vielleicht in den ‹Visieren› oder Kriegsmasken zu finden, wie sie die Reiter von Dschingis Khan getragen haben oder die Tehuelche-Indianer, die John Davis in Puerto Deseado angriffen. Shakespeare könnte sie der Hakluyt-Ausgabe entnommen haben. Aber in jedem Fall hat Caliban Anspruch auf eine patagonische Abstammung.

50 Im Britischen Club in Río Gallegos fiel der cremefarbene Putz von den Wänden, und niemand sprach auch nur ein Wort Englisch. Die beiden rauchschwarzen Zwillingsschornsteine des alten Gefrierhauses der Swift Corporation ragten über den Gefängnishof hinweg.

Auf dem windigen Gehsteig vor der ‹Bank von London und Südamerika› stand eine Gruppe von britischen Schafzüchtern, die gerade mit dem Direktor der Bank den plötzlichen Sturz des Wollpreises diskutiert hatten. Eine der Familien war ruiniert. Der Sohn, der in einem Landrover wartete, meinte: «Mir ist das egal. Das bedeutet, daß ich nicht mehr ins Internat muß.» Aber ein Mann in einem abgetragenen Tweedanzug ging erregt auf und ab und rief: «Diese dreckigen südamerikanischen Mischlinge. Zum Teufel mit ihnen! Zum Teufel! Zum Teufel!»

Die Filiale war früher einmal die ‹Bank von London und Tarapacá› gewesen. Ich ging hinein und erkundigte mich bei dem Kassierer nach ein paar Nordamerikanern.

«Sie meinen sicher die Boots Cassidy-Bande», sagte er.

Sie waren im Januar 1905 hiergewesen. Sie kamen aus Punta Arenas, wo sie einen mürrischen alten Seemann im Ruhestand namens Kapitän Milward getroffen und als Ehrengäste des Britischen Clubs jungen Leuten wie Archie Tuffnell ein paar Tricks beim Billardspiel beigebracht hatten. Jenseits der Grenze, in Chile, lebten sie auf einer englischen Estancia. Sie belustigten die Einheimischen dadurch, daß sie sich wie richtige Wildwestbanditen kleideten und, wenn sie nach Río Gallegos hineingeritten kamen, in die Luft feuerten.

«Aquí vienen los gringos locos!» lachten die Leute in der Stadt. «Da kommen die verrückten *gringos*!»

Diese erklärten wie immer, sie seien auf der Suche nach Land. Sie betraten die Bank und erörterten mit dem Direktor, einem Mr. Bishop, die Möglichkeit einer Kreditaufnahme. Er lud sie zum Mittagessen ein, und sie nahmen dankbar an. Anschließend fesselten sie ihn und seine Angestellten, stopften 20 000 Pesos und 280 Pfund Sterling in eine Tasche und ritten aus der Stadt.

«Da gehen die verrückten *gringos*!»

Etta hatte die Pferde gehütet. Man erzählte nur, sie hätte die Leute abgelenkt und mit ein paar Bewunderern geschwatzt, bis ihre eigenen Männer außer Gefahr waren. Dann hätte sie einen perlmuttbesetzten Revolver hervorgeholt, den sie an einem Samtband auf dem Rücken trug, die Glas-Isolatoren der Telegrafenmasten zerschossen und somit die Verbindung zu der einzigen Polizeistation unterbrochen, die zwischen ihnen und dem Schutz der Kordilleren lag.

Als ich durch die Hauptstraße von Río Gallegos ging, entdeckte ich in einem Buchladen Exemplare eines soeben erschienenen Buches: *‹Los Vengadores de la Patagonia Trágica›*. Es handelte vom Aufstand der Anarchisten gegen die Großgrundbesitzer in den Jahren 1920/21 und war von dem linksgerichteten Historiker Osvaldo Bayer geschrieben worden. Ich hatte mir die drei Bände in Buenos Aires gekauft und sie fasziniert gelesen; denn diese Revolution *en miniature* schien die Mechanismen jeder Revolution zu erklären.

Ich hatte Archie Tuffnell danach gefragt, und er hatte das Gesicht verzogen.

«Üble Sache. Ein Haufen bolschewistischer Agitatoren kam hierher und stiftete Unruhe. Das war das eine. Dann kam die Armee dazu, und das war das andere. Sie haben gute Männer erschossen. Gute, ehrliche, anständige Männer haben sie erschossen. Sogar *meine* Freunde haben sie erschossen. Es war eine schmutzige Sache von Anfang bis zum Ende.»

Der Anführer der Revolte hieß Antonio Soto.

51 Die Leute im Süden erinnern sich noch an den hochaufgeschossenen, rothaarigen Gallier, der erst vor kurzer Zeit den Flaum auf den Wangen verloren hatte. Er hatte blaue, leicht schielende Augen von keltischer Unbestimmtheit, aber voller Fanatismus. Er trug damals Reithosen und Wickelgamaschen und eine flott aufgesetzte schräge Mütze. Er stand auf der regennassen, matschigen Straße, seine roten Fahnen flatterten im Wind, und er schleuderte Sätze heraus, die er sich bei Proudhon und Bakunin ausgeliehen hatte: daß Eigentum Diebstahl sei und Zerstörung eine schöpferische Tat.

Ein paar spanische Einwanderer erinnern sich sogar noch an seine frühere Rolle als Souffleur in einem Wandertheater, das aus dem Norden herunterkam und in der schmucklosen Arena des Círculo Espanol Stücke von Calderón und Lope de Vega aufführte. Manchmal hatte er eine winzige Rolle übernommen und äußerst dekorativ an den weißgetünchten Wänden eines Dorfs in Estremadura gelehnt, das nach und nach von der Leinwand abblätterte.

Andere wiederum erinnern sich daran, daß er zwölf Jahre nach den Erschießungen nach Río Gallegos zurückgekommen sei. Er spielte immer noch den anarchistischen Redner und trug sein Hemd bis zum Bauchnabel geöffnet, diesmal jedoch mit dem Körper eines richtigen Arbeiters, der übersät war mit Brandnarben, die er sich in einer Salpetermine in Chile zugezogen hatte. Er war im Hotel *Miramar* abgestiegen und hatte den Familien der Männer, die seit zwölf Jahren unter verblichenen

Holzkreuzen lagen, Vorträge gehalten. Das war sein letztes Gastspiel, und es fand vor einem fast leeren Haus statt. Nur ein paar Spanier hörten ihm zu, beifällig nickend, dann schob der Gouverneur ihn über die Grenze ab.

Aber die meisten, die Antonio Soto kannten, haben einen zusammengefallenen Körper in Erinnerung und ein Gesicht, dessen Ausdruck von wilder Entschlossenheit bis zur stillen Verzweiflung reichte. Er lebte damals in Punta Arenas und hatte ein kleines Restaurant. Und wenn sich Gäste über die Bedienung beschwerten, sagte er: «Dies ist ein anarchistisches Restaurant. Bedienen Sie sich selbst.» Oder er saß mit anderen spanischen Exilierten zusammen und gedachte Spaniens mit Hilfe eines dünnen Weinfadens, den er sich aus seinem *porrón,* einer Schnabelkaraffe, in den Mund fließen ließ. Er gedachte der Menschen in Spanien, die man ehren, und der anderen, die man hassen mußte, und sein Fluch galt besonders dem Jungen, den er einmal in den Straßen seiner Heimatstadt El Ferrol gesehen hatte, dem blasierten Jungen, dessen Karriere das genaue Gegenteil seiner eigenen und dessen Name Francisco Bahamonde Franco war.

Als Soto auf die Welt kam, war sein Vater, ein Matrose, bereits tot – während des Kubanischen Kriegs ertrunken. Im Alter von zehn Jahren zerstritt sich Soto mit seinem Stiefvater und lebte fortan bei seinen unverheirateten Tanten in El Ferrol. Er war fromm und puritanisch und trug bei religiösen Prozessionen das Banner. Mit siebzehn las er, daß Tolstoi den Militärdienst verurteilte und machte sich auf den Weg nach Buenos Aires, um sich dem seinen zu entziehen. Es zog ihn zum Theater und in die Nähe der anarchistischen Bewegung. Es gab damals viele Anarchisten in Buenos Aires, und Buenos Aires ist ein einziges, riesiges Theater.

Er schloß sich der spanischen Theatergruppe Serrano-Mendoza an und brach 1919 zu einer Tournee durch die patagonischen Hafenstädte auf. Seine Ankunft in Río Gallegos fiel mit dem Sturz der Wollpreise, mit Lohnkürzungen, neuen Steuerauflagen und neuen Spannungen zwischen den angelsächsischen Schafzüchtern und ihren Landarbeitern zusammen. Vom entlegensten Winkel der Welt aus verfolgten die Briten die Rote Revolution und verglichen sich mit den russischen Aristokraten, die in der Steppe gestrandet waren. Eines Tages veröffentlichte ihre Zeitung, die *Magellan Times,* ein Foto von einem Mann, der im Zimmer eines Landhauses vor einem Muskelmann auf dem Boden kniet, über dessen nacktem Oberkörper kreuzweise Patronengürtel hingen. Der Text zu dem Bild lautete: ‹Eine nächtliche Orgie der Maximalisten auf dem Gut von Kislodowsk. 5000 Rubel oder euer Leben!›

Sotos Mentor in Río Gallegos war ein spanischer Anwalt und Dandy, José María Borrero, ein Mann von vierzig Jahren, dessen Gesicht vom Alkoholgenuß aufgedunsen war und in dessen oberster Westentasche eine Reihe Füllfederhalter steckte. Borrero hatte mit einem Doktortitel der Theologie von der Universität Santiago de Compostela angefangen und war im ‹tiefen Süden› als Herausgeber des halbmonatlich erscheinenden Blättchens *La Verdad* gelandet, das die britische Plutokratie unter Beschuß nahm. Seine Sprache begeisterte seine Kompatrioten so sehr, daß sie anfingen, seinen Stil zu imitieren: «In dieser Gesellschaft von Judasen und Hanswürsten . . . unter all den aufgeregten Dickhäutern mit schnappenden Zähnen und ihrem kastrierten Gewissen . . . bewahrt nur noch Borrero die Integrität des Menschen.»

Soto war überwältigt von Borrero, von seiner höheren Bildung, seinen aufrührerischen Reden und seiner Zuneigung. Er und sein radikaler Freund, der Richter Viñas (dessen einzige Motivation persönliche Rachegelüste waren), klärten ihn über die unerträgliche Lage der chilenischen Einwanderer und die Privilegien der ausländischen *latifundistas* auf. Besonders auf zwei Männer hatten sie es abgesehen: auf den amtierenden anglophilen Gouverneur E. Correa Falcón und auf dessen schottischen Polizeichef Ritchie, der für seine zotigen Reden bekannt war. Soto fiel der Wechsel vom Theater zur Politik leicht. Er nahm einen Job als Hafenarbeiter an und wurde bereits nach wenigen Wochen zum Generalsekretär der Arbeitergewerkschaft gewählt.

Vor ihm tat sich ein neues Leben auf. Seine Stimme bewirkte bei den Chiloten, daß sie ihrem in Jahrhunderten angestauten Ärger freien Lauf ließen. Seine Jugend und seine Unschuld trieben sie zu aufopfernden und dann zu gewalttätigen Handlungen. Vielleicht sahen sie in ihm den weißen Retter, den ihnen ihre Volkssagen versprachen.

Er forderte sie auf, die Arbeit niederzulegen, und sie gehorchten. Sie scharten sich sogar um ihn, als er zum Andenken an den elften Jahrestag der Erschießung von Francisco Ferrer in Monjuich, Barcelona, eine Demonstration organisierte. (Soto selbst berichtete, seine Chiloten hätten den katalanischen Erzieher verehrt, wie die Katholiken die Jungfrau von Orleans oder die Mohammedaner Mohammed verehrten.) Da er das Leben nur als Kampf ums Überleben ansah, machte er den besitzenden Klassen gegenüber keinerlei Konzessionen. Er erpreßte Hotelbesitzer, Kaufleute und Schafzüchter und ließ sie vor sich auf dem Boden rumkriechen und versprach ihnen, den Boykott aufzuheben, und wenn sie seine Bedingungen akzeptiert hatten, steigerte er nur noch die Forderungen und Beleidigungen.

Versuche, ihn zum Schweigen zu bringen, scheiterten. Ins Gefängnis konnte man ihn nicht stecken, denn seine Anhängerschaft war zu groß. Eines Nachts blitzte in einer verlassenen Straße eine Messerklinge auf, aber sie traf nur die Uhr in seiner Westentasche und der gedungene Mörder konnte fliehen. Das mißglückte Attentat bestärkte ihn nur noch weiter in seinem Missionstrieb. Er rief zu einem Generalstreik auf, um die Mächtigen der Provinz Santa Cruz zu Fall zu bringen, bemerkte indessen nicht, daß sich die Zahl seiner Kampfgenossen merklich verringert hatte. Die örtlichen Gewerkschafter legten ihre Auseinandersetzungen mit den Arbeitgebern bei und machten sich über Sotos unrealistischen Starrsinn lustig. Soto konterte, sie seien Zuhälter des Bordells *La Chocolatería,* weiter nichts.

Isoliert von den Gemäßigten, zettelte er seine eigene Revolution an. Seine Verbündeten waren ein paar Propagandisten der Tat, die sich ‹Der Rote Rat› nannte. Die Anführer waren Italiener: ein toskanischer Deserteur und ein Piemonteser, der einst in einer Dresdner Porzellanmanufaktur Schäferinnen modelliert hatte. Mit einer Truppe von fünfhundert wilden Reitern fiel der Rote Rat über Estancias her. Sie raubten Waffen, Nahrungsmittel, Pferde und Getränke, halfen den Chiloten, ihre Hemmungen zu überwinden, ließen nichts zurück außer einem Haufen ausgeglühten Metalls und verschwanden in der Steppe.

Ritchie sandte eine Patrouille aus, um einzugreifen, aber sie geriet in einen Hinterhalt. Zwei Polizisten und ein Chauffeur wurden getötet. Ein Lieutenant namens Jorge Pérez Millán Témperley, ein junger Mann aus besten Kreisen mit einer Schwäche für Uniformen, bekam einen Schuß in die Genitalien. Als die Banditen ihn zwangen, mit ihnen zu reiten, fiel er vor Schmerzen dauernd in Ohnmacht.

Am 28. Januar 1921 verließ das 10. argentinische Regiment an Bord eines Segelschiffs Buenos Aires. Präsident Yrigoyen hatte ihm den Auftrag gegeben, die Provinz zu befrieden. Das Kommando führte Colonel Héctor Benigno Varela, ein winziger Soldat mit grenzenlosem Patriotismus, der die preußische Disziplin studiert hatte und Wert darauf legte, daß seine Männer ganze Männer waren. Anfangs stieß Varela bei den ausländischen Großgrundbesitzern auf Verachtung, denn sein Befriedungsprogramm sah vor, alle Streikenden, die ihre Waffen ablieferten, zu amnestieren. Als Soto jedoch aus seinem Versteck auftauchte und einen totalen Sieg über Privatbesitz, Armee und Staat verkündete, konnte sich Varela des Gefühls nicht erwehren, sich wie ein Trottel aufgeführt zu haben. Er erklärte: «Wenn das noch einmal von vorn losgeht, komme ich zurück und schieße sie alle über den Haufen.»

Die Pessimisten sollten recht behalten. In diesem Winter demonstrierten und plünderten die Streikenden an der ganzen Küste, legten Brände, stellten Streikposten auf und hinderten die Offiziellen daran, an Bord von Dampfschiffen zu gehen. Als der Frühling kam, plante Soto mit drei neuen Lieutenants (Der Rote Rat war in einen Hinterhalt geraten) seinen zweiten Feldzug. Die neuen waren Albino Argüelles, ein sozialistischer Funktionär, Ramón Outerelo, ein Anhänger Bakunins und ehemaliger Kellner, und ein Gaucho, der wegen der Größe seines Messers ‹Facón Grande› genannt wurde. Soto glaubte immer noch, die Regierung sei neutral und befahl seinen Kommandanten, Teile des Territoriums zu besetzen, Überfälle zu machen und Geiseln zu nehmen. Insgeheim träumte er von einer Revolution, die sich von Patagonien aus über das ganze Land ausbreiten würde. Er war nicht besonders intelligent und im Umgang mit Menschen eher kühl und unfreundlich. Nachts ging er davon, um allein zu schlafen. Die Chiloten hingegen wollten einen Führer, der jede einzelne Minute ihres Lebens mit ihnen teilte, und begannen, ihm zu mißtrauen.

Dieses Mal glänzte Dr. Borrero durch seine Abwesenheit. Er hatte eine Affäre mit der Tochter eines Großgrundbesitzers und gleichzeitig von den stark gefallenen Grundstückspreisen profitiert, um sich eine eigene Farm zu kaufen. Jetzt stellte sich heraus, daß er die ganze Zeit hindurch in den Gehaltslisten von *La Anónima,* der Gesellschaft der Familien Braun und Menéndez, geführt worden war. Die Anarchisten kommentierten seine Abtrünnigkeit mit Verachtung für die Degenerierten, die früher einmal Sozialisten waren, auf Kosten der Arbeiter in Cafés herumsaßen und heute, wie ein echter Tartuffe, lauthals die Ermordung ihrer ehemaligen Kameraden fordern.

Präsident Yrigoyen rief Varela ein zweites Mal zu sich und erlaubte ihm, ‹extreme Maßnahmen› zu ergreifen, um die Streikenden in die Knie zu zwingen. Am 11. November 1921 ging der Colonel in Punta Loyola von Bord und begann Pferde zu beschlagnahmen. Die Anweisungen des Präsidenten interpretierte er als heimliche Zustimmung zu einem Blutbad, aber da der Kongreß die Todesstrafe abgeschafft hatte, mußten er und seine Offiziere die Chiloten zu ‹perfekt bewaffneten und gut mit Munition ausgerüsteten militärischen Kräften und zu Feinden des Landes, das sie aufgenommen hat›, hochstilisieren. Sie behaupteten, der Streik würde von Chile unterstützt, und als sie einen russischen Anarchisten mit einem Notizbuch voller kyrillischer Schriftzeichen aufgriffen, war schlicht und einfach ‹die Rote Hand Moskaus› im Spiel.

Die Streikenden wurden kampflos auseinandergetrieben. Sie waren schlecht bewaffnet und konnten die wenigen Waffen, die sie besaßen, nicht einmal bedienen. Die Armee erstattete einen Bericht über Schießereien und beschlagnahmte Waffenbestände. Wenigstens dieses eine Mal berichtete die *Magellan Times* die Wahrheit: «Mehrere Rebellenbanden, die ihre Sache für verloren halten, haben sich ergeben, und die aufrührerischen Elemente wurden erschossen.»

Bei fünf verschiedenen Gelegenheiten brachten die Soldaten die Streikenden dazu, sich zu ergeben, nachdem sie ihnen versprochen hatten, ihr Leben zu schonen. In allen fünf Fällen begann die Schießerei erst danach. Sie erschossen Outerelo und Argüelles. Varela erschoß Facón Grande auf dem Bahnhof von Jaramillo, und zwei Tage später gab er bekannt, dieser sei bei einem Gefecht ums Leben gekommen. Sie erschossen Hunderte von Männern vor Gräbern, die diese selbst geschaufelt hatten, oder sie erschossen sie und warfen die Leichen im Buschfeuer aus *mata negra,* und der Geruch von verbranntem Fleisch und Harz zog über die Pampa.

Sotos Traum endete auf der Estancia La Anita, der Musterfarm der Familie Menéndez. Er hielt seine Geiseln in dem grün-weißen Haus fest, von dessen Jugendstil-Wintergarten aus man den Moreno-Gletscher durch schwarze Wälder in einen grauen See hinabgleiten sehen kann. Seine Männer waren in den Schafställen, liefen jedoch in Gruppen davon, als sie hörten, daß eine Kolonne das Tal heraufgeritten kam.

Der von zwei Deutschen angeführte hartgesottene Kern wollte sich hinter aufgestapelten Wollballen verbarrikadieren, den Stall in eine Festung verwandeln und bis zum letzten Mann kämpfen. Aber Soto sagte, er wolle lieber fliehen, er habe nicht die geringste Lust, den Hunden zum Fraß vorgeworfen zu werden. Er sagte, er werde in den Bergen oder im Ausland weitermachen. Und die Chiloten wollten nicht kämpfen. Sie trauten den Worten eines argentinischen Offiziers mehr als luftigen Versprechungen.

Soto schickte zwei seiner Männer zu Captain Viñas Ibarra, nach den Bedingungen zu fragen. «Bedingungen?» schrie dieser auf. «Was für Bedingungen?» und schickte die beiden zum Teufel. Da er seine Leute jedoch keiner Schießerei aussetzen wollte, entsandte er einen jungen Offizier zu Verhandlungen. Am 7. Dezember sahen die Rebellen ihn vorsichtig auf sich zukommen, einen Mann in Khakiuniform auf einem Rotfuchs, mit weißer Fahne und gelber Schutzbrille, die in der Sonne funkelte. Seine Bedingungen: bedingungslose Übergabe bei Schonung des Lebens. Die Männer sollten sich am nächsten Morgen im Hof aufstellen.

Die Entscheidung der Chiloten entband Soto von allen Verpflichtungen ihnen gegenüber. Noch in derselben Nacht nahmen er und ein paar der Anführer die besten Waffen und Pferde und ritten davon, über die Sierra bis nach Puerto Natales. Die chilenischen Carabiniere, die versprochen hatten, die Grenze zu schließen, unternahmen nichts, um sie zurückzuhalten.

Die Chiloten hatten sich in drei Reihen aufgestellt und warteten auf die Soldaten. Ihre handgewobene Kleidung roch nach Schafen, Pferden und Urin. Sie hatten ihre Filzhüte tief ins Gesicht gezogen und ihre Gewehre und die Munition drei Schritte vor sich auf einen Haufen gelegt, zusammen mit ihren Satteln, Lassos und Messern.

Sie glaubten, sie würden nach Hause gehen, glaubten, sie würden des Landes verwiesen und nach Chile zurückgeschickt werden. Aber die Soldaten trieben sie zurück in den Schurstall, und als die beiden Deutschen erschossen wurden, wußten sie, was sie erwartete. In der zweiten Nacht befanden sich rund dreihundert Männer in dem Stall. Sie lagen in den Gehegen, und das Kerzenlicht flackerte an den Dachbalken. Einige spielten Karten. Zu essen gab es nichts mehr.

Um sieben Uhr morgens ging die Tür auf. Ein Sergeant drückte einer Gruppe von Männern demonstrativ Schaufeln in die Hand. Die Männer im Stall hörten sie davongehen und hörten das klirrende Geräusch von Stahl auf Stein.

Sie schaufeln Gräber, sagten sie sich.

Um elf Uhr ging die Tür wieder auf. Soldaten hatten den Hof umstellt und standen mit schußbereiten Gewehren da. Die Ex-Geiseln beobachteten das Schauspiel. Ein Mr. Harry Bond sagte, er fordere eine Leiche für jedes einzelne seiner siebenunddreißig gestohlenen Pferde. Die Soldaten führten die Männer in Gruppen heraus, um Gerechtigkeit widerfahren zu lassen. Die Gerechtigkeit hing davon ab, ob ein Farmer seinen Arbeiter zurückhaben wollte oder nicht. Es war wie das Sortieren von Schafen.

Die Chiloten waren leichenblaß. Sie standen mit herabhängenden Mundwinkeln und weit aufgerissenen Augen da. Die Unerwünschten wurden an den Schafwannen vorbei um einen flachen Hügel herumgeführt. Die Männer im Hof hörten das

Krachen von Schüssen und beobachteten, wie die Urubus über die Schlucht heranflogen und zitternd im Morgenwind taumelten.

In La Anita starben etwa hundertzwanzig Männer. Einer ihrer Henker berichtete: «Sie gingen mit einer Widerstandslosigkeit in den Tod, die wirklich erstaunlich war.»

Von ein paar Ausnahmen abgesehen war die britische Gemeinde über das Ergebnis hochbeglückt. Der Colonel, den sie der Feigheit verdächtigt hatten, hatte sich über alles Erwarten rehabilitiert. Die *Magellan Times* lobte seinen ‹fabelhaften Mut, der ihn an der Schußlinie entlanglaufen ließ wie auf einer Parade . . . Die Patagonier sollten den Hut ziehen vor dem 10. argentinischen Regiment, vor diesen tapferen Gentlemen.› Bei einem Lunch in Río Gallegos sprach der Vorsitzende des Ortsverbands der Patriotischen Liga Argentiniens von der ‹süßen Erregung dieses Augenblicks› und von seiner Freude, diese Pest nun los zu sein. Varela antwortete, er habe nur seine Pflicht als Soldat getan, und die anwesenden zwanzig Briten, die nur ein paar spanische Worte konnten, stimmten einstimmig das Lied an: ‹*For he's a jolly good fellow* . . .›

Die Soldaten erhielten Sonderurlaub und steuerten in San Julián das Bordell *La Catalana* an. Aber die Mädchen, alle älter als dreißig, empfingen sie mit den Rufen «Mörder! Schweine! Wir machen es nicht mit Mördern!» was zur Folge hatte, daß man sie alle ins Gefängnis schleppte, weil sie Männer in Uniform und damit die Fahne der Nation beleidigt hatten. Unter den Mädchen befand sich eine Miss Maud Foster, ‹eine englische Staatsangehörige aus guter Familie, die seit zehn Jahren im Lande lebt›. *Requiescat!*

Varela wurde bei seiner Rückkehr nicht gerade wie ein Held empfangen. Auf ihn warteten Wandsprüche wie zum Beispiel: «ERSCHIESST DEN KANNIBALEN DES SÜDENS». Der Kongreß war in Aufruhr. Nicht weil die Leute sich etwas aus Soto und seinen Chilenen machten, sondern weil Varela der Irrtum unterlaufen war, einen sozialistischen Funktionär zu erschießen. Es ging nicht so sehr um die Frage, was der Colonel getan hatte, sondern vielmehr darum, wer ihm den Auftrag dazu gegeben hatte. Man deutete auf Yrigoyen, der peinlich berührt war, Varela zum

Leiter einer Kavallerieschule ernannte und hoffte, daß die Angelegenheit nach und nach in Vergessenheit geraten würde.

Am 27. Januar 1923 wurde Colonel Varela an der Kreuzung Fitzroy und Santa Fé Street von Kurt Wilkens erschossen, einem anarchistischen Tolstoi-Verehrer aus Schleswig-Holstein. Einen Monat später, am 26. Februar, wurde Wilkens im Encausaderos-Gefängnis von seinem Wärter Jorge Pérez Millán Témperley erschossen (wie dieser dort hingekommen ist, wußte niemand). Und am Montag, dem 9. Februar 1925, wurde Témperley in einer Anstalt für kriminelle Geistesgestörte in Buenos Aires von einem jugoslawischen Liliputaner namens Lukič erschossen.

Der Mann, der Lukič die Pistole gegeben hatte, war ein interessanter Fall. Es handelte sich um Boris Wladimirowitsch, einen Russen mit langer Ahnenreihe, Biologen und Künstler, der in der Schweiz gelebt und Lenin gekannt hatte (oder gekannt haben wollte). Die Revolution von 1905 hatte ihn in den Alkohol getrieben. Nachdem er einen Herzinfarkt hatte, ging er nach Argentinien, wo er ein neues Leben anfangen wollte. Das alte Leben holte ihn jedoch schnell wieder ein, als er eine Wechselstube überfiel, um Mittel für anarchistische Propaganda zu bekommen. Dabei kam ein Mann ums Leben, und Wladimirowitsch erhielt fünfundzwanzig Jahre in Ushuaia, einem Gefängnis am Ende der Welt. Dort sang er ununterbrochen Lieder aus seinem Vaterland, und damit endlich Ruhe war, ließ ihn der Gouverneur in die Hauptstadt verlegen.

Am Sonntag, dem 18. Februar, brachten ihm zwei russische Freunde in einem Korb mit Obst einen Revolver mit. Der Fall war schwer zu beweisen. Es kam zu keiner Verhandlung, aber Boris Wladimirowitsch verschwand für immer im Reich der Toten.

Borrero starb 1930 in Santiago del Estero an Tuberkulose, nach einer Schießerei mit einem Journalisten, bei dem einer seiner Söhne umgekommen war.

Antonio Soto starb am 11. Mai 1963 an einer Gehirnembolie. Seit der Revolution hatte er als Bergarbeiter, Lkw-Fahrer, Kinovorführer, Obstverkäufer, Landarbeiter und Restaurantbesitzer in Chile gelebt. Man hat mir gesagt, daß er 1945 in der Eisengießerei einer Mrs. Charles Amherst Milward gearbeitet hat.

PATAGONICO
630
97376

Der Dodge

In Gaimán

Englische Estancia

Waliser Farmhaus

Das Haus des Spaniers

Das Grab in Río Pico

Río de las Pinturas

Bahnhof von Jaramillo

Rechts: Charleys Haus

Punta Arenas

Rechts: Die Gießerei

Herman Eberhard findet das Stück Haut

Die Höhle an der Bucht der Letzten Hoffnung

52 In Río Gallegos übernachtete ich in einem billigen Hotel, das giftgrün angestrichen war und Einwanderer von der Insel Chiloé beherbergte. Die Männer spielten bis spät in die Nacht Domino. Als ich sie nach der Revolte von 1920 fragte, gaben sie brummend und ziemlich vage Antwort. Sie hatten über eine andere Revolution jüngeren Datums nachzudenken. Dann fragte ich sie über die Sekte männlicher Hexen aus, die auf der Insel Chiloé als die *Brujería* bekannt ist. Das wenige, das ich über sie wußte, hätte schon eine Erklärung für das Verhalten der Chiloten im Jahre 1920 sein können.

«Die *Brujería*», sagten sie und lächelten dabei. «Das ist doch nur ein Märchen.» Nur ein alter Mann wurde frostig und schwieg, als ich das Wort aussprach.

Die *Brujería*-Sekte hat nur ein Ziel: ganz normalen Menschen zu schaden. Niemand kennt den genauen Standort ihres Hauptquartiers. Es ist jedoch bekannt, daß es zumindest zwei Abteilungen ihres Zentralkomitees gibt: eine in Buenos Aires, die andere in Santiago de Chile. Nicht bekannt ist, welche der beiden den Vorrang hat, oder ob beide einer höheren Autorität unterstellt sind. In allen Provinzen gibt es Regionalkomitees, die die Befehle von oben widerspruchslos ausführen. Untergeordnete Mitglieder werden über die Identität der höheren Würdenträger in Unkenntnis gehalten.

Auf der Insel Chiloé ist das Komitee als der ‹Höhlenrat› bekannt. Die Höhle liegt irgendwo in den Wäldern südlich von Quincavi, irgendwo unter dem Erdboden. Jeder, der sie betritt, leidet danach an vorübergehendem Gedächtnisschwund. Ist er kein Analphabet, dann verliert er auch die Beherrschung über seine Hände und damit die Fähigkeit zu schreiben.

Neulinge der Sekte müssen sich einem sechsjährigen Indoktrinationskurs unterwerfen. Da nur das Zentralkomitee den gesamten Lehrplan kennt, haben die Schulen auf der Insel nur Versuchscharakter. Hält ein Ausbilder seinen Schüler für fortgeschritten genug, um aufgenommen zu werden, dann tritt der Höhlenrat zusammen und unterzieht ihn einer Reihe von Prüfungen.

Der Kandidat muß sich vierzig Tage und vierzig Nächte unter einen Wasserfall des Río Thraiguén stellen, um sich von den Wirkungen der christlichen Taufe reinzuwaschen. (Während dieser Zeit wird ihm nur ein kleiner Imbiß gestattet.) Als nächstes muß er, ohne zu zögern, einen Schädel auffangen, den ihm sein Ausbilder aus der Höhlung eines Dreispitzhuts zuwirft. Dann muß er seinen besten Freund töten, um zu beweisen, daß er frei ist von jeder Gefühlsanwandlung. Er muß mit dem Blut aus seinen Adern ein Dokument unterzeichnen. Und er muß die vor kurzem beerdigte Leiche eines männnlichen Christen ausgraben und ihr die Haut von der Brust abziehen. Wenn diese Haut getrocknet ist, näht er sie in eine ‹Diebesjacke› ein. Das in der Haut verbliebene Menschenfett wirft ein leicht phosphoreszierendes Licht ab, das die nächtlichen Exkursionen der Mitglieder erhellt.

Vollmitglieder haben die Macht, sich den Privatbesitz anderer anzueignen, sich in Tiere zu verwandeln, Gedanken und Träume zu beeinflussen, Türen zu öffnen, Menschen in den Wahnsinn zu treiben und den Lauf der Flüsse zu verändern und Krankheiten zu verbreiten, besonders unbekannte Viren, die auf keine medizinische Behandlung ansprechen. In Ausnahmefällen bringt das Mitglied seinem Opfer nur leichte Wunden bei und erlaubt ihm, sich sein Leben zurückzukaufen, indem es dem Höhlenrat eine bestimmte Menge eigenen Bluts in einer Meermuschel zur Verfügung stellt. Wenn jemand so dumm ist, sich über die Sekte lustig zu machen, wird er in Schlaf versetzt und kahl geschoren. Sein Haar wächst erst wieder, wenn er ein Geständnis unterschrieben hat.

Zur technischen Ausrüstung der Sekte gehört der *Challanco,* ein kristallener Stein, durch den das Zentralkomitee auch die kleinsten Einzelheiten im Leben eines Menschen sichtbar machen kann. Bisher hat noch niemand eine genaue Beschreibung des Gegenstands geben können. Einige behaupten, er sei eine Glasschale, andere beschreiben ihn als großen, runden Spiegel, der durchdringende Strahlen empfängt und aussendet. Der *Challanco* wird auch BUCH oder KARTE genannt. Außer der Eigenschaft, alle Mitgleider der Hierarchie auszuspionieren, soll er eine unleserliche Abschrift des Sektendogmas enthalten.

Nur Männer können Mitglieder werden. Der Frauen hingegen bedient sich die Sekte nur zur Übermittlung eiliger Botschaften. Eine der mit dieser Aufgabe betrauten Frauen heißt *Voladora*. Normalerweise sucht ein honoriges Sektenmitglied das schönste Mädchen seiner Familie aus und zwingt es, diese Rolle zu übernehmen. Von da an kann es kein normales Leben mehr führen. Das erste Stadium der Initiierung besteht in einem gleichfalls vierzig Tage dauernden Bad. Eines Nachts wird das Mädchen dann aufgefordert, ihren Ausbilder in einer Waldlichtung zu treffen. Sie sieht nichts als einen glänzenden Kupferteller. Der Ausbilder gibt seine Anweisungen, tritt aber nie in Erscheinung. Er befiehlt dem Mädchen, sich auszuziehen, die Arme zu heben und sich auf die Fußspitzen zu stellen. Dann muß sie eine bittere Flüssigkeit schlucken, die sie zum Erbrechen ihrer Eingeweide bringt.

«In den Teller», schreit er, «in den Teller.»

Nachdem sie ihre Innereien erbrochen hat, ist sie so leicht, daß ihr die Flügel eines Vogels wachsen und sie mit hysterischen Schreien über Menschensiedlungen hinwegfliegen kann. Bei Morgengrauen kehrt sie zu der Lichtung zurück, schluckt ihre Innereien wieder herunter und gewinnt ihre menschliche Gestalt zurück.

Die Sekte besitzt ein eigenes Schiff, die *Caleuche*. Gegenüber anderen Schiffen hat es den Vorteil, gegen den Wind segeln und sogar unter die Wasseroberfläche tauchen zu können. Es ist weiß angestrichen, seine Masten sind durch unzählige bunte Lichter erhellt, und von seinem Deck dringen Klänge einer betörenden Musik. Man nimmt an, daß es die Frachten der reichsten Kaufleute transportiert, die alle Agenten des Zentralkomitees sind. Die *Caleuche* hat einen unersättlichen Appetit auf Mannschaften und entführt die Seeleute des Archipels. Wer nicht mindestens den Rang eines Kapitäns hat, wird sofort wieder auf einem einsamen Felsen ausgesetzt. Manchmal sieht man wahnsinnige Matrosen an den Stränden umherirren und die Lieder des Zentralkomitees singen.

Die eigentümlichste Kreatur der Sekte ist der *Invunche,* der Höhlenwächter, ein menschliches Wesen, das durch ein besonderes wissenschaftliches Verfahren zu einem Ungeheuer entstellt wurde. Wenn die Sekte einen neuen *Invunche* benötigt, befiehlt der Höhlenrat einem seiner Mitglieder, einen männlichen Säugling zwischen sechs Monaten und einem Jahr zu entführen. Der ‹Verunstalter›, ein ständiger Höhlenbewohner, fängt sofort mit seiner Arbeit an. Er löst Arme und Beine und Hände und Füße aus den Gelenken und macht sich dann an die komplizierte Aufgabe, die Position des Kopfes zu verändern. Tag für Tag wird der Kopf auf einem Drehkreuz mehrere Stunden hintereinander langsam verdreht, bis er sich um 180 Grad gewendet hat und das Kind an seinem eigenen Rückgrat herunterschauen kann.

Den Rest besorgt eine letzte Operation, die nur von einem anderen Spezialisten vorgenommen werden kann. Das Kind wird bei Vollmond auf einer Werkbank festgebunden, sein Kopf wird in einen Sack gesteckt. Der Spezialist macht unterhalb des rechten Schulterblatts einen tiefen Einschnitt und setzt den rechten Arm in das Loch. Die Wunde wird mit einer Sehne aus dem Hals eines Mutterschafs zugenäht. Wenn sie geheilt ist, ist der *Invunche* fertig.

Während dieser Prozedur wird der Säugling mit Menschenmilch ernährt. Nach der Entwöhnung wird eine Ernährung auf junges Menschenfleisch umgestellt und später durch das Fleisch eines ausgewachsenen Mannes ersetzt. Stehen diese Nahrungsmittel nicht zur Verfügung, treten an ihre Stelle Katzenmilch, das Fleisch einer jungen Ziege und danach das eines Bocks. Wenn der *Invunche* als Höhlenwächter eingesetzt ist, bleibt er nackt und läßt sich borstiges, langes Haar wachsen. Die menschliche Sprache erlernt er nie, aber er erwirbt sich im Laufe der Jahre die nötigen Kenntnissse über die Arbeitsweise des Komitees, die er Neulingen mit Hilfe von schrillen, gutturalen Schreien weitervermitteln kann.

Manchmal verlangt das Zentralkomitee die Anwesenheit des

Invunche bei Zeremonien unbekannter Art an unbekannten Orten. Da sich die Kreatur nicht allein fortbewegen kann, wird sie von einem Expertenteam durch die Luft befördert.

Es wäre irreführend zu behaupten, daß die Menschen das Diktat der Sekte widerspruchslos hinnehmen. Insgeheim haben sie dem Zentralkomitee den Krieg erklärt und ihr Informations- und Verteidigungssystem ausgebaut. Ihr Ziel ist es, eines der Mitglieder bei seinem bösen Tun zu überraschen. Wer auf frischer Tat ertappt wird, lebt normalerweise nicht länger als ein Jahr. Die Menschen hoffen, ihre Abhöranlagen eines Tages so perfektioniert zu haben, daß sie bis in die höheren Ränge des Zentralkomitees vordringen können.

Niemand kann sich an eine Zeit erinnern, in der es das Zentralkomitee nicht gab. Manche behaupten, es sei bereits vor der Entstehung der Menschheit im Embryonalzustand dagewesen. Es ist auch denkbar, daß der Mensch erst durch den Widerstand gegen die Sekte zum Menschen wurde. Mit Sicherheit wissen wir nur, daß der *Challanco* das Auge des Bösen ist. Vielleicht ist die Bezeichnung ‹Zentralkomitee› ein Synonym für den Teufel.

53 Ich fuhr über die Magellan-Straße nach Feuerland. An der Nordküste der ersten Meerengen stand ein Leuchtturm, orangerot und weiß gestreift, hoch über einem Strand, der mit kristallhellen Kieselsteinen, lila Muscheln und zerbrochenen scharlachroten Krebsschalen übersät war. Am Wasserrad durchsuchten Austernfischer mit ihren langen Schnäbeln die rubinroten Algen nach Schalentieren. Die Küste Feuerlands war ein aschgrauer Streifen, kaum drei Kilometer entfernt.

Vor einem Restaurant, einer Blechbude, stand eine Reihe von

Lastwagen. Sie warteten auf die Flut, die die beiden Fährschiffe für die Überfahrt wieder flottmachen würde. Drei alte Schotten standen in der Nähe. Sie hatten rosageäderte himmelblaue Augen, und ihre Zähne waren bis auf ein paar kleine bräunliche Stümpfe abgefault. Im Restaurant saß eine kräftige, dralle Frau auf einer Bank und kämmte sich das Haar, während sie sich von ihrem Begleiter, einem Lkw-Fahrer, Mortadellascheiben auf die Zunge legen ließ.

Die steigende Flut schwemmte Seetangmatratzen den steilen Strand hinauf. Von Westen wehte ein starker Wind. An einer ruhigeren Stelle des Wassers führte ein Paar Dampferenten leise schnatternd ein monogames Gespräch . . . tuk-tuk . . . tuk-tuk . . . tuk-tuk . . . Ich warf einen Kiesel in ihre Richtung, aber es gelang mir nicht, sie aus ihrer Versunkenheit ineinander aufzuscheuchen und ihre dreschenden Paddelflügel in Bewegung zu setzen.

Die Magellan-Straße ist ein Beispiel dafür, wie die Natur die Kunst nachahmt. Der Nürnberger Kartograph Martin Beheim hatte die Süd-West-Passage aufgezeichnet, damit Magellan sie entdeckte. Er war von einer ausgesprochen vernünftigen Annahme ausgegangen. Südamerika, wie besonders es auch sein mochte, war normal im Vergleich zu dem unbekannten antarktischen Kontinent, dem Antichthon der Pythagoreer, das auf den Karten des Mittelalters schlicht als NEBEL verzeichnet war. In dieser verkehrten Welt fiel der Schnee nach oben, die Bäume wuchsen in die Erde, die Sonne leuchtete schwarz und die sechzehnfingrigen Antipoden tanzten sich selbst in Ekstase. WIR KÖNNEN NICHT ZU IHNEN GEHEN, hieß es, SIE KÖNNEN NICHT ZU UNS KOMMEN. Es war klar, daß dieses schimärische Land vom Rest der Schöpfung durch einen Wasserstreifen abgetrennt sein mußte.

Am 21. Oktober 1520, dem Fest der heiligen Ursula und ihrer elftausend (schiffbrüchigen) Jungfrauen, umsegelte Magellans Flotte eine Landspitze, die der Kapitän Kap Virgenes taufte. Vor ihnen tat sich klaffend eine Bucht auf, die aussah, als sei sie von Land umschlossen. Im Laufe der Nacht kam ein heftiger Sturm von Nordosten auf und trieb die *Concepcíon* und die *San Antonio* durch die erste Meerenge, die Primera Angostura, dann durch die Segunda Angostura und weiter in einen breiten, nach Südwesten führenden Meeresarm. Als sie die Flutwellen sahen, nahmen sie an, sie hätten einen Weg zu einem unbekannten Ozean entdeckt. Mit dieser Nachricht kehrten sie zum Flaggschiff zurück. Hurras, Kanonendonner und flatternde Wimpel!

An der Nordküste fand ein Landungstrupp einen gestrandeten Wal und eine Knochengrube mit zweihundert Skeletten, die an Pfählen festgebunden waren. Die südliche Küste betraten sie nicht.

Tierra del Fuego – Land des Feuers. Das Feuer waren die Lagerfeuer der feuerländischen Indianer. Einem Bericht zufolge hat Magellan nur Rauch gesehen und das Land Tierra del Humo, Land des Rauchs, genannt. Karl V. aber habe erklärt, es gebe keinen Rauch ohne Feuer, und den Namen geändert.

Die Feuerländer sind tot, und alle Feuer sind erstickt. Nur die Flammen der Ölfördertürme speien Rauchwolken in den Nachthimmel.

Bis zum Jahre 1616, als die niederländische Flotte unter Schouten und Le Maire Kap Hoorn umsegelte – und nicht nach seiner Form, sondern nach Hoorn in der Zuyder Zee so benannte –, hatten die Kartographen Tierra del Fuego als nördliches Kap des Antichthon dargestellt und es mit passenden Ungeheuern bevölkert: Gorgonen, Seejungfrauen und mit dem Riesenkondor Rock, der Elefanten tragen konnte.

Dante legte den Berg des Purgatorio in den Mittelpunkt des Antichthons. Im 26. Gesang des ‹*Inferno*› sieht Odysseus auf seiner Höhlenfahrt in den Süden die Berginsel aus dem Wasser herausragen, während die Wellen über seinem Schiff zusammenschlagen – *infin che 'l mar fu sopra noi richiuso* –, vernichtet durch seinen leidenschaftlichen Willen, die dem Menschen gesetzten Grenzen zu überschreiten.

Bei Dante ist Feuerland das Land des Satans, wo Flammen züngeln wie Leuchtkäfer in einer Sommernacht, wo das Eis in den immer enger werdenden Höllenkreisen die Schatten der Verräter festhält wie Halme, die in Glas gefangen sind.

Vielleicht ist das der Grund dafür, daß Magellan und seine Leute das Land nicht betreten haben.

Die Flut kroch langsam zu den Fährschiffen hinauf. Die Sonne zog sich hinter eine Wolkenbank zurück, vergoldete deren Ränder und versank dann mitten in der Magellan-Straße. Ein safranfarbener Lichtstrom färbte die schmierig-schwarzen Wellen chromgrün, und die Farbe der Gischt wechselte in ein trübes Goldgrün über.

. . . Ich habe meine Süd-West-Passage entdeckt
und gelange, *per fretum febris,* durch diese Engen zum Tod . . .

John Donnes letzte Verse auf seinem Todeslager sein ‹letzter Atemzug› zwischen Felsen und seichten Gewässern hindurch ins leuchtende Jenseits:

Ist das pazifische Meer mein Heim? Oder ist es
der Osten mit seinen Schätzen? Ist es Jerusalem?
Anyan und Magellan und Gibraltar, all diese Straßen
und nur diese Straßen führen zu ihnen hin,
ob Japhet dort lebte, oder Cham, oder Sem.

Gongora beschrieb die Magellan-Straße als «ein silbernes Scharnier».

Die Rachen der Fähren öffneten sich weit, um die Lastwagen hereinzulassen, aber niemand durfte an Bord gehen, ohne sich vorher bei einem chilenischen Offizier ausgewiesen zu haben. Es war ein stolzer junger Mann mit blondem Haar, ungewöhnlich groß und von einer etwas altmodischen germanischen Höflichkeit. Ein roter Streifen lief an seiner grauen Hose entlang. Seine gepflegten rosa Fingernägel huschten durch meinen Paß, blieben kurz auf einem polnischen Visum liegen und blätterten dann weiter.

Die mahlenden Schiffsmaschinen breiteten einen schillernden Film auf dem Wasser aus. Der scharfe Geruch von Schafen, der aus einem der Lastwagen drang, zog einen ganzen Schwarm von Meeresvögeln an – Möwen, riesige Sturmschwalben und Schwarzbraune Albatrosse. Sie kreisten über der Fähre, die sich schwerfällig gegen die Flut und die kurzen, sich brechenden Seen vorwärts bewegte. Bevor die Albatrosse sich in die Lüfte schwangen, streckten sie sich in den Wind und paddelten Gischt sprühend mit ihren großen Schwimmhäuten durch das Wasser, bis ihre messerscharfen Flügel sie emporhoben.

Statt des Kreuzes wurde mir
der Albatros um den Hals gehängt.

Nathaniel Hawthorne sah einst in einem Museum einen ausgestopften Wanderalbatros mit einer Flügelspanne von rund vier Meter, und der Gedanke, ein solcher Vogel habe um den Hals des Alten Matrosen gehangen, erschien ihm als weiteres Argument dafür, daß Gedichte etwas Absurdes seien. Coleridges Albatros war jedoch sehr viel kleiner. Die folgenden Zeilen aus dem Reisebericht von Kapitän Shelvocke haben bei der Entstehung der Ballade als Vorlage gedient:

Der Himmel war uns durch düstere, ferne Wolken ständig verborgen ... man würde es nicht für möglich halten, daß *irgendein* Lebewesen in einem derart strengen Klima überleben könnte, und tatsächlich ... hatten wir nicht einen Fisch zu Gesicht bekommen, noch Meeresvögel, mit Ausnahme eines traurigen schwarzen *Albitros,* der über uns schwebte und sich anscheinend verirrt hatte ... bis Hatley (mein erster Offizier) in einer seiner melancholischen Anwandlungen feststellte, daß der Vogel immer über uns schwebte, und aus seiner Farbe ableitete, er könnte ein böses Omen sein ... und nach ein paar erfolglosen Versuchen schoß er den *Albitros,* vielleicht in dem Glauben, wir würden danach eine gute Brise haben.

Es gibt zwei mögliche Kandidaten für diesen Vogel, und beide habe ich in Feuerland gesehen: den rußigen Albatros, einen scheuen, ganz und gar aschgrauen Vogel, der bei den Seeleuten *Stinkpot* oder Prophet heißt, oder aber, was weniger wahrscheinlich ist, den Schwarzbraunen Albatros, auch *Mollymauk* oder Eislöwe genannt, der furchtlos ist und der gern die Nähe der Menschen sucht.

Als wir in der Mitte der Magellan-Straße waren, flogen schwarze und weiße Kormorane in V-Formationen blitzschnell über uns hinweg, und eine Schule schwarzweißer Delphine tanzte in der goldenen See.

Am Tag zuvor war ich den Nonnen des Klosters Santa María Auxiliadora bei ihrem Samstagsausflug zur Pinguinkolonie auf Kap Virgenes begegnet. Ein ganzer Bus voller Jungfrauen. Elftausend Jungfrauen. Rund eine Million Pinguine. Schwarz und weiß. Schwarz und weiß. Schwarz und weiß.

54 Zwei Ölingenieure nahmen mich mit nach Río Grande, der einzigen Stadt im Osten der Insel. In der guten alten Zeit war sie eine blühende Stadt durch den englischen Fleischhandel gewesen, der jetzt vorübergehend in israelische Hände übergegangen war.

Eine Gruppe junger koscherer Fleischer war aus Tel Aviv eingeflogen worden, um die Riten des Levitikus zu vollziehen. Durch ihren geschickten Umgang mit dem Messer gewannen sie die Sympathie der Arbeiter. Die Fabrikleitung hingegen war aus zweierlei Gründen über ihr Verhalten empört: durch ihre patriarchalischen Schlachtmethoden wurde das Produktionstempo verlangsamt, und außerdem badeten sie nach Arbeitsschluß nackt im Fluß, um das Blut von ihren festen, muskulösen weißen Körpern abzuwaschen.

Bei strömendem Regen lief ich an der Küste entlang zum College des Salesianer-Ordens, das als Mission (oder Gefängnis) für die Indianer angefangen hatte und nach deren Ausrottung zu einer Landwirtschaftsschule umfunktioniert worden war.

Die Patres hatten sich auf das Ausstopfen von Tieren spezialisiert und waren sachverständige Kenner für die Zucht von Pelargonien. Ein Priester mit stahlumrandeter Brille war für das Museum verantwortlich. Er bat mich zu warten, bis er das Auge eines jungen Guanakos herausgeschnitten hatte. Seine blutverschmierten Hände kontrastierten lebhaft mit seinen blutleeren Armen. Er hatte gerade eine ungewöhnlich große Meerspinne lackiert, und der ganze Raum stank penetrant nach Azetat. Die Wände waren über und über mit ausgestopften Vögeln bedeckt, die ihrem Präparator aus rotbemalten Kehlen furchterregende, unhörbare Schreie entgegenstießen.

Dann kam ein junger Pater aus Verona mit dem Schlüssel. Das Museum war in der ehemaligen Missionskirche untergebracht. Die Indianer auf Feuerland hatten zu den Stämmen der Ona und der Haush gehört, die Fußjäger waren und auch zu den Alakaluf und den Yaghan (oder Yámana), die Kanujäger waren. Sie alle waren rastlose Wanderer gewesen, die nur das besaßen, was sie mit sich führen konnten. Ihre Knochen und ihre Ausrüstung – Bogen, Köcher, Harpunen, Körbe und Umhänge aus Guanakofellen – lagen auf gläsernen Regalen und vermoderten langsam neben den Erzeugnissen des materiellen Fortschritts, zu dem ihnen ein Gott verholfen hatte, der sie lehrte, ihren in Moos und Steinen verkörperten Geistern zu mißtrauen und ihnen statt dessen das Sticken, Häkeln und Schönschreiben beigebracht hatte (Beispiele dafür waren auf dem Regal zu bewundern).

Der Pater war ein freundlicher junger Mann, der seine Augen nur mit Mühe offenhalten konnte. Er verbrachte seine Zeit damit zu beobachten, wie tief ein Barometer sinken konnte, und auf den ehemaligen Stätten der Ona Werkzeuge auszugraben. Er nahm mich mit zu einem grünen Hügel an der Küste, wo er mit seiner Schaufel ein violettes Gemisch aus Muscheln, Asche und Knochen zutage förderte.

«Sehen Sie nur», rief er mir zu, «die Kinnlade eines Ona-Hundes.»

Das Museum beherbergte ein ausgestopftes Exemplar dieser ausgestorbenen sehnigen Hunde mit einer spitzen Schnauze, die seit langem von den schottischen Schäferhunden verdrängt worden sind.

55 Ein Mann, den ich in Río Grande traf, schickte mich zu seinem Vetter, der in der Nähe der chilenischen Grenze eine Farm hatte.

Die Estancia José Menéndez lag außerhalb der Stadt auf einem graugrünen Hügel. Das Haus mit der abbröckelnden Farbe sah aus wie ein gestrandeter Luxusdampfer. Über dem Tor zum Schurstall stand in goldenen Buchstaben JOSÉ MENÉNDEZ, und darüber prangte der schön geformte Kopf eines preisgekrönten Bocks. Aus der Küche der *peónes* wehte der Geruch von Lammfett herüber.

Hinter den Gebäuden schlängelten sich ein Sandweg über die sanften Höhen und Senken der Pampa. Am Zaun wuchsen Büschel von Schafgarbe. Als es dämmerte, kam ich zu ein paar Hütten, in denen *peónes* lebten. Als zwei Schäferhunde kläfften, kam ein alter Chilene nach draußen, jagte sie davon und gab mir ein Zeichen einzutreten. Innen glühte ein Eisenofen, und eine alte Frau war dabei, Wäsche auf einem Draht aufzuhängen. Es war ein kahler Raum mit blankgescheuertem Fußboden. An den Wänden hingen Fotos von Hitler und General Rosas, schon so lange, daß der harzige Rauch sie bräunlich verfärbt hatte. Der alte Mann ließ mich in seinem Segeltuchstuhl Platz nehmen und beantwortete meine Fragen mit einem stumpfen Ja oder Nein.

Die Frau ging in die Küche und kam mit einem Teller Schmorfleisch zurück. Sie stellte ihn auf den Tisch und legte langsam und bedächtig Messer und Gabeln dazu, ein Messer, eine Gabel, ein Messer, eine Gabel. Als ich mich bei ihr bedankte, drehte sie ihr Gesicht zur Wand.

Ein junger Gaucho in Bombachas kam mit einem ziselierten Ledersattel herein. Er ging in sein Zimmer und legte den Sattel auf einem Gestell am Fußende seines Betts ab. Sein Rücken füllte den ganzen Türrahmen aus. Er begann den Sattel zu polieren. Jetzt waren zwei Geräusche zu hören: das Knistern des Feuers und der Gaucho, der seinen Sattel putzte.

Der alte Mann stand auf und sah aus dem Fenster. Auf dem grasbewachsenen Randstreifen der Straße kam ein Mann angaloppiert.

«Da kommt Esteban», rief der alte Mann seiner Frau zu.

Der Reiter band sein Pferd am Zaun fest und kam mit weitausholenden Schritten ins Zimmer. Die Frau hatte ihm bereits einen Teller hingestellt. Er war sehr groß und hatte ein rotes Gesicht. Während er aß, redete er über den Preissturz von Wolle, über die Provinz Corrientes, in der er geboren war und über Deutschland, wo sein Vater das Licht der Welt erblickt hatte.

«Sind Sie Engländer?» fragt er. «Früher waren viele Engländer hier. Besitzer, Direktoren, *capataces.* Zivilisierte Menschen. Deutschland und England – Zivilisation! Der Rest – *barbaridad!* Diese Estancia hier. Der Manager war immer ein Engländer. Indianer töten Schafe. Engländer töten Indianer. Haha!»

Dann redeten wir über einen gewissen Mr. Alexander MacLennan, der im Jahre 1899 Manager der Estancia gewesen war und sich vor allem als ‹Red Pig› einen Namen gemacht hatte.

56 In den neunziger Jahren des letzten Jahrhunderts kam die Darwinsche Theorie der Auslese, die ihre Ursprünge in Patagonien hatte, in einer etwas rüderen Version nach Patagonien zurück und schien zur Jagd auf die Indianer zu ermuntern. Das Motto: ‹Nur die Anpassungsfähigsten überleben›, eine Winchester und ein Patronengürtel gaben einigen europäischen Individuen die Illusion, daß sie den weitaus an-

passungsfähigeren Organismen der Eingeborenen überlegen seien.

Der Stamm der Ona auf Feuerland jagte Guanakos, seit ihr Vorfahr Kaux die Insel in neununddreißig Territorien aufgeteilt und jeder Familie eines zugewiesen hatte. Die Familien lagen zwar ständig im Streit miteinander, aber normalerweise ging es dabei um Frauen. Sie hatten nicht die Absicht, ihre Grenzen zu erweitern.

Dann kamen die Weißen und brachten einen neuen Guanako mit, das Schaf, und eine neue Grenze, den Drahtzaun. Anfangs mochten die Indianer den Geschmack von geröstetem Lamm, aber bald lernten sie, den größeren braunen Guanako und seinen Reiter zu fürchten, der einen unsichtbaren Tod ausspuckte.

Die Schafdiebstähle der Ona wirkten sich nachteilig auf die Dividende der Gesellschaften aus (der Forscher Julius Popper sprach in Buenos Aires von beunruhigenden kommunistischen Tendenzen), und man kam auf die Lösung, die Indianer zusammenzutreiben und in einer Mission zu zivilisieren. Dort starben sie gewöhnlich, entweder auf Grund infizierter Kleidung oder aus Verzweiflung über ihre Gefangenschaft. Aber Alexander MacLennan verachtete langsame Torturen: sie beleidigten seinen Sportsgeist.

Bereits als Junge hatte er die nassen Schieferdächer Schottlands gegen den unbegrenzten Horizont des britischen Empire eingetauscht. Er war zu einem kräftigen Mann herangewachsen, mit einem flachen, durch Whisky und die Hitze in den Tropen geröteten Gesicht, feuerrotem Haar und Augen, aus denen grüne und blaue Blitze schossen. In Omdurman im Sudan war er einer von Kitcheners Sergeants gewesen. Er hatte die beiden Nile gesehen, ein Grabgewölbe, geflickte Dschibbahs, die weiten, hemdartigen Kleider der mohammedanischen Frauen und die ‹Fuzzy-Wuzzies›, Wüstenkrieger, die sich Ziegenfett ins Haar schmierten und sich bei einem Kavallerieangriff auf die Erde legten, um den Pferden mit ihren kleinen, runden Messern die Bäuche aufzuschlitzen. Vielleicht hatte er damals begriffen, daß man wilde Nomaden nicht zähmen kann.

Er verließ die Armee und wurde von José Menéndez' Agenten angeheuert. Wo seine Vorgänger gescheitert waren, hatten seine Methoden Erfolg. Seine Hunde, seine Pferde und seine *peónes* verehrten ihn. Er gehörte nicht zu den Farmmanagern, die auf jedes Indianerohr ein Pfund Sterling ausgesetzt hatten: er zog es vor, das Töten selbst zu erledigen. Er ertrug es nicht, ein Tier leiden zu sehen, egal welcher Art es war.

Die Ona hatten Verräter in ihren eigenen Reihen. Eines Tages tauchte ein Abtrünniger, der einen tiefen Groll gegen die Seinen hatte, bei MacLennan auf und erzählte ihm, daß eine Gruppe von Indianern sich auf den Weg zur Seehundkolonie in Cabo de Peñas südlich des Río Grande gemacht hate. Die Jäger töteten die Robben in einer kleinen, geschlossenen Bucht. Oben auf den Klippen standen Red Pig und seine Männer und beobachteten, wie sich der Sand blutrot verfärbte. Sie warteten, bis die steigende Flut ihnen die Indianer in die Arme trieb. An diesem Tag erlegten sie mindestens vierzehn Stück.

«Eine humanitäre Handlung, wenn man den Schneid dazu hat», verkündete Red Pig.

Aber die Ona zählten auch einen schnellen und waghalsigen Scharfschützen zu den ihren. Er hieß Täapelt und hatte sich darauf spezialisiert, an den weißen Mördern kaltblütig Gerechtigkeit zu üben. Täapelt pirschte sich eines Tages an Red Pig heran, als dieser gerade mit dem Polizeichef des Orts auf Menschenjagd war. Ein Pfeil durchbohrte den Hals des Polizisten, ein zweiter drang in die Schulter des Schotten ein. Aber Red Pig konnte genesen und ließ sich die Pfeilspitze zu einer Krawattennadel umarbeiten.

Er fand seine Nemesis im Schnaps seines eigenen Landes. Er war Tag und Nacht betrunken und wurde von der Familie Menéndez entlassen. Er zog sich mit seiner Frau Bertha in ein Häuschen in Punta Arenas zurück und starb im Alter von fünfundvierzig Jahren im Delirium tremens.

57 «Aber letzten Endes haben die Indianer Red Pig doch noch erwischt!»

So sprach eine der beiden englischen Jungfern, die ich später in Chile kennenlernte. Beide waren in den Siebzigern. Ihr Vater war Direktor einer Fleischfabrik in Patagonien gewesen, und sie befanden sich auf einer Urlaubsreise in den Süden, um alte Freunde zu besuchen. Sie lebten in einem Apartment in Santiago. Es waren charmante alte Damen mit einer charmanten, damenhaften Sprache.

Beide waren dick geschminkt. Sie hatten sich die Augenbrauen ausgezupft und sie etwas höher nachgezeichnet. Die ältere der Schwestern war blond, goldblond, um genau zu sein, aber an den Wurzeln war das Haar weiß. Ihre Lippen waren ein scharlachroter Bogen und die Lider grün. Die jüngere der beiden Schwestern war brünett. Alles an ihr war in Brauntönen abgestimmt, Haar, Augenbrauen, Kostüm, Handtasche und eine gepunktete Seidenkrawatte. Sogar ihre Lippen hatte sie mit einem rotbraunen Stift angemalt.

Ich traf sie, als sie bei einer Freundin zum Tee waren. Die Sonne fiel vom Meer her ins Zimmer und beschien die faltigen, geschminkten Gesichter der beiden Frauen.

«O ja, als wir als junge Mädchen in Punta Arenas lebten, haben wir Red Pig gut gekannt», sagte die Blonde. «Er und Bertha wohnten in einem komischen kleinen Haus um die Ecke. Sein Ende war schrecklich. Wirklich schrecklich! Er sah dauernd Indianer im Schlaf. Pfeile und Bogen, verstehen Sie? Und sie schrien nach Rache. Als er eines Nachts aufwachte, standen die Indianer um sein Bett herum, und er schrie ‹Tötet mich nicht! Tötet mich nicht!› und ist aus dem Haus gerannt. Natürlich ist Bertha ihm nachgelaufen, aber er war zu schnell, sie konnte ihn nicht einholen. Er ist direkt in den Wald hineingerannt. Man konnte ihn tagelang nicht finden. Und dann entdeckte ihn ein *peón* auf einer Wiese zwischen ein paar Kühen. Er war *nackt*! Auf allen vieren! Er hat *Gras* gegessen! Und er brüllte wie ein Stier, denn er glaubte, er *wäre* ein Stier. Und das war natürlich das Ende.»

58 Esteban, der Deutsche, zeigte mir gerade eine leere Bettstelle zum Übernachten, als die Scheinwerfer eines Wagens aufleuchteten. Es war ein Taxi, das einen *peón* zu der Estancia fuhr, die ich als nächste aufsuchen wollte. Sie ließen mich am Haupteingang aussteigen.

«Nun, wenigstens spricht der Gast Englisch!»

Die Stimme kam aus dem Wohnzimmer, in dem ein Kaminfeuer flackerte.

Miss Nita Starling war eine kleine, lebhafte Engländerin mit kurzgeschnittenem weißem Haar, schmalen Handgelenken und einem erstaunlich resoluten Gesichtsausdruck. Die Besitzer der Estancia hatten sie eingeladen, damit sie sich ihres Gartens annahm, und jetzt wollten sie sie nicht mehr gehen lassen. Sie arbeitete bei jedem Wetter. Sie hatte neue Beete angelegt und einen Steingarten. Sie hatte die Erdbeerstauden gesäubert, und dank ihrer Mühen war aus einem Flecken Unkraut ein Stück Rasen geworden.

«Ich wollte immer schon mal in Feuerland in einem Garten arbeiten», sagte sie mir am nächsten Morgen, während ihr der Regen über das Gesicht rann. «Und jetzt kann ich sagen, daß ich es getan habe.»

Als Miss Starling jung war, hatte sie als Fotografin gearbeitet, aber mit der Zeit hatte sie das Objektiv verachtet. «Verdirbt einem jede Freude», meinte sie. Danach arbeitete sie als Gartenbauarchitektin in einer bekannten Gartenbauschule im Süden Englands. Ihr besonderes Interesse galt blühenden Sträuchern. Die blühenden Sträucher retteten sie vor einem ziemlich monotonen Leben, das nur in der Versorgung ihrer bettlägerigen Mutter bestand. Sie begann sich in das Leben der Pflanzen zu versetzen. Sie bedauerte alle Pflanzen, die auf künstlich angelegten Beeten oder in Treibhäusern wachsen mußten. Es machte sie froh, wenn sie wild wuchsen, in Wäldern, auf Bergen, und in ihrer Phantasie besuchte sie alle Orte, die sie von Gepäckaufklebern kannte.

Als Miss Starlings Mutter starb, verkaufte sie das Haus mit allem, was sich darin befand. Sie kaufte sich einen leichten Koffer, gab die Kleider weg, die sie ohnehin nie tragen würde, packte den Koffer voll und trug ihn einmal um den Häuserblock, um herauszufinden, ob er auch nicht zu schwer für sie war. Miss Starling hatte kein Vertrauen zu Gepäckträgern. *Ein* langes Kleid als Abendgarderobe hatte sie jedoch eingepackt.

«Man kann nie wissen, wo man noch einmal landet», meinte sie.

Seit sieben Jahren reiste sie durch die Welt, und sie wollte reisen, bis sie tot umfiel. Jetzt waren die blühenden Sträucher ihre Gefährten, und sie wußte genau, wann und wo sie zum Blühen kamen. Sie reiste nie mit dem Flugzeug und verdiente sich ihren Lebensunterhalt mit Englischstunden oder mit ihren geliebten Gartenarbeiten.

Sie hatte die blumenübersäten Grassteppen in Südafrika gesehen, die Lilien und die Erdbeerwälder in Oregon, die Pinienwälder in Britisch-Kolumbien und die wunderbare, auf Grund ihrer Isolierung durch Meer und Wüste geschützte, unvermischt erhaltene Flora Westaustraliens. Die Australier hatten ihren Pflanzen so lustige Namen gegeben: Känguruh-Pfote, Dinosaurier-Pflanze, Gerardtown-Wachspflanze und Billy Black Boy.

Sie hatte die Kirsch- und Zengärten in Kyoto und die Herbstfarben auf Hokkaido gesehen. Sie liebte Japan und die Japaner und hatte dort in Jugendherbergen übernachtet, die hübsch und sauber waren. In einer dieser Herbergen hatte sie einen Freund gehabt, der so jung war, daß er ihr Sohn hätte sein können. Sie hatte ihm kostenlosen Unterricht in Englisch gegeben, und außerdem, in Japan mögen junge Leute die älteren Menschen.

In Hongkong wohnte Miss Starling in der Pension von Mrs. Wood.

«Eine schreckliche Frau», sagte Miss Starling. «Sie tat immer so, als wäre sie Engländerin.»

Mrs. Wood hatte eine alte chinesische Dienerin namens Ah-hing. Ah-hing war überzeugt, für eine Engländerin zu arbeiten, und konnte nicht verstehen, warum sie so schlecht von ihr behandelt wurde, wo sie doch Engländerin war.

«Aber ich habe ihr die Wahrheit gesagt», meinte Miss Starling. «Ah-hing, habe ich gesagt, deine Arbeitgeberin ist gar keine Engländerin. Sie ist eine russische Jüdin. Und Ah-hing war ganz aufgebracht, denn plötzlich hatte sie eine Erklärung für die schlechte Behandlung.»

Einmal hatte Miss Starling ein unerfreuliches Erlebnis, während sie in Mrs. Woods Pension wohnte. Als sie eines Abends vor der Haustür stand und in ihrer Handtasche nach dem Schlüssel suchte, setzte ihr ein Chinesenjunge ein Messer an die Kehle und forderte die Tasche von ihr.

«Die haben sie ihm natürlich gegeben», warf ich ein.

«Was denken Sie! Ich habe ihm in den Arm gebissen. Ich habe nämlich gemerkt, daß er mehr Angst hatte als ich. Er war nicht unbedingt das, was man einen Profi nennt, verstehen Sie? Aber eines werde ich mein Leben lang bereuen: ich hätte ihm sein Messer wegnehmen sollen. Ich hätte es so gern als Souvenir gehabt.»

Miss Starling plante eine Reise zu den Azaleen in Nepal, ‹nicht diesen Mai, sondern erst im nächsten›. Sie freute sich auf ihren ersten Herbst in Nordamerika. Feuerland gefiel ihr gut. Sie war in Wäldern von *notofagus antarctica* spazierengegangen, von dem man früher in der Gartenbauschule einzelne Pflänzchen verkauft hatte.

«Es ist wunderschön hier», sagte sie und sah über die Farm hinweg auf die schwarze Linie, wo das Gras aufhörte und der Wald anfing. «Aber wiederkommen möchte ich nicht.»

«Ich auch nicht», antwortete ich.

59 Ich setzte meinen Weg fort und kam in die südlichste Stadt der Welt. Ushuaia war ursprünglich ein aus Fertigteilen bestehendes Missionshaus gewesen, das der Reverend W. H. Stirling 1869 in der Nähe der Hütten der Yaghan-Indianer errichtet hatte. Sechzehn Jahre lang blühten die anglikanische Kirche, die Gemüsegärten und die Indianer. Dann kam die argentinische Marine, und die Indianer starben an Masern und an Lungenentzündung.

Die Siedlung erlebte den Aufstieg von einem Marinestützpunkt zu einer Strafkolonie. Der Gefängnisinspektor ließ ein Meisterwerk aus Quadersteinen und Beton errichten, das sicherer war als alle sibirischen Gefängnisse. Die kahlen grauen Mauern, die nur ganz schmale Schießscharten haben, erheben sich im Osten der Stadt. Heute dient das Gefängnis als Kaserne.

Die Morgen in Ushuaia sind ausgesprochen ruhig. Auf der anderen Seite der Beagle-Straße sah man die gezackte Silhouette von Hoste Island und die Meerenge von Murray, einen Meeresarm, der bis zum Hoorn-Archipel führt. Um die Mittagszeit brodelte und kochte das Meer, und die Küste verschwand in weiter Ferne hinter einer Wand aus Dampf.

Die Einwohner dieser offensichtlich kinderlosen Stadt hatten blau angelaufene Gesichter und warfen Fremden unfreundliche Blicke zu. Die Männer arbeiteten in einer Krabbenkonservenfabrik oder in einer der Marinewerkstätten, die ein durch irgendeine Lappalie ausgelösten Kalten Krieg mit Chile in Betrieb blieben.

Das letzte Haus vor der Kaserne war das Bordell, in dessen Garten schädelweiße Kohlköpfe wuchsen. Eine Frau mit geschminktem Gesicht leerte gerade einen Mülleimer aus, als ich vorbeiging. Sie trug einen schwarzen chinesischen Schal um die Schultern, der mit anilinrosa Päonien bestickt war. *«Qué tal?»*

fragte sie und schenkte mir das einzige aufrichtige, freundliche Lächeln, das ich in Ushuaia gesehen habe. Sie war mit ihrer Situation offensichtlich zufrieden.

Der Wachtposten hinderte mich daran, die Kaserne zu betreten. Ich wollte den ehemaligen Gefängnishof sehen, denn ich hatte über den berühmtesten Sträfling Ushuaias gelesen.

60 Die Geschichte der anarchistischen Bewegung ist nur das Schwanzende des alten Streits zwischen Abel, dem Nomaden, und Kain, dem Hüter des Eigentums. Ich habe den heimlichen Verdacht, daß Abel seinen Bruder mit den Worten «Nieder mit der Bourgeoisie!» provoziert hat. Es paßt also durchaus hierher, daß der Held der folgenden Geschichte ein Jude war.

Der 1. Mai 1909 war ein kalter, sonniger Tag in Buenos Aires. Am frühen Nachmittag begann sich die Plaza Lorea mit Männern zu füllen, die Schiebermützen auf dem Kopf trugen und sich in Reihen aufstellten. Bald darauf hallte der Platz von Rufen wider, und rote Fahnen flatterten im Wind.

Von der Menge mitreißen ließ sich Simón Radowitzky, ein rothaariger Junge aus Kiew. Er war klein, aber muskulös durch die Arbeit in den Eisenbahnwerkstätten. Er hatte den Anflug eines Schnurrbarts und riesengroße Ohren. Seine Haut trug wie die aller Gettobewohner den Stempel der Blässe (‹unangenehm weiß› hieß es in seiner Polizeiakte). Ein kantiges, energisches Kinn und eine niedrige Stirn ließen auf begrenzte Intelligenz und eine grenzenlose innere Überzeugung schließen.

Das Pflaster unter seinen Füßen, der Atem der Menge, die stuckverzierten Häuser und die Bäume auf den Gehsteigen, die Gewehre, Pferde und Polizeihelme versetzten Radowitzky in seine Heimatstadt und in die Revolution von 1905 zurück. Er hörte brüchige Stimmen, mit italienischen und spanischen Wortfetzen vermischt. Es ertönte der Ruf: «Tod den Kosaken!» Und die Aufständischen verloren die Kontrolle und zertrümmerten Fensterscheiben und spannten die Pferde von den Kutschen aus.

Simón Radowitzky war in einem zaristischen Gefängnis gewesen. Er war seit drei Monaten in Argentinien und teilte sich mit anderen jüdischen Anarchisten aus Rußland eine Wohnung in einer Mietskaserne. Er verschlang ihre hitzigen Reden und plante gezielte Aktionen.

Auf der Avenida de Mayo überwachten ein berittener Polizeikordon und ein einzelnes Fahrzeug das Vorrücken der Demonstranten. In dem Auto saß der Polizeichef, Colonel Ramón Falcón, mit Adlerblick und steinerner Miene. Die Männer in den ersten Reihen erkannten den Feind und schrien ihm Unflätigkeiten entgegen. Falcón überschlug gelassen die Zahl der Demonstranten und zog sich dann zurück.

Unmittelbar darauf prasselten Schüsse, und die Pferde preschten nach vorn. Drei Männer wurden getötet und vierzig verwundet. (Journalisten zählten sechsunddreißig Blutlachen.) Die Polizei berief sich auf Notwehr und präsentierte aufrührerische Flugblätter, die auf hebräisch abgefaßt waren, um die Verantwortung für die Unruhen den russischen Nihilisten zuzuschieben, denen eine laxe Einwanderungspolitik erlaubt habe, das Land zu überschwemmen. In Argentinien waren die Wörter ‹Russe› und ‹Jude› synonym.

Der zweite Akt fand etwas später im selben Winter statt. Colonel Falcón, der bewaffnete Leibwachen verachtete, kam von der Beerdigung seines Freundes, des Direktors des Staatsgefängnisses. Neben ihm im Wagen saß sein junger Sekretär, Alberto Lartigau, der gerade lernte, ein ganzer Kerl zu werden. An einer Kreuzung der Avenida Quintana wartete Simón Radowitzky in einem dunklen Anzug mit einem Päckchen unter dem Arm. Genau im richtigen Augenblick warf er es in das vorbeifahrende Auto, sprang mit einem Satz zurück, um sich vor der Explosion in Sicherheit zu bringen und rannte auf eine Baustelle zu.

Er hatte kein Glück. Ein paar Passanten riefen zwei Polizisten herbei. Eine Kugel traf ihn unterhalb der rechten Brustwarze, er stürzte zu Boden und biß die Zähne zusammen, als sie auf ihn einschlugen. Als sie ihn abführten, rief er mit erstickter Stimme: «*Viva la Anarquía!* Ich bin ein Nichts, aber ich habe für jeden von euch eine Bombe.»

Colonel Falcón war nur noch ein Brei aus Blut und zersplitterten Knochen, aber noch so weit bei Bewußtsein, daß er sich identifizieren konnte. «Halb so schlimm», sagte er. «Kümmert euch zuerst um den Jungen.» Er starb im Krankenhaus an den Folgen des Schocks und des Blutverlusts. Lartigau überlebte eine Ampution bis zum Abend. Zu ihrer Beerdigung kamen Polizisten aus dem ganzen Land.

«Simón Radowitzky gehört zu jenen Heloten, die in den Steppen Rußlands vegetieren und sich im harschesten Klima und in der Misere ihrer niedrigen Lebensumstände an eine unglückliche Existenz klammern.» Der Staatsanwalt wies außerdem auf gewisse physische Besonderheiten als Beweis für eine kriminelle Persönlichkeit hin. Als Mann der Moralität und der Menschlichkeit forderte er die Todesstrafe, aber der Richter konnte sie nicht aussprechen, bevor nicht das Alter des Mörders geklärt war.

An diesem Punkt betrat Moses Radowitzky, Rabbi und Altkleiderhändler, mit der Geburtsurkunde seines Neffen die Szene. Als die fast unleserlichen Schriftzeichen entziffert waren, erfuhr das Hohe Gericht, daß der Angeklagte achtzehn Jahre und sieben Monate alt war – zu jung für das Erschießungskommando, aber nicht für eine lebenslängliche Gefängnishaft. Jedes Jahr, wenn sich das Datum des Verbrechens nähere, ordnete der Richter an, solle Radowitzky zwanzig Tage bei Wasser und Brot in Einzelhaft gesteckt werden.

Simón Radowitzky verschwand in dem rattenverseuchten Labyrinth aus Eisenbeton. Zwei Jahre später verlegte man ihn nach Ushuaia, weil das Gefängnis in der Hauptstadt nicht ausbruchsicher war. Eines Nachts wurden zweiundsechzig Gefangene für eine ärztliche Untersuchung nackt ausgezogen und dann mit Eisenringen an den Fußgelenken aneinandergekettet. Scheinwerfer am Kai beleuchteten die Prozession der Gefangenen, die sich die Gangway eines Marinefrachters hochschleppten. Die Reise begann bei ruhiger See und endete in den Stürmen Patagoniens. Die Sträflinge hatten ihre Schlafstätte im Kohlenbunker des Schiffs; und als sie an ihrem Ziel ankamen, waren sie schwarz von Kohlenstaub und hatten vereiterte Fußgelenke.

Ein gewisser Hang zur Unterwerfung und die unbändige Hoffnung seiner Rasse halfen Radowitzky über die langen Jahre hinweg, in denen es nur Spülwasser und Kartoffeln gab. Sein einziger Besitz waren ein paar Familienfotos. Auf jede neue Demütigung reagierte er mit einem Lächeln, und er entdeckte in sich die Fähigkeit, Menschen zu führen. Seine Mitgefangenen liebten ihn, sie kamen mit ihren Problemen zu ihm, und er leitete ihre Hungerstreiks.

Als die Gefängnisverwaltung bemerkte, wie groß sein Einfluß war, verstärkte sich der Haß gegen ihn. Die Wärter hatten den Dauerbefehl, ihm während des Schlafs jede halbe Stunde mit einer Lampe ins Gesicht zu leuchten. 1918 verspürte der stellvertretende Gouverneur Gregorio Palacios Lust auf Simóns weiße Haut und den Wunsch, ihn noch mehr zu erniedrigen und vergewaltigte ihn. Die drei Wärter, die ihn dabei festhielten, vergewaltigten ihn anschließend ebenfalls. Dann schlugen sie auf seinen Kopf ein und zerfetzten seinen Rücken mit Messerstichen und Peitschenhieben.

Radowitzkys Freunde in der Hauptstadt bekamen Wind von der Sache und veröffentlichten ihre Version des Vorfalls unter dem Titel ‹*La Sodomia Fueguina*›. Die Russische Revolution war in vollem Gang. Alle Mauern in Buenos Aires waren mit der Parole: ‹Freiheit für Radowitzky!› beschrieben. Ein paar der aktiveren Anarchisten planten, ihren Lieblingsmärtyrer aus dem Gefängnis zu befreien.

Dieses Unternehmen konnte nur ein Mann vollbringen: Pascualino Rispoli, der ‹letzte Pirat von Feuerland›, ein Neapolitaner, der seinem treulosen Vater bis in die Alhambra-Bar in Punta Arenas nachgereist und im Land geblieben war. Pascualino besaß einen kleinen Kutter, den er offiziell zum Fang von Robben und Seeottern benutzte, insgeheim aber zum Schmuggeln und Ausplündern von Schiffswracks. Er fuhr bei jedem Wetter aufs Meer, ließ allzu redselige Besatzungsmitglieder über

Bord gehen, verlor regelmäßig beim Kartenspiel und war für jede Art von Auftrag zu haben.

Irgendwann im Oktober des Jahres 1918 wurde Pascualino von zwei argentinischen Anarchisten für die Gefangenenbefreiung angeheuert. Am 4. November ging der Kutter vor Ushuaia vor Anker. Drei Tage später verließ Radowitzky in der Uniform eines Wärters, der in den Plan eingeweiht war, im Morgengrauen das Gefängnis. Ein kleines Beiboot brachte ihn zum Kutter, der, bevor überhaupt Alarm gegeben wurde, bereits im Labyrinth der Kanäle verschwunden war, in denen vier Jahre zuvor auch der deutsche Kreuzer *Dresden* der britischen Kriegsmarine entkommen war.

Der Neapolitaner hatte die Absicht, den Flüchtigen mit Proviant zu versehen und auf einer der Inseln abzusetzen, bis sich die Aufregung gelegt hatte. Aber Radowitzkys Städteherz schrak vor den finsteren Regenwäldern zurück, und er bestand darauf, daß man ihn nach Punta Arenas mitnahm.

Inzwischen hatte sich die chilenische Marine bereit erklärt, mit der argentinischen Polizei zusammenzuarbeiten. Ihr Schlepper *Yáñez* fing den Kutter kurz vor seinem Heimathafen ab, aber Pascualino hatte seinen Passagier gerade noch früh genug veranlaßt, ans Ufer zu schwimmen und sich in den Wäldern zu verbergen. Die Offiziere, die nichts fanden, aber äußerst mißtrauisch waren, nahmen ein paar Seeleute mit nach Punta Arenas, wo die Polizei sie zum ‹Singen› brachte. Die *Yáñez* fuhr erneut an der Küste entlang und überraschte Pascualino dabei, wie er Radowitzky gerade mit ein paar Fässern an Land absetzte. Der Flüchtige blieb im Schutz des Kutters bewegungslos im Wasser liegen, aber es gab kein Entkommen. Der Platz war von einem großen Aufgebot von Carabinieri umstellt. Erschöpft und halb erfroren ergab er sich und wurde umgehend nach Ushuaia zurückgebracht.

Zwölf Jahre vergingen, bis Präsident Yrigoyen – als großzügige Geste gegenüber der Arbeiterklasse – Radowitzky im Jahre 1930 die Freiheit schenkte. Eines Abends im Mai stand der Ex-Sträfling an Deck eines Militärtransporters und blickte auf die Lichter von Buenos Aires. Aber er durfte nicht an Land gehen. Seine Bewacher brachten ihn an Bord eines Fährschiffs nach Montevideo. Yrigoyen hatte seinen Polizeichefs heimlich versprochen, Radowitzky aus Argentinien abzuschieben.

Ohne Papiere, ohne Geld und in einem schlecht sitzenden Anzug, den ihm ein Türke in Ushuaia geschenkt hatte, ging das ‹Opfer der Bourgeoisie› unter dem Applaus der versammelten Anarchisten die Gangway hinunter. Das Empfangskomitee, das die Reden und Gesten eines Aufrührers erwartet hatte, war enttäuscht von dem verwirrten, sanften Mann mit den buschigen Augenbrauen und den bläulichen Adern im Gesicht, der unbestimmt lächelte und nicht wußte, was er mit seinen Händen anfangen sollte.

Seine neuen Freunde umarmten ihn und fuhren mit ihm in einem Taxi davon. Er bemühte sich, ihre Fragen zu beantworten, brachte das Gespräch jedoch immer wieder auf seine Freunde, die er in Ushuaia zurückgelassen hatte. Die Trennung von ihnen, so sagte er, überschreite seine Kräfte. Als man nach dem fragte, was er erlitten hatte, blieb er stumm und kramte aus seiner Tasche einen Zettel hervor und las einen Text ab, in dem er Dr. Yrigoyen im Namen des internationalen Proletariats dankte. Als er erklärte, er wolle nach Rußland zurückkehren, brachen die Anarchisten in Lachen aus. Der Mann hatte noch nichts von dem Massaker in Kronstadt gehört.

Wieder in Freiheit, fiel Radowitzky in die Namenlosigkeit zurück und in einen Zustand nervöser Erschöpfung. Seine Freunde benutzten ihn als Überbringer von Botschaften an Kameraden in Brasilien. Er bekam Ärger mit der uruguayischen Polizei und wurde unter Hausarrest gestellt und kehrte, da er kein Zuhause hatte, wieder heim ins Gefängnis.

1936 schiffte er sich nach Spanien ein. Drei Jahre später war er einer jener gebrochenen Männer, die sich in Gruppen über die Pyrenäen nach Frankreich schleppten. Er ging nach Mexiko, wo ihm ein Dichter zu einer Stelle als Schreibgehilfe im Konsulat von Uruguay verhalf. Er schrieb Artikel für hektographierte Zeitschriften mit geringer Verbreitung und teilte seinen Verdienst mit einer Frau, wahrscheinlich der einzigen, die er je gekannt hat. Manchmal besuchte er in den USA Verwandte, die es dort zu einigem Wohlstand gebracht hatten.

Simón Radowitzky starb 1956 an einem Herzinfarkt.

61 In dem Jahr, als die Nationen Europas auf der Ebene bei Waterloo den Kurs des 19. Jahrhunderts festsetzten, wurde in der Meerenge von Murray ein Junge geboren, der auf seine bescheidene Weise dazu beitragen sollte, den Verlauf des 20. Jahrhunderts festzulegen.

Seine Geburtsstätte war eine Gartenlaube voller grüner Setzlinge, getrockneter Gräser und ranziger Seehundfelle. Seine Mutter durchschnitt die Nabelschnur mit einer scharfen Muschelschale und drückte seinen Kopf an ihre kupferfarbene Brustwarze. Zwei Jahre lang war die Brustwarze der Mittelpunkt seiner Welt. Er begleitete sie überall hin: zum Fischen, zum Beerensammeln, beim Kanufahren, bei Verwandschaftsbesuchen, und sie war auch bei ihm, als er die Namen für alles, was schwamm, sproß, kraulte oder flog lernte, Namen, die so komplex und präzis waren wie das Linnésche Latein.

Eines Tages schmeckte die Brustwarze schrecklich, weil seine Mutter sie mit ranzigem Walfischtran eingerieben hatte. Sie sagte ihm, er solle von nun an mit Jungen seines Alters spielen, denn er könne ja jetzt ein Seehundsteak kauen. An diesem Punkt übernahm der Vater die Erziehung des Jungen und zeigte ihm, wie Kormorane erdrosselt, Pinguine erschlagen, Krabben erstochen und Seehunde harpuniert werden. Der Junge hörte jetzt von Watauineiwa, dem Alten Mann im Himmel, der sich nie veränderte und dem jede Veränderung ein Greuel war; und von Yetaita, der Macht der Finsternis, einem behaarten Ungeheuer, das über die Faulen, Trägen herfiel und nur durch Tanzen abgeschüttelt werden konnte. Und er hörte all die Geschichten, die seit ewigen Zeiten in den Köpfen der Menschen herumgeistern: von dem verliebten Seehund, von der Erschaffung des Feuers, von dem Riesen mit der Achillesferse und von dem Kolibri, der die eingeschlossenen Wasser befreite.

Der Junge wuchs furchtlos auf und war den Bräuchen seines Stammes treu. Die Jahreszeiten wechselten einander ab: Eier-Zeit, der Flug-der-kleinen-Möwen, das Rotwerden-der Blätter-am-Strand, das Verstecken-des-Sonnenmannes. Blaue Seeanemonen kündigten den bevorstehenden Frühling an, und mit den Ibissen kamen die Äquinoktialstürme. Menschen wurden geboren und Menschen starben. Sie wußten nichts vom Fortschreiten der Zeit.

Der Morgen des 11. Mai 1830 war klar und frostig. (Für die Feuerländer wurde dieses Datum durch die kahlen Äste und die gleichzeitig erfolgende Rückkehr der Seeottern angezeigt.) Unter der Schneehaube lagen blaue Hügel und violette und rotbraune Wälder. Schwarze Dünungen zerstäubten an der Küste in weiße Linien. Der Junge war mit seinem Onkel beim Fischen, als sie die Erscheinung sahen.

Seit Jahren schon hatten die Menschen im Süden etwas von den Besuchen eines Monsters gemunkelt. Zuerst hatte man angenommen, es handle sich um eine Art Wal, aber beim näheren Hinschauen stellte sich heraus, daß es ein Riesenkanu mit Flügeln war, voll von rosa Lebewesen, denen beunruhigenderweise Haare aus dem Gesicht wuchsen. Es hatte sich aber bald gezeigt, daß sie zumindest halbe Menschenwesen waren, denn sie verstanden etwas vom Tauschhandel. Freunde weiter oben an der Küste hatten einen Hund gegen ein ausgesprochen nützliches Messer aus hartem, kaltem, glitzerndem Stein eingetauscht.

Unbekümmert vor der Gefahr, überredete der Junge seinen Onkel dazu, mit ihm zum Kanu des rosa Mannes zu paddeln. Eine große Gestalt in einem Gewand winkte ihn zu sich, und er sprang an Bord. Der rosa Mann gab dem Onkel eine Scheibe, die wie der Mond schimmerte, das Kanu breitete einen seiner weißen Flügel aus und flog den Kanal hinunter, auf die Quelle der Perlmuttscheiben zu.

Der Entführer war Kapitän Robert FitzRoy von der Royal Navy, Kommandant des Schiffs der Königlichen Marine, *Beagle,* das gerade seine erste Forschungsreise durch die südlichen Gewässer abgeschlossen hatte. Überall an der patagonischen Küste hatte FitzRoy Schichten von fossilen Austern gesehen und darin eine Bestätigung seines Glaubens an die große Sintflut gefunden. Daraus folgerte er, daß alle Menschen Kinder Adams und damit alle entwicklungsfähig seien. Deshalb war er beglückt, seiner Sammlung von drei Eingeborenen dieses neue Exemplar mit den intelligenten Augen hinzufügen zu können, das von der Besatzung Jemmy Button getauft wurde.

Die nächste Etappe in der Laufbahn des Jungen ist reich dokumentiert. Er reiste mit den beiden anderen Feuerländern nach London (der vierte starb in Plymouth an Pocken), sah auf den Stufen von Northumberland House einen steinernen Löwen stehen und fand sich in einem Internat in Walthamstow wieder, wo er in die Geheimnisse der englischen Sprache, des Gartenbaus und des Zimmerhandwerks eingeweiht und mit den nackten Wahrheiten des Christentums vertraut gemacht wurde. Er lernte auch, sich vor Spiegeln fein zu machen und sich mit Handschuhen wichtig zu tun. Bevor er das Land wieder verließ, wurde er von König William IV. und Königin Adelaide empfangen, und wenn wir Mark Twain glauben dürfen, nahm sein Landsmann York Minster im Kostüm seines Landes an einem Hofball in St. James teil, worauf der Ballsaal sich innerhalb von zwei Minuten leerte.

Über die Rückkehr des Feuerländers wüßten wir weniger, wenn nicht dieser Naturwissenschaftler bei der zweiten Reise der *Beagle* mit dabeigewesen wäre, ein stupsnäsiger, freundlicher junger Mann, der über eine einzigartige Beobachtungsgabe verfügte und in seinem Gepäck ein Exemplar von Lyells *‹Grundbegriffe der Geologie›* mitführte. Darwin hatte Jemmy Button gern, aber die wilden Feuerländer erschreckten ihn. Er hatte in dem Buch von Drakes Schiffsgeistlichem die Beschreibung eines «anmutigen und harmlosen Volkes» gelesen (sie aber nicht verstanden), das Kanus von wunderbaren Proportionen baute, «deren Eleganz und Wendigkeit einen jeden Prinzen entzücken würden». Statt dessen verfiel er in den weitverbreiteten Fehler der Naturwissenschaftler: die ausgeklügelte Perfektion anderer Kreaturen zu bewundern und bei dem Gedanken an die Verderbtheit des Menschen zu erschauern. Darwin hielt die Feuerländer für ‹die gemeinsten und elendsten Kreaturen›, die ihm je zu Gesicht gekommen waren. Sie erinnerten ihn an die Teufel ‹in Stücken wie *‚Der Freischütz‘*› und zeigten sich von seiner weißen Haut ebenso fasziniert wie ein Orang-Utan im Zoo. Er machte sich über ihre Kanus lustig, er machte sich über ihre Sprache lustig (‹verdient es kaum, als verständlich bezeichnet zu werden›). Und er bekannte sogar, er könne kaum glauben, daß es sich bei ihnen um ‹meinesgleichen und Bewohner derselben Welt› handle.

Als sich die *Beagle* der Küste seines Heimatorts Wulaia näherte, stand Jemmy Button an Deck, deutete auf die Feinde seines Stammes, die sich am Ufer versammelt hatten und rief: «*Yapoos* ... Affen ... Dreckfinken ... Narren ... keine Menschen!» Möglicherweise gab er damit den Anstoß zu Darwins bekanntester Theorie. Denn allein der Anblick der Feuerländer genügte, um die Theorie entstehen zu lassen, die Menschheit stamme von einer affenartigen Spezies ab und nur einige Menschen hätten sich weiterentwickelt als andere. Als Jemmy Button nahezu über Nacht in die Barbarei zurückfiel, erbrachte er den Beweis dafür.

FitzRoy und Darwin kehrten im Oktober 1836 nach England zurück und begannen gemeinsam, ihre Tagebücher für die Veröffentlichung zu bearbeiten. (Im Laufe der fünf Jahre, in denen sie am selben Tisch gegessen hatten, hatten sich die diametral entgegengesetzten Ansichten der beiden Männer immer mehr verhärtet.) FitzRoy war nicht weniger als Darwin verwirrt über diese Wilden ‹mit der Farbe von Devonshire-Kühen›, die in Rindenkanus auf den Wellen vor Kap Hoorn schaukelten. Wenn sie tatsächlich von Noah abstammten, wie und warum hatten sie sich dann so weit vom Berg Ararat entfernt? In dem Nachwort zu seinem Buch *‹Narrative›* vertrat er eine Migrationstheorie, die Freuds mythische Vorgänge innerhalb der primitiven Horde vorwegzunehmen schien:

Irgendwo unter einem Zelt in Kleinasien umarmten die Söhne Sems und Japheths ein paar schwarze Sklavinnen, die den verfluchten Stämmen von Ham und Kush angehörten, und zeugten mit ihnen die Rasse der rothäutigen Mulatten, die dann Asien und die beiden Amerikas bevölkern sollten. Natürlich zogen die Väter ihre legitime Nachkommenschaft den Mischlingen vor, und als diese der Knechtschaft müde waren, gingen sie davon. Ihr Drang nach Freiheit trieb sie zur Emigration in alle Winde, und ‹möglicherweise hielt diese Leidenschaft für das Herumwandern an, das wir heute noch bei den arabischen Nomaden, den herumziehenden Malaien, den vagabundierenden Tataren und den rastlosen südamerikanischen Indianern beobachten können›.

FitzRoy glaubte, daß die Wanderer als gesittete und gebildete Menschen aufgebrochen seien, durch das Klima in den fernen Ländern, das auch ihren Viehbestand vernichtete, jedoch verwilderten. Sie verlernten das Schreiben, hüllten sich in Tierfelle, als ihre Kleidung abgetragen war, und behielten an diesem äußersten Winkel der Welt nur das Kanu und ein paar Speere bei. Sie degenerierten zu verfetteten ‹Satiren auf die Menschheit›, mit glanzlosem Haar und Zähnen, ‹so abgeflacht wie ein Pferdegebiß›.

Unter den Büchern in FitzRoys Bordbibliothek befand sich *‹Die Reise zum Südpol›* von Kapitän James Weddell. Im Winter des Jahres 1822/23 segelten Weddells zwei Schiffe, der Zweimaster *Jane* und der Kutter *Beaufoy,* südlich von Kap Hoorn. Sie waren auf Robbenjagd. Sie kamen durch Packeisfelder (in denen eine Scholle mit schwarzer Erde bedeckt war), und am 8. Februar sahen sie in 75° 15′ südlicher Breite, südlicher als irgend jemand zuvor, Wale und eine Vogelart, die Ähnlichkeit mit der blauen Sturmschwalbe aufwies, sowie ein offenes Meer, das sich meilenweit vor ihnen ausbreitete. «KEIN STÜCK EIS WELCHER ART AUCH IMMER WAR ZU SEHEN!»

Weddell trug in seine Karte ein: ‹Meer von George IV., schiffbar›, und hinterließ damit den Eindruck, daß das Meer sich erwärme, je weiter man sich dem Pol nähere. Dann segelte er nach Norden, auf der Suche nach ein paar Phantominseln, den Auroras. Bei einer Zwischenlandung auf den südlichen Shetlands fiel einem seiner Matrosen ein ‹nicht zu beschreibendes Tier› auf, das ein rotes, menschenähnliches Gesicht und schulterlange grüne Haare hatte. Auf der Insel Hermit nahe Kap Hoorn stieß er dann auf unzählige Kanus voller Feuerländer, die über das Schiff herzufallen drohten. Er las ihnen ein Kapitel aus der Bibel vor, und sie lauschten mit andächtigen Gesichtern. Ein

Mann hielt sein Ohr an das Buch, weil er glaubte, es könnte sprechen. Weddell notierte sich einige ihrer Wörter:

Sayam – Wasser
Abaish – Frau
Shevoo – Zustimmung
Nosh – Unzufriedenheit

Er kam zu dem Schluß, daß es sich bei dieser Sprache um Hebräisch handeln müsse. Wie diese Sprache indessen nach Feuerland gelangt war, das, sagte er, sei ‹eine interessante Frage für Philologen›. Im letzten Kapitel seines Buchs empfiehlt er die Wilden der Menschenfreundlichkeit seiner Landsleute, was möglicherweise den Ausschlag für FitzRoys Reise gegeben hat.

Zur selben Zeit, als sich Darwin und FitzRoy an die Niederschrift ihrer Reiseberichte machten, tauchte ein Exemplar von Kapitän Weddells Buch in Richmond, Virginia, auf und landete auf dem Schreibtisch des Herausgebers des *Southern Literary Messenger,* Edgar Allan Poe, der eine andere Art von Erzählung schrieb. Poe war wie Coleridge, den er leidenschaftlich verehrte, ein nächtlicher Wanderer und besessen vom ‹Tiefen Süden› und Reisen in Vernichtung und Wiedergeburt – eine Leidenschaft, die er Baudelaire weitervermitteln sollte. Poe war kurz vorher auf die Theorie von J. C. Symmes gestoßen, eines ehemaligen Kavallerieoffiziers aus St. Louis, der 1818 die Behauptung aufgestellt hatte, beide Pole seien hohl und hätten ein gemäßigtes Klima.

In Poes Erzählung *‹Der Bericht von Arthur Gordon Pym aus Nantucket›* wird der schiffbrüchige Held von einem Kapitän Guy, der den englischen Schoner *Jane Guy* befehligt, gerettet. (Ein echter Kapitän Guy kommt in Weddells Text vor.) Sie fahren nach Süden, auf der Suche nach den Aurora-Inseln, durchqueren die gleichen Eisfelder, entdecken ein ‹sonderbar aussehendes Tier› mit weißem Seidenhaar und roten Zähnen, und gehen auf einer warmen Insel namens Tsalal, wo alles schwarz ist, an Land. Die Tsalalianer sind pechschwarz, haben wolliges Haar und – Poe war ein für Virginia typischer Negerhasser – stellen die Ausgeburt an Bestialität und Dummheit dar. Ihre Anführer nennt er Yampoos (in *‹Gullivers Reisen›* sind es

Yahoos, und bei Jemmy Buttons Yapoos). Ihr oberster Häuptling heißt Too-Wit.

Nach außen hin gibt sich Too-Wit freundlich, insgeheim plant er jedoch Mord. Die Kanus der Tsalalianer umringen die *Jane Guy,* die Wilden plündern das Schiff und reißen die Mannschaft in Stücke. Nur Pym und einem Gefährten gelingt es, von der Insel zu fliehen, aber ihr Kanu gerät in eine Strömung nach Süden und treibt auf einen mörderischen Strudel zu. Als sie einen Wasserfall hinunterstürzen, entdecken sie – wie Odysseus den Berg des Fegefeuers – eine riesige, verschleierte Gestalt. ‹Und die Gesichtsfarbe der Gestalt war so vollkommen weiß wie der Schnee.› Diese Gestalt taucht in Rimbauds Gedicht *‹Being Beauteous›* auf.

Poes Tsalalianer sind eine Mischung aus den tasmanischen ‹Blackfellows› von Kapitän Cook und den Schwarzen des Südens, die Poe aus seiner Kindheit kannte. Aber sie haben auch etwas von Kapitän Weddells Feuerländern an sich. Auch die Tsalalianer stammen von Ham, dem Dunkelhäutigen, ab, und auch sie sprechen Hebräisch (Tsalal = ‹schwarz sein›, Too-Wit = ‹schmutzig sein›). Weder Poe noch Darwin haben gelesen, was der andere geschrieben hatte. Daß sie beide dieselben Zutaten zu ein und demselben Zweck benutzten, ist ein weiterer Beweis für das synchrone Funktionieren von Intelligenz.

Die spätere Karriere von Jemmy Button trug nicht gerade dazu bei, das Anssehen seines Volkes zu steigern. Als der Schoner der Patagonischen Missionsgesellschaft, *Allen Gardiner,* 1855 in der Meerenge von Murray vor Anker ging und den Union-Jack hißte, rief Kapitän Parker Snow einer plötzlichen Eingebung folgend laut über das Wasser: «Jemmy Button!» Eine Stimme hallte zurück: «Ja, ja! James Button! James Button!» Ein kräftig gebauter Mann paddelte heran, er sah aus ‹wie ein für die Gelegenheit zurechtgemachter Pavian›. Er bat um Kleidung und trank danach in der Kabine des Kapitäns mit diesem Tee, als ob sich einundzwanzig Jahre in nichts aufgelöst hätten.

Nach weiteren vier Jahren veranstaltete Jemmy ein Massaker, das in einem Roman von Poe hätte beschrieben sein können. Am 6. November 1869 wurde der morgendliche Gottesdienst der Ersten Anglikanischen Kirche in Wulaia von einer Horde von Feuerländern gestört, die die acht weißen Gläubigen erschlugen oder steinigten. Nur der Schiffskoch Alfred Coles kam mit dem Leben davon, weil er an Bord des Schoners war und das Mittagessen kochte. Bei der offiziellen Untersuchung des Vorfalls sagte er unter Eid aus, Jemmy habe das Blutbad aus Zorn über die armseligen Geschenke, die man ihm aus England schickte, veranstaltet und sich danach in der Kabine des Kapitäns zum Schlafen niedergelegt.

Jemmy lebte bis in die siebziger Jahre des letzten Jahrhunderts und mußte mitansehen, wie Ushuaia eine eigene Mission bekam und wie die ersten Menschen seines Volkes an Seuchen starben. Etwa um diese Zeit rechtfertigte Generalfeldmarschall von Moltke den preußischen Militarismus mit den Theorien Darwins, während der Mann, der den Anstoß zu ihnen gegeben hatte, sich auf einen Haufen Seehundfelle zurücksinken ließ und versuchte zu schlafen. Seine Frauen jammerten und bereiteten sich darauf vor, ihn zu vergessen. Wir wissen nicht, woran er dachte, als er diese Welt verließ – an eine kupferfarbene Brustwarze? An den Schmerbauch eines Mannes, der Majestät genannt wurde? Oder an einen menschenfressenden Löwen auf den Stufen von Northumberland House?

Ich verließ Ushuaia, wie man einen Ort verläßt, an dem man nicht begraben sein möchte, und setzte über nach Puerto Williams, dem chilenischen Marinestützpunkt auf Navarino Island.

62 «Fragen Sie nach Grandpa Felipe», sagte mir der Lieutenant. «Er ist der einzige reinblütige Indianer, der übriggeblieben ist.»

Die letzten Indianer des Yaghan-Stamms lebten in einer Reihe von Bretterbuden am anderen Ende des Stützpunkts. Sie waren von den Behörden dort angesiedelt worden, damit sie in der Nähe eines Arztes wohnten. Es regnete leicht. An einzelnen Stellen reichte der Schneematsch bis dicht ans Ufer. Es war Hochsommer. Die Bäume hinter der Siedlung verloren sich in den Wolken. Die Oberfläche des dunklen Wassers war glatt, und auf der anderen Seite des Kanals ragten die geriffelten grauen Klippen von Gable Island in den Himmel.

Der alte Mann sagte, ich könne hereinkommen. Die Hütte war voller Rauch, und mir tränten die Augen. Er saß inmitten von Fischkästen, Krabbentöpfen, Körben und Bootszubehör. Er war fast ebenso breit wie groß und hatte krumme Beine. Auf seinem Kopf saß eine schmutzige Mütze, sein flaches, ledriges Mongolengesicht, und seine schwarzen, regungslosen Augen verrieten kein Gefühl und blieben vollkommen ausdruckslos.

Nur seine Hände bewegten sich. Es waren zarte Hände, flink und von dunkelgrauen Adern durchzogen. Er verdiente sich ein bißchen Geld, indem er Kanus baute und sie an Touristen verkaufte. Er stellte sie aus Baumrinde und Weidenruten her und nähte sie mit Schafssehnen zusammen. In vergangenen Zeiten hatten die Väter diese Kanus für ihre Söhne gebaut. Jetzt gab es keine Söhne mehr und nur noch sehr wenige Touristen. Ich beobachtete, wie er einen kleinen Schaft schnitzte und ihn an einer winzigen Harpune aus Knochen festmachte.

Schließlich brach er das Schweigen: «Früher habe ich große Harpunen gemacht. Ich habe sie aus Walknochen gemacht. An allen Stränden lagen Walknochen. Aber heute findet man keine mehr. Die Harpunen habe ich aus einem Knochen im Kopf des Wals gemacht.»

«Aus dem Kiefer?»

«Nein, nicht aus dem Kiefer. Aus einem Knochen innen im Kopf. Im Schädel des Wals gibt es eine *canalita* mit einem Knochen zu beiden Seiten. Daraus wurden die kräftigsten Harpunen gemacht. Harpunen aus Kieferknochen waren nicht kräftig genug. – Sie sind Engländer.» Er sah mich zum erstenmal an und versuchte zu lächeln.

«Woher wissen Sie das?»

«Ich kenne die Leute. Früher habe ich viele Engländer gekannt. Da waren zwei englische Matrosen, Charlie und Jackie.

Sie waren groß und blond, und sie waren meine Freunde. In der Schule haben wir Englisch gesprochen. Wir haben unsere Sprache vergessen. Mister Lawrence kannte unsere Sprache besser als wir. Er brachte uns bei, unsere eigene Sprache zu sprechen.»

Grandpa Felipe war in der anglikanischen Mission zur Welt gekommen und wahrscheinlich ein Verwandter von Jemmy Button. Als Kind erlebte er, wie sein Volk ausstarb. Er sah auch alle seine Kinder, eine Tochter ausgenommen, und seine Frau wegsterben.

«Warum ist sie bloß gestorben? Sie ist im Schlaf gestorben, mit gefalteten Armen. Und ich wußte nicht warum.»

Und er sei auch krank gewesen, sagte er. Sein ganzes Leben lang sei er krank gewesen. Ein Körper ohne Kraft. Nie imstande zu arbeiten.

«Es waren die Seuchen. Die Seuchen sind gekommen, und wir mußten zusehen, wie unser Volk gestorben ist. Mister Lawrence hat Wörter auf Stein geschrieben, wenn sie starben. Wir wußten nichts von Seuchen. Wie sollten wir auch? Wir waren damals alle sehr gesund. Vorher hatten wir nie Seuchen gekannt.»

Als ich an Bord des Schiffs ging, das mich zurück nach Ushuaia bringen sollte, begegnete ich einem dicken Mann mit einem rotgefleckten Gesicht. Er hatte einen hochgezwirbelten Schnurrbart und Triefaugen wie ein türkischer Pascha. Auf dem Kopf trug er einen Astrachan-Hut. Er war von Santiago angereist gekommen, um zu prüfen, ob es Möglichkeiten für den Aufbau einer Krillverarbeitungsfabrik gebe. Wale gab es nicht mehr, aber es gab immer noch Mengen von Krill. Ich erzählte ihm von Grandpa Felipe und erwähnte Charlie und Jackie.

«Wahrscheinlich hat er sie aufgefressen», sagte der fette Mann.

63 Von Ushuaia aus war es ein Fußmarsch von rund sechzig Kilometern an der Beagle-Straße entlang bis zur Estancia Bridges in Harberton.

Während der ersten Kilometer grenzte der Wald unmittelbar an die Küste, und durch die Zweige sah man auf das dunkelgrüne Wasser und die violetten Seetangteppiche, die auf den Wellen schaukelten. Danach wichen die Hügel zurück, und Weiden aus federndem Gras getupft mit Gänseblümchen und Pilzen dehnten sich aus.

Die ganze Wasserkante entlang zog sich eine Kruste von seeweißem Treibholz. Hier und dort sah ich einen Schiffsbalken oder den Rückenwirbel eines Wals. Auf den Felsen, die mit einer mehlweißen Guanoschicht bedeckt waren, saßen Kormorane und antarktische Weißwangengänse, deren Flügel schwarzweiß aufblitzten, wenn sie sich in die Luft schwangen. Auf dem Wasser schwammen Greben und Dampferenten, und weiter draußen wirbelten Rußalbatrosse mühelos herum wie fliegende Messer.

Es war schon dunkel, als ich in die Wachstation der argentinischen Marine in Almanza hineinhumpelte. Zwei Matrosen waren hier gestrandet. Sie verbrachten ihre Tage damit, die Chilenen durch ein Fernglas zu beobachten, aber da ihre Funkanlage kaputt war, konnten sie nicht berichten, was sie sahen. Einer der beiden kam aus Buenos Aires und hatte eine Vorliebe für obszöne Witze. Der andere, ein Chaco-Indianer, sagte kein Wort, sondern hockte krumm da und starrte in das verglühende Feuer.

Wenn man vom Land her nach Harberton kommt, könnte man es wegen seiner Schafgehege, seiner stabilen Gatter und seiner torfbraunen Forellenbäche für einen Großgrundbesitz in den schottischen Highlands halten. Der Besitz von Reverend Thomas Bridges erstreckte sich über das ganze westliche Ufer der Harberton-Bucht und lag im Windschutz eines Hügels. Seine Freunde, die Yaghan-Indianer, hatten den Platz ausgesucht, und er hatte ihn nach dem Heimatdorf seiner Frau in der Grafschaft Devon benannt.

Das vor langer Zeit aus England importierte Haus war aus weiß angestrichenem Wellblech, hatte grüne Fenster und ein hellrotes Dach. Im Innern fand ich die gediegenen Mahagonimöbel, die sanitären Anlagen und die integre Atmosphäre eines viktorianischen Pfarrhauses vor.

Die Enkelin des Missionars, Clarita Goodall, war allein zu Hause. Als kleines Mädchen hatte sie auf den Knien von Kapitän Milward gesessen und seinen Seemannsgeschichten gelauscht. Sie gab mir das von Thomas Bridges verfaßte *Yaghan Dictionary,* und ich setzte mich auf die Veranda und las. Die Blumen eines englischen Gartens schienen von innen heraus zu leuchten. Ein kleiner Pfad führte zu einer Pforte, über der sich eine Walkinnlade wölbte. Rauch von einem Holzfeuer zog über das schwarze Wasser, und von der gegenüberliegenden Küste riefen die Gänse herüber.

64 Thomas Bridges war ein kleiner, aufrechter Mann, der an die göttliche Vorsehung glaubte und keine Gefahr scheute. Er war als Waise von George Packenham Despard adoptiert worden, einem Pastor aus der Grafschaft Nottingham und Sekretär der Patagonischen Missionsgesellschaft, der ihn nach den Falkland-Inseln mitgenommen hatte. Er hatte dort gelebt, als Jemmy Button die Missionare ermordete. Später führte er deren Arbeit fort. Mit Ausnahme eines gelegentlichen Besuchs in England lebte er immer in Feuerland.

1886 jedoch, als so viele der Indianer wegstarben, erkannte er, daß die Tage der Mission gezählt waren, und da er eine siebenköpfige Familie zu ernähren und in England keinerlei Zukunftsaussichten hatte, ersuchte er Präsident Roca um ein Stück Land in Harberton. Dieser Schritt machte ihn in den Augen der Pharisäer zu einem der Verdammten.

Der junge Thomas Bridges hatte das Ohr und die Geduld besessen, einem Indianer, der George Okkoko genannt wurde, zuzuhören und die Sprache zu erlernen, über die Darwin sich lustig gemacht hatte. Zu seiner Überraschung entdeckte er eine ausgesprochen schwierige Syntax und ein Vokabular, wie es niemand bei einem ‹primitiven› Volk vermutet hätte. Mit achtzehn beschloß er, ein Wörterbuch zu erstellen, das ihm dabei helfen würde, «ihnen zu meiner Genugtuung und ihrer Erbauung von der Liebe Jesu zu erzählen». Dieses gigantische Unternehmen war bei seinem Tod im Jahre 1898 gerade eben abgeschlossen. Er hatte 32 000 Wörter erfaßt, ohne deren vielfältige Ausdrucksmöglichkeiten auch nur im geringsten erschöpft zu haben.

Das *Dictionary* hat die Ausrottung der Indianer überdauert und wurde ein Denkmal für sie. Ich habe Bridges' Originalmanuskript im Britischen Museum in der Hand gehalten, und ich stelle mir gern vor, wie der Pastor mit geröteten Augen bis spät in die Nacht, während der Wind um das Haus heulte, das Buch mit dem blaumarmorierten Vorsatzpapier mit seiner kritzeligen Handschrift füllte. Wir wissen, wie er in diesem Labyrinth des Besonderen verzweifelt nach Wörtern suchte, um die immateriellen Begriffe des Evangeliums ausdrücken zu können. Wir wissen auch, daß er den Aberglauben der Indianer nicht tolerierte und nie zu verstehen versuchte – der Mord an seinen Amtsbrüdern war zu nahe. Die Indianer entdeckten diese Neigung zur Intoleranz und verbargen ihre tiefsten Überzeugungen vor ihm.

Das Dilemma, vor dem Bridges stand, ist vielen vertraut. Der Mangel in ‹primitiven› Sprachen an Wörtern, die sittliche Vorstellungen ausdrücken, veranlaßte viele zu der Annahme, diese Vorstellungen existierten nicht. Aber die Begriffe von ‹Gut› oder ‹Schön›, die im Denken der westlichen Welt eine so große

Rolle spielen, haben nur Bedeutung, wenn sie tief in den Dingen wurzeln. Die ersten, die eine Sprache formten, nahmen das Rohmaterial dazu aus ihrer Umgebung und zwängten es in Metaphern, um abstrakte Ideen auszudrücken. Die Sprache der Yaghan – und vermutlich jede Sprache – verfährt wie ein Navigationssystem. Dinge, die benannt worden sind, werden als Fixpunkte aneinandergereiht oder miteinander verglichen und geben dem Sprechenden die Möglichkeit, den nächsten Schritt vorzubereiten. Hätte Bridges den metaphorischen Reichtum der Yaghan-Sprache entdeckt, wäre seine Arbeit nie fertig geworden. Trotzdem steht uns genügend Material zur Verfügung, um das klare Denken der Indianer nachvollziehen zu können.

Was sollen wir von einem Volk halten, das ‹Monotonie› als ‹Abwesenheit männlicher Freunde› definierte? Das für ‹Depression› ein Wort benutzte, das die empfindlichste Phase im jahreszeitlichen Zyklus der Krabbe beschrieb, wenn sie nämlich ihre alte Schale abgeworfen hat und darauf wartet, daß ihr eine neue wächst? Wer hat ‹faul› vom Jackass-Pinguin abgeleitet? Oder ‹ehebrecherisch› vom Baumfalken, einem zierlichen Habicht, der überall durch die Lüfte flitzt und dann bewegungslos über seinem nächsten Opfer schwebt?

Hier nur ein paar ihrer Synonyme:

Hagel – Fischschuppen
eine Sprottenschule – Schleim
ein Gewirr niedergestürzter Bäume, die einem den Weg versperren – ein Schluckauf
Brennstoff – etwas Verbranntes – Krebs
Muscheln außerhalb der Jahreszeit – runzlige Haut – hohes Alter

Einige ihrer Assoziationen konnte ich nicht nachvollziehen:
Seehundfell – die Verwandten eines ermordeten Mannes

Andere waren mir zunächst unverständlich, ließen sich später aber aufklären:
Eine Schmelze (von Schnee) – eine Narbe – Unterricht

Der Gedankengang ist der folgende:
Schnee bedeckt die Erde, wie die Narbe eine Wunde bedeckt.

Er schmilzt stellenweise und läßt eine glatte, flache Oberfläche zurück (die Narbe). Die Schmelze kündigt das Frühlingswetter an. Im Frühling brechen die Menschen auf, und der Unterricht beginnt.

Ein weiteres Beispiel:

Ein Sumpf – eine tödliche Wunde (oder: tödlich verwundet)

Die Sümpfe in Tierra del Fuego sind unförmige Moosteppiche, die von Wasser durchtränkt sind und eine schmutziggelbe Farbe und rötliche Flecken haben. Das Ganze sieht aus wie eine offene Wunde, aus der Eiter und Blut fließen. Die Sümpfe erstrecken sich über Wiesen in den Tälern und liegen ausgestreckt da wie ein verwundeter Mensch.

Die Verben nehmen den ersten Platz in dieser Sprache ein. Die Yaghan hatten lebendige Verben, mit denen sie jede kleinste Muskelbewegung, jeden möglichen Vorgang in der Natur oder beim Menschen einfangen konnten. Das Verb *īya* bedeutet: ‹sein Kanu an einem Seetangteppich vertauen›; *ōkon:* ‹in einem treibenden Kanu schlafen› (was etwas völlig anderes ist, als in einer Hütte, auf dem Strand oder mit seiner Frau schlafen); *ukōmona* bedeutet: ‹einen Speer in eine Schule von Fischen schleudern, ohne auf einen besonderen zu zielen›; *wejna:* ‹locker oder leicht zu biegen sein wie ein gebrochener Knochen oder wie eine Messerklinge›, oder ‹herumwandern oder herumirren wie ein heimatloses oder verirrtes Kind›, oder: ‹locker angebunden sein wie das Auge in seiner Höhle oder ein Knochen in seiner Gelenkpfanne›, oder: ‹schwingen, sich bewegen oder reisen›, oder aber ganz einfach nur: ‹existieren oder sein›.

Im Vergleich zu den Verben haben die anderen Satzteile nebensächliche Funktionen. Substantive werden von Verben abgeleitet. Das Wort für ‹Skelett› kommt von ‹gründlich nagen›. *Aiapi* bedeutet: ‹eine besondere Art von Speer bringen und in ein Kanu legen, das zur Jagd aufbricht›, *aiapux* ist das gejagte Tier und damit ‹der Seeotter›.

Die Yaghan waren geborene Wanderer, auch wenn sie selten weit wanderten. Der Ethnograph Pater Martin Gusinde schrieb: «Sie erinnern an rastlose Zugvögel, die sich nur dann glücklich und innerlich ruhig fühlen, wenn sie unterwegs sind.» Und ihre

Sprache führt vor Augen, daß sie wie Seeleute von dem Gedanken an Zeit und Raum besessen waren. Sie konnten zwar nicht bis fünf zählen, waren aber imstande, die Himmelsrichtungen minuziös zu bestimmen und die jahreszeitlich bedingten Veränderungen so präzis wie ein Chronometer zu beschreiben. Dazu vier Beispiele:

Iūan:
Jahreszeit der jungen Krabben (wenn die Elken ihre Jungen tragen)

Cūiūa:
Jahreszeit, wenn die Jungen unabhängig werden (von einem Verb, das ‹mit dem Beißen aufhören› bedeutet)

Hakūreum:
Jahreszeit, in der sich die Rinde von den Bäumen ablöst und der Saft aufsteigt.

Tschäkana:
Jahreszeit, in der die Kanus gebaut werden, und Zeit der Schnepfenrufe. (Der Tschäktschäk-Laut imitiert die Schnepfe und ebenfalls das Geräusch, das der Kanubauer beim Abreißen der Rinde vom Stamm der Buche verursacht.)

Thomas Bridges prägte das Wort ‹Yaghan› nach einem Ort, der Yagha genannt wurde: die Indianer selbst nannten sich *Yámana*. Als Verb bedeutet *yámana*: ‹leben, atmen, glücklich sein, von einer Krankheit genesen oder gesund sein›. Als Substantiv bedeutet es ‹Leute› im Gegensatz zu Tieren. Eine Hand mit dem Suffix *-yámana* war eine Menschenhand, eine Hand, die in Freundschaft gereicht wurde, im Gegensatz zu einer todbringenden Klaue.

Die vielen verschiedenen Schichten metaphorischer Assoziationen, die ihren geistigen Boden ausmachten, fesselten die Indianer mit unlösbaren Banden an ihre Heimat. Das Territorium eines Stamms, wie unwirtlich es auch sein mochte, war immer ein Paradies, das nie und nirgendwo besser sein konnte. Die Außenwelt dagegen war die Hölle, und ihre Bewohner waren nicht besser als die wilden Tiere.

Vielleicht hatte Jemmy Button die Missionare in jenem November für Abgesandte der Macht der Finsternis gehalten. Vielleicht hat er sich später, als er Reue zeigte, daran erinnert, daß auch rosa Menschen menschlich waren.

65 Lucas Bridges erzählt in seiner Autobiographie *‹The Uttermost Part of the World›*, daß das Manuskript seines Vaters von Frederick A. Cook gestohlen wurde. Cook, ein zungenfertiger amerikanischer Arzt, nahm 1897/98 an der Südpolexpedition teil und versuchte später, Bridges *Dictionary* als seine eigene Arbeit auszugeben. Cook war der mythomanische Reisende aus dem Lande Rip van Winkles, der mit einem Betrug begann und später behauptete, als erster den Mount Kinley erklommen und noch vor Robert Peary den Nordpol erreicht zu haben. Er starb 1940 in New Rochelle, nachdem er eine Gefängnisstrafe abgesessen hatte, weil er mit gefälschten Petroaktien gehandelt hatte.

Das Manuskript des Wörterbuchs ging während des Zweiten Weltkriegs in Deutschland verloren, wurde jedoch von Sir Leonard Woolley, der Teile der Stadt Ur ausgegraben hat, wiedergefunden und von der Familie dem Britischen Museum zur Verfügung gestellt.

Lucas Bridges war der erste Weiße, mit dem sich die Indianer anfreundeten. Sie hatten nur zu ihm Vertrauen, während Männer wie Red Pig ihre Familien umbrachten. *‹The Uttermost Part of the World›* war eines meiner Lieblingsbücher als Kind. Bridges erzählt darin, wie er vom Mount Spión Kop auf den heiligen Lago Kami hinabschaute und wie ihm die Indianer später halfen, mit der Machete einen Verbindungspfad zwischen Harberton und Viamonte herzustellen, wo seine Familie eine weitere Farm besaß.

Diesen Weg hatte ich schon immer gehen wollen.

66 Aber Clarita Goodall wollte mich nicht gehen lassen. Der Lago Kami war rund vierzig Kilometer entfernt, aber die Flüsse führten Hochwasser, und die Brücken waren eingestürzt.

«Sie könnten sich ein Bein brechen», meinte sie, «oder sich verirren, und dann müßten wir einen Suchtrupp ausschicken. Früher haben wir es mit dem Pferd in einem Tag geschafft, aber heute kommen Sie mit einem Pferd da nicht mehr durch.»

Und alles wegen der Biber. Ein Gouverneur der Insel hatte sie aus Kanada mitgebracht, und jetzt hatten sie in den Tälern, in denen man früher mühelos vorwärts kam, überall ihre Dämme gebaut. Aber ich wollte den Weg trotzdem gehen.

Und am nächsten Morgen weckte sie mich in aller Frühe. Ich hörte, wie sie in der Küche den Tee aufgoß. Sie gab mir ein paar Scheiben Brot und schwarze Johannisbeermarmelade. Sie füllte meine Thermosflasche mit Kaffee. Sie nahm mit Petroleum getränkte Stäbchen und tat sie in einen wasserdichten Beutel, damit ich, falls ich ins Wasser fiel, mir wenigstens ein Feuer machen könnte. Sie sagte: «Seien Sie vorsichtig!» Und blieb im Halblicht des frühen Morgens auf der Schwelle des Hauses zurück: in einen langen rosa Morgenmantel gehüllt, winkte sie mir langsam mit einem sanften, traurigen Lächeln.

Ein dünner Nebelschleier hing über der Bucht. Eine Familie von Gänsen mit roter Blesse auf der Stirn riffelte das Wasser, und am ersten Gatter sah ich weitere Gänse neben einer Pfütze stehen. Ich schlug den Weg ein, der in die Berge führte. Vor mir lag der Harberton Mountain, schwarz von Bäumen, und eine dunstige Sonne kam hinter seiner Schulter hervor. Diesseits des Flusses befand sich welliges Grasland, das aus dem Wald herausgebrannt und mit verkohlten Bäumen gespickt war.

Der Pfad führte bergauf und bergab. Stege aus Holzblöcken waren durch die Vertiefungen gelegt. Hinter dem letzten Zaun befand sich ein dunkler Sumpf, der von toten Bäumen umringt war, und von hier wand sich der Weg den Berg hinauf in den ersten Hochwald.

Bevor ich den Fluß sehen konnte, hörte ich ihn bereits auf dem Grund einer Schlucht tosen. Der Pfad schlängelte sich den Steilhang hinunter. In einer Lichtung standen Lucas Bridges' alte Schafgehege, die jetzt verrotteten. Die Brücke war kaputt, aber rund hundert Meter flußaufwärts wurde der Fluß breiter und plätscherte über glitschige braune Steine. Ich schnitt zwei junge Bäumchen und schnitzte sie zurecht. Dann zog ich Stiefel und Hose aus und stieg langsam in das Wasser, wobei ich vor jedem Schritt zuerst mit dem linken Stock den Boden abtastete, während ich mich mit dem rechten abstützte. An der tiefsten Stelle reichte mir das Wasser bis zur Hüfte. Ich ließ mich am anderen Ufer in der Sonne trocknen. Meine Füße waren rot vor Kälte. Eine Stromente flog flußaufwärts. Ich erkannte sie an ihrem gestreiften Kopf und den dünnen, schwirrenden Schwingen.

Bald verlor sich der Pfad im Wald. Ich nahm meinen Kompaß zu Hilfe und wanderte in nördlicher Richtung auf den zweiten Fluß zu. Er war jedoch kein Fluß mehr, sondern ein Sumpf aus gelblichem Torfmoos. Die jungen Bäume an seinem Rand waren mit scharfen, schrägen Schnitten gefällt worden – wie mit einer Machete. Dies war das Reich der Biber. Das machten die Biber aus einem Fluß!

Ich lief noch drei Stunden, bis ich oben auf dem Kamm des Mount Spión Kop angekommen war. Vor mir lag das Tal des Río Valdez, eine Art Halbzylinder, der sich über zwanzig Kilometer in nördlicher Richtung zog, bis zu der dünnen blauen Linie des Lago Kami.

Ein Schatten verdunkelte die Sonne, ein Zittern und das Rauschen von Flügeln. Zwei Kondore stießen auf mich herab. Ich sah das Rote in ihren Augen, als sie an mir vorbeisausten. Unterhalb des Passes gingen sie in die Kurve und zeigten das Grau ihrer Rücken. Dann glitten sie in einem weiten Bogen bis zum Anfang eines Tals, kreisten in der aufwärts strömenden

Luft, wo der Wind gegen die Klippen prallte, bis sie wieder zwei winzige Punkte am milchigen Himmel waren.

Die Punkte wurden größer. Sie kamen zurück. Sie kamen zurückgeflogen, gegen den Wind, unbeirrt wie Jagdbomber beim Anflug aufs Ziel. Um ihre schwarzen Köpfe lag eine Krause aus weißen Federn, sie hatten die Flügel angelegt und die Schwanzfedern nach unten abgebogen wie Bremsklappen und ihre Krallen gesenkt und weit gespreizt. Viermal stießen sie auf mich herab, und dann verloren wir das Interesse aneinander.

Am Nachmittag fiel ich tatsächlich in den Fluß. Ich wollte einen Biberdamm überqueren und trat dabei auf einen Stamm, der sich fest anfühlte, aber im Wasser schwamm. Ich stürzte kopfüber in den schwarzen Schlamm und hatte große Mühe, wieder herauszukommen. Jetzt mußte ich die Straße finden, bevor es Nacht wurde.

Plötzlich tauchte der Pfad wieder auf: er klaffte wie ein leerer Korridor in dem dunklen Wald. Ich folgte der frischen Spur eines Guanakos. Manchmal sah ich ihn vor mir, er hüpfte über gestürzte Baumstämme, und schließlich hatte ich ihn eingeholt. Es war ein einsames Männchen, dessen Fell mit Schlamm und dessen Stirn mit Narben bedeckt war. Er hatte gekämpft, und er hatte verloren. Jetzt war er auch ein einsamer Wanderer.

Und dann lichtete sich der Wald, und der Fluß wand sich träge zwischen Viehweiden hindurch. Ich ging den Spuren der Tiere nach und überquerte den Fluß sicher zwanzigmal. An einer Kreuzung entdeckte ich Stiefelabdrücke und fühlte mich plötzlich leicht und glücklich, weil ich dachte, nun sei ich dicht an der Straße oder an der Hütte eines *peóns,* und dann verlor ich sie wieder, und der Fluß ergoß sich zwischen Schieferfelsen in eine Schlucht. Ich bahnte mir einen Weg quer durch den Wald, aber das Tageslicht wurde immer schwächer, und es war zu gefährlich, im Dunkeln über die toten Bäume zu klettern.

An einem ebenerdigen Platz breitete ich meinen Schlafsack aus. Ich nahm die Hälfte der Stäbchen aus dem Beutel und häufte sie auf mit Moos und mit Zweigen. Das Feuer flackerte auf. Sogar die feuchten Äste brannten, und die Flammen beleuchteten die grünen Flechtenvorhänge, die von den Bäumen herabhingen. In meinem Schlafsack war es feucht und warm. Regenwolken verhüllten den Mond.

Und dann hörte ich plötzlich Motorengeräusch und setzte mich auf. Scheinwerferlicht schimmerte durch die Bäume. Ich war zehn Minuten von der Straße entfernt, aber zu müde, um etwas zu unternehmen, also schlief ich ein. Ich schlief sogar weiter, als ein heftiger Regen niederging.

Am nächsten Nachmittag saß ich frisch gebadet und gesättigt im Wohnzimmer von Viamonte, steif vor Muskelkater. Zwei Tage lang lag ich auf dem Sofa und las. Die Mitglieder der Familie waren zum Zelten gefahren, alle außer Onkel Beatle. Wir unterhielten uns über fliegende Untertassen. Erst vor ein paar Tagen hatte er im Wohnzimmer eine Erscheinung gesehen, etwas, das um ein Porträt herum schwebte.

Von Viamonte aus durchquerte ich den chilenischen Teil der Insel bis hin nach Porvenir, wo ich die Fähre nach Punta Arenas nahm.

67

Auf der Plaza de Armas war eine Zeremonie im Gange. Es war hundert Jahre her, seit sich Don José Menéndez in Punta Arenas niedergelassen hatte, und die wohlhabenderen seiner Nachkommen waren angereist gekommen, um der Enthüllung seines Denkmals beizuwohnen. Die Frauen trugen schwarze Kleider, Perlen, Pelze und Lackschuhe. Die Männer hatten den gequälten Gesichtsausdruck von Menschen, die einen übergroßen Grundbesitz verteidigen müssen. Ihre Ländereien in Chile waren der Bodenreform zum Opfer gefallen. Noch klammerten sie sich an ihre argentinischen Latifundien, aber die guten alten Zeiten mit den englischen Managern und den unterwürfigen *peónes* waren vorbei.

Don Josés Bronzekopf war kahl wie eine Bombe. Früher

einmal hatte die Büste die Estancia der Familie in San Gregorio geziert, aber als Allende die Regierung übernahm, hatten die *peónes* sie in ein Nebengebäude gestellt. Die neuen Weihen auf der Plaza symbolisierten die Rückkehr des freien Unternehmertums, auch wenn die Familie höchstwahrscheinlich nichts zurückbekommen würde. Verlogene Lobreden tönten wie Begräbnisglocken.

Der Wind fuhr stöhnend durch die Zweige der städtischen Araukarien. Um die Plaza herum standen die Kirche, das Hotel und die *palacios* der alten Plutokratie, jetzt fast alle Offiziersclubs. Eine Statue Magellans stand breitbeinig über zwei gefallenen Indianern – der Bildhauer hatte sich den ‹Sterbenden Gallier› zum Vorbild genommen.

Die hohen Tiere in Uniform hatten die Feierlichkeiten mit ihrer Anwesenheit beehrt. Eine Musikkapelle übertönte den Wind mit Sousamärschen, während der Intendente, ein rotgesichtiger Luftwaffengeneral, sich anschickte, das Denkmal zu enthüllen. Der spanische Geschäftsträger starrte mit dem glasigen Blick des hundertprozentig Überzeugten vor sich hin. Der amerikanische Botschafter gab sich leutselig. Und die Leute, die immer für eine Bläserkapelle zu haben waren, schlenderten mit steinernen Mienen um die Zeremonie herum. Punta Arenas wählte links. Dies waren die Leute, die Salvador Allende zu ihrem Abgeordneten gemacht hatten.

Einen Häuserblock entfernt lag der *palais,* den Moritz Braun Stück für Stück aus Europa importieren ließ, als er 1902 Don Josés Tochter heiratete. Seine Mansardendächer ragten über einen Schirm schwarzer Zypressen hinaus. Auf irgendeine Weise hatte das Haus die Beschlagnahmungen glücklich überstanden, und in seinem Dekor aus hygienischen Marmorstatuen und mit Knöpfen versehenen Sofas hatte der häusliche Geist der Zeit König Edwards überlebt.

Die Dienerschaft bereitete das Eßzimmer für den abendlichen Empfang vor. Die Nachmittagssonne, die durch die Schlitze der Samtvorhänge drang, prallte von einer langen Bahn aus weißem Damast ab und warf Licht auf die Wände aus Cordobaleder und ein Gemälde von Ruiz Blasco, Picassos Vater, auf dem ein verliebtes Gänsepaar dargestellt war.

Nach der Zeremonie ruhten sich die älteren Jahrgänge im Wintergarten aus, wo ihnen ein schwarzweiß gekleidetes Hausmädchen *scones* und dünnen Tee servierte. Das Gespräch drehte sich plötzlich um die Indianer. Der ‹Engländer› der Familie erklärte: «All diese Geschichten von den Massakern an den Indianern sind wirklich ein bißchen übertrieben. Es ist doch so, daß diese Indianer hier eine ziemlich niedere Sorte von Indianern waren. Ich will damit sagen, daß sie nicht so wie die Azteken oder die Inkas waren. Keine Zivilisation oder dergleichen. Alles in allem waren sie ein ziemlich armseliger Haufen.»

68 Das Museum der Salesianer in Punta Arenas war größer als das in Río Grande. Das Prachtausstellungsstück war eine Vitrine, die das Foto eines jungen italienischen Priesters mit unduldsamem Blick, das getrocknete Fell eines Seeotters und einen Bericht darüber enthielt, wie die beiden zusammengekommen waren.

«Am 9. September 1889 kamen drei Alakalufs von den *canales* zu Pater Pistone und boten ihm das Otternfell an, das nunmehr im Museum aufbewahrt wird. Während der Pater es untersuchte, schwang einer der Indianer eine Machete in die Luft und versetzte ihm einen schrecklichen Hieb auf die linke Kinnlade. Die beiden anderen fielen sogleich über ihn her. Der Pater setzte sich gegen diese Exemplare des *Homo silvestris* zur Wehr, aber er war schwer verletzt. Nach einigen Tagen der Agonie verstarb er.

Die Mörder hatten sieben Monate lang in der Mission gelebt, wohlgelitten und gepflegt von den Salesianern umhegt, wie adoptierte Söhne. Aber Atavismus, Ehrgeiz und Neid trieben sie zum Verbrechen. Gleich nach begangener Tat flohen sie. Einige Zeit später kehrten sie zurück, und durch den Umgang mit unserer Religion wurden sie zivilisiert und gute Christen.»

In Schaukästen aus Mahagoni standen lebensgroße bemalte Gipsfiguren der Indianer. Der Bildhauer hatte ihnen affenähnliche Züge verliehen. Sie kontrastierten mit der süßlichen Heiterkeit der Madonna aus der Missionskapelle auf Dawson Island. Die traurigsten Stücke der Ausstellung waren zwei Schreibhefte sowie Fotos von intelligent aussehenden Jungen, die die folgenden Sätze hineingeschrieben hatten:

DER RETTER WAR HIER UND ICH HABE ES NICHT GEWUSST.
IM SCHWEISS DEINES ANGESICHTS SOLLST DU DEIN BROT ESSEN.

Also hatten die Salesianer die Bedeutung von Moses 3, Vers 19, erkannt. Das Goldene Zeitalter endete, als die Menschen mit dem Jagen aufhörten, sich in Häusern ansiedelten und mit der täglichen Schinderei begannen.

69 Der ‹Engländer› nahm mich zum Pferderennen mit. Es war der sonnigste Tag des Sommers. Das blaue Wasser der Meerenge lag ruhig und eben da, und wir konnten den zweifachen weißen Gipfel des Mount Sarmiento sehen. Die Tribünen hatten einen frischen weißen Anstrich erhalten und waren voller Generale, Admirale und junger Offiziere.

Der ‹Engländer› trug halbhohe Wildlederstiefel und eine Tweedmütze.

«Ein richtiger Renntag, was? Es gibt nichts Schöneres als die Geselligkeit bei einem Rennen! Kommen Sie mit mir. Kommen Sie nur. Wir gehen auf die Prominententribüne.»

«Ich bin nicht richtig angezogen.»

«Ich *weiß*, daß Sie nicht richtig angezogen sind. Das macht nichts. Die Leute hier sind ziemlich tolerant. Kommen Sie nur. Ich muß Sie dem Intendente vorstellen.»

Aber der Intendente nahm keine Kenntnis von uns. Er war mit dem Eigentümer von *Highland Flier* und *Highland Princess* in ein Gespräch vertieft. Also sprachen wir mit einem Marinekapitän, der aufs Meer hinausstarrte.

«Kennen Sie schon den über die spanische Königin?» fragte der ‹Engländer›, um das Gespräch ein bißchen zu beleben. «Kennen Sie den über die spanische Königin nicht? Ich will mal sehen, ob ich mich noch daran erinnere:

Ein Augenblick Lust
Neun Monate Pein,
Drei Monate Muße,
Dann wieder hinein!»

«Sprechen Sie von der spanischen Königsfamilie?» Der Kapitän neigte seinen Kopf zur Seite.

Der ‹Engländer› erklärte, er habe in Oxford Geschichte studiert.

70 Die alte Dame servierte den Tee in einer silbernen Teekanne und beobachtete, wie sich über Dawson Island dunkle Gewitterwolken zusammenballten. Ihren Hals zierte ein Gehänge aus drei Ketten mit Goldklümpchen – sie bezahlte ihre *peónes* dafür, daß sie in ihren Flüssen nach Gold siebten. Bald würde das Gewitter auf dieser Seite der Magellan-Straße ausbrechen. «Oh, das haben die fabelhaft gemacht», meinte sie. «Natürlich waren schon vorher ein paar Gerüchte zu uns gedrungen, aber passiert war nichts. Und dann sahen wir,

wie die Flugzeuge über der Stadt kreisten. Morgens wurde ein bißchen geschossen, und schon am Nachmittag hatten sie alle Marxisten zusammengetrieben. Das haben die wirklich fabelhaft gemacht!»

Ihre Farm war eines der Schaustücke der Provinz Magallanes gewesen. Ihr Vater hatte außerdem einen Besitz in den Highlands. Dort hielten sie sich jedes Jahr zur Moorhuhnjagd und zur Pirsch auf, ehe sie Ende Oktober mit dem Schiff zurückkehrten.

1973 gab ihr die Regierung zwei Wochen Zeit, um das Haus zu räumen. Zwei Wochen für einen Besitz, der ihnen seit siebzig Jahren gehörte! Der Brief war am 2. angekommen. Nichts weiter als ein paar unhöfliche Zeilen, mit denen sie darauf aufmerksam gemacht wurde, daß sie am 15. draußen sein müsse. Nie hatte sie so hart gearbeitet wie in diesen beiden Wochen. Sie hatte das Haus vollkommen leergeräumt. Sie hatte alles mitgenommen, alles. Sogar die Lichtschalter. Sogar die Marmoreinfassungen der Badewannen, die sie aus der Heimat hatte kommen lassen. Denn die Kerle sollten sie nicht kriegen. Von ihr sollten sie nichts bekommen!

Natürlich waren sie ihr in den Rücken gefallen. Am schlimmsten von allen war einer, der dreißig Jahre bei ihr gewesen war. Immer hilfreich, o ja! Immer höflich! Sie hatte sich um ihn gekümmert, wenn er krank war, und er war erst anmaßend geworden, als Marxisten dahergekommen waren. Er hatte versucht, die anderen am Verladen des Viehs zu hindern. Vieh, das sie bereits verkauft hatte! Damit *die* es besser haben sollten! Und dann hatte er ihr den Heizölhahn abgedreht, und es war doch ihr Öl, das sie bezahlt hatte.

Es war schrecklich. Sie hatten ihr den Hund gestohlen und ihn darauf dressiert, Menschen zu töten. Den ganzen Winter lang hatten sie Messer angefertigt. Taten nichts anderes als warten. Auf den Befehl warten, sie alle im Schlaf umzubringen. Und was haben sie mit dem Haus gemacht, als sie es hatten? Ruiniert haben sie es! Kaputte Rohre! Schafe im Gemüsegarten! Und in den Blumenbeeten! *Die* brauchten ja kein Gemüse. Hätten gar nicht gewußt, was sie damit anfangen sollten.

Die hatten sich beklagt, sie hätten keine Milch bekommen.

Sagten, sie hätten Tuberkulose, weil *sie* ihnen keine Milch gegeben habe. Also gab sie ihnen die Milch, und die haben sie in den Ausguß geschüttet. Sie verabscheuten ja frische Milch. Mochten nur Dosenmilch! Und was haben die mit den Milchkühen gemacht, als sie sie endlich hatten? Zu *bifes* verarbeitet! Den ganzen Haufen aufgegessen. Die wollten sich ja nicht die Mühe machen, die Kühe zu melken. Die meiste Zeit waren sie zu betrunken, um überhaupt stehen zu können.

Und erst der Bulle . . . ach ja, der Bulle! Man wußte wirklich nicht, ob man weinen oder lachen sollte über diesen Bullen. Das Ministerium hatte diesen prämiierten Bullen in Neuseeland gekauft. Wäre gar nicht nötig gewesen! Es gab ja eine Menge guter Bullen gleich nebenan in Argentinien. Aber einen argentinischen Bullen konnten die ja nicht kaufen, ohne das Gesicht zu verlieren. Also ließen die den Bullen von Neuseeland nach Santiago einfliegen und von dort weiter nach Punta Arenas, wo er mit Gott weiß wie hochtrabenden Reden der sogenannten Musterfarm geschenkt wurde. Und wie lange hat der Bulle gelebt? Wie lange, bis die ihn aufgegessen haben? Drei Tage! Zerstören und immer nur zerstören! Was anderes wollten die ja nicht. Damit nur nichts übrigblieb.

Sie hatte alle ihre Möbel von der Farm in das Haus in der Stadt gebracht, das ihr seit fünfzig Jahren gehörte. Das schönste Haus in Punta Arenas, und das wollten *die* natürlich ebenfalls haben. Mr. Bronsovič, das war der Parteichef, war dreimal gekommen. Nichts konnte den bremsen. Keine Achtung vor Privateigentum in jenen Tagen. Er hatte gesagt, die Partei brauche es als Hauptquartier, und sie hatte geantwortet: «Nur über meine Leiche!»

Das zweite Mal war er mit seiner Frau gekommen. Sie hatten ihre Nasen in jede Schublade gesteckt und sogar das Bett ausprobiert. Und beim letztenmal hatte er mit seinen roten Schergen im Gesellschaftszimmer gestanden und erklärt: «Es ist alles so englisch hier. Und wenn man sich vorstellt, daß sie ganz allein hier wohnt! Haben Sie denn keine Angst, so ganz allein hier zu wohnen?»

Ja, sie hatte Angst, aber das würde sie ihm nicht gerade erzählen. Also verkaufte sie das Haus an einen chilenischen

Freund. Für einen Apfel und ein Ei natürlich. Der Peso war ja nichts wert. Aber *die* sollten es nicht bekommen, noch nicht. Jedenfalls nicht von ihr. Und raten Sie mal, was Mrs. Bronsovič getan hat, als sie hörte, daß das Haus verkauft war! Sie hat eine Nachricht geschickt: Wieviel sie für ihren Chintz-Salon haben wolle.

Bronsovič wurde am selben Morgen in seinem Geschäft verhaftet. Sie trieben ihn nach Hause, rasierten ihm den Kopf und schickten ihn nach Dawson Island. Dann gingen ein paar seiner Freunde zum Intendente und baten um seine Freilassung. «Sie setzen mich in Erstaunen», sagte der Intendente. «Kennen Sie seine Handschrift?» Als sie bejahten, zeigte er ihnen ihre eigenen Namen auf Bronsovičs Liste der zu tötenden Personen, und daraufhin sagten sie: «Er bleibt besser da, wo er ist.»

Das Gewitter brach aus. Dicke Regentropfen prasselten in den Garten, der voll blühender Blumen war. Das neue Haus war klein, aber gemütlich. Die grünen Teppiche waren auf die grünbezogenen Chippendalemöbel abgestimmt.

«Ich gehe nicht weg von hier», sagte sie, «ich gehöre hierher. Da müssen die mich erst umbringen. Und außerdem, wohin sollte ich denn gehen?»

71 In der Casilla Nr. 182 in Punta Arenas führte eine grüngestrichene Eisenpforte mit gekreuzten Ms, um die sich präraphaelitische Lilien schlangen, in einen schattigen Garten, in dem noch die Blumen und Pflanzen der Generation meiner Großmutter wuchsen, die blutroten Rosen und die gelbgesprenkelten Lorbeerbüsche. Das Haus hatte spitze Giebel und gotische Fenster. Zur Straße hin befand sich ein viereckiger Turm und auf der hinteren Seite ein achteckiger. Die Nachbarn pflegten zu sagen: «Der alte Milward kann sich nicht entschei-

den, ob es eine Kirche oder ein Schloß ist.» Oder: «Ich glaube, er denkt, er kommt von einem solchen Haus aus schneller in den Himmel.»

Das Haus gehörte jetzt einem Arzt, dessen Frau mich in eine Halle von echt anglikanischer Düsternis eintreten ließ. Vom Turmzimmer aus blickte ich über die Stadt hin: Auf die weiße Turmspitze der St. James-Kirche, die Metallhäuser, deren Farbe an slawische Taschentücher erinnerte, auf die Bankgebäude und die Lagerhäuser am Hafen. Die Sonne stahl sich von Westen her durch die Wolken und beleuchtete den roten Bogen des Fährschiffs. Dahinter lagen der schwarze Buckel von Dawson Island und die Klippen, die bis hinunter nach Kap Froward reichten.

Mein Onkel Charley hatte in dem Turm ein Fernrohr gehabt, und als alter kranker Mann hatte er es auf die Magellan-Straße gerichtet. Oder aber er saß an seinem Schreibtisch und kramte in seinen Erinnerungen, um die Aufregung wieder einzufangen, in die es ihn versetzt hatte, zur See zu fahren:

72 An einem stürmischen Herbsttag des Jahres 1870 setzte ein Motorboot vom Landesteg in Rock Ferry auf Mersey Island ab und tuckerte auf die H. M. S. *Conway* zu, ein altes Linienschiff, das jetzt als Ausbildungsschiff der Handelsmarine in der Hafeneinfahrt vor Anker lag. Die beiden Passagiere des Motorboots waren ein zwölfjähriger Junge und ein hagerer, aber freundlicher Pastor, dessen Gesicht von der Missionsarbeit in Indien gezeichnet war. Der Junge war ‹ein kleiner, wohlgestalteter Bursche mit häßlichen, aber nicht abstoßend wirkenden Gesichtszügen› und einer Stupsnase, die aussah, als hätte er sie zu oft in etwas gesteckt, das ihn nichts anging.

Reverend Henry Milward war zu der Einsicht gelangt, daß

auch noch so viele Trachten Prügel seinen wilden Sohn nicht zähmen würden und schickte ihn zur See.

«Versprich mir eines», sagte er, als sie sich den schwarzen und weißen Kanonenluken näherten. «Versprich mir, daß du nie stehlen wirst.»

«Ich verspreche es.»

Charley hielt sein Versprechen, und sein Vater hatte recht daran getan, es ihm abzuverlangen, denn sein eigener Bruder war ausgesprochen langfingerig.

Charley kletterte die Takelage hoch und winkte seinem Vater zum Abschied. Aber der Tyrann des Schiffs, ein Junge, der Daly hieß, versperrte ihm den Weg von der Saling herab und knöpfte ihm sein Taschenmesser und sein silbernes Bleistiftkästchen ab. Die Tätowierung auf Dalys Arm sollte Charley nie vergessen.

Zwei Jahre später war seine Grundausbildung abgeschlossen. Er trat in die Firma Balfour, Williamson ein und fuhr zur See. Sein erstes Schiff, die *Rokeby Hall,* beförderte Kohle und Eisenbahnschienen zur amerikanischen Westküste und kam mit chilenischem Nitrat zurück. Er hinterließ zwei Dokumente, die Aufschluß geben über die Reisen während seiner Ausbildungszeit. Das eine ist ein Logbuch, das nach Seemannsart nur kurze Eintragungen enthält, die oft mit zittriger Hand geschrieben wurden: «640 Säcke Sodanitrat geladen . . . Bardsley Island querab . . . Matrose Reynolds gegen das Ruder gerannt. Bettlägerig.» Oder es hieß (sein einziger Kommentar zur Umschiffung von Kap Hoorn): «Änderte Kurs auf NNO von SO.»

Das andere ist eine Sammlung unveröffentlichter Seegeschichten, die er als alter Mann in Punta Arenas niederschrieb. Einige wirken ein bißchen ungeordnet und wiederholen sich. Vielleicht war er zu krank, um sie zu beenden, oder vielleicht haben andere ihn entmutigt. *Ich* jedenfalls finde sie wunderbar.

Alles, was ihm wieder einfiel, schrieb er auf, von Schiffen und Menschen, auf See oder im Hafen; die Reisen mit dem Zug; die schaurigen Hafenstädte in Nordengland – «Liverpool oder Middlesbrough sind nicht gerade Orte, die die Lebensgeister in Hochstimmung versetzen»; die nassen Pflastersteine, die Wanzen in den Absteigen und die Matrosen, die betrunken an Bord kamen. Und dann draußen auf See in den Tropen, das Reiten auf dem Bugspriet, die schlaff herabhängenden Segel und die weiße Bugwelle, die durch die dunkle See schnitt, oder wie er weit oben auf dem schwankenden Rahnock saß, während das grüne Wasser über das Deck hinwegspülte und wie er Segel einholte, die durch und durch naß oder steif gefroren waren, oder wie sich das Schiff eines Nachts, als er Wache hatte, vor der Küste von Valparaíso bei starkem Nordwind auf die Seite legte und sein Freund ihm sagte: «Geh schlafen, Häßlicher, du kleiner Dummkopf, dann merkst du nicht, wie du ertrinkst», und dann sechsunddreißig Stunden an den Pumpen und die Freudenrufe der Männer, als die Pumpen nur noch Luft einsogen.

Seine große Leidenschaft war das Essen. Er beschrieb «die Erbsen, wie wie Murmeln im bunten Wasser liegen», «die wurmstichigen Zwiebäcke, die erst wurmstichig und dann voller Würmer sind», und gepökeltes Rindfleisch, «das eher Mahagoniholz ähnelt als Fleisch». Er notierte sich die Namen der Speisen, die die Schiffsjungen nach Lust und Laune aus Zwiebäcken, Erbsen, Sirup und gepökeltem Schweinefleisch zubereiteten – «Dandyschiß, Zwiebackhaschee, Hundeleiche und Kanalsuppe» –, und erwähnte die Furunkel, die auftauchten, wenn sie zu viel gegessen hatten. Dankbar erinnerte er sich an Freunde, die ihm zusätzlich etwas zu essen gegeben hatten – so zum Beispiel ein alter Steward oder ein deutscher Bäcker in einer chilenischen Hafenstadt. Er erinnerte sich daran, wie die Schiffsjungen den Spind des Kapitäns geplündert hatten und ihre Kopfkissenbezüge mit Dosen voll Hummer, Zunge, Lachs und Schinken vollstopften und wie er nichts davon essen durfte, weil er an sein Versprechen gebunden war; wie er weinte, als der Kapitän den Diebstahl bemerkt und ihnen ihren Christmesspudding gestrichen hatte; wie der Koch ihnen trotzdem den Pflaumenpudding zusteckte, und wie er, als sie vom Kapitän überrascht wurden, seine Portion unter seinem Hemd versteckte, auf die Großrah hinaufkletterte und sich den Magen verdorben hatte.

Er schrieb die Seemannsgeschichten auf, die im Barbary Coast-Viertel in San Francisco in Umlauf waren: über die Pensionsbesitzer, die hungrigen Matrosen zu essen gaben und sie dann, im Drogenrausch, auf Schiffen ablieferten, auf denen es an

Matrosen mangelte. Sammy Wynn war der schlimmste von allen. Er hatte drei Kadetten eines österreichischen Kriegsschiffs dazu gebracht, daß sie desertierten, und als die Belohnung für den Finder der Gesuchten höher war als sein Blutgeld, schleppte er sie vor das Kriegsgericht, wo sie die Todesstrafe erwartete.

Da waren die leichten kalifornischen Mädchen, die harten Urteile der Gerichte oder die Beale Street-Bande, die spanischen Wein aus den Fässern heraus in ein Boot umfüllten, während Charley mit der Wache auf dem Kai Kürbiskuchen aß, oder der König der Gauner, der mit weißer Krawatte und im Smoking das Schiff ausgeräubert hatte, und die silberne Uhr, die Charley dafür erhielt, daß er diesen Gentleman vom Schiff heruntergeworfen hatte.

Er erinnerte sich an den chinesischen Wäschereiarbeiter Ah-sing, der ständig Stärke ausspuckte, und an die chinesischen Matrosen, die sich in wunderschöne Seidenstoffe hüllten, Räucherstäbchen anzündeten und sich vor der Sonne verbeugten, während ihnen die Taljen um die Köpfe schwirrten. Da waren die chilenischen Nitrathäfen, die Pisco-Verkäufer, die Hütten aus Walrippen und Jutesäcken und die Eselkarawanen, die sich den Hangpfad herabschlängelten, und vor allem der eine Esel, der ausglitt und zweihundert Meter tief auf den Strand fiel.

Er erzählte von dem Vollmatrosen Lambert, der grün und blau geschlagen wurde, weil er beim Pokern gewonnen hatte, von den Ratten, die tatsächlich das zum Untergang verurteilte Schiff verließen, von Schwimmwettkämpfen, die inmitten von Haien ausgetragen wurden, und von dem Tag, an dem die Schiffsjungen ein über fünf Meter langes Ungeheuer auf ihrer besten Haiharpune aufgespießt hatten und der Steuermann nicht wollte, daß es an Bord kam, weil frisch gestrichen war – also hatten sie es am Heck festgebunden, und Charley hatte sich an einem Seil heruntergelassen und ihm das Herz herausgeschnitten: «Ich bin seitdem auf vielen sonderbaren Tieren geritten, aber nie ist mir das Ausharren so schwergefallen.»

Der letzte Wollballen in Melbourne, der letzte Sack Reis in Rangun, der letzte Sack Nitrat in Iquique – er schrieb alles auf. Wie das Schiff langsam aus dem Hafen hinausglitt und alle Männer gemeinsam das Matrosenlied ‹*Homeward Bound!*› sangen. Und wie der Kapitän rief: «Steward! Grog für die ganze Besatzung!» Und der alte Skipper Geordie in seiner schwarzweiß karierten Hose und mit seinem grünen Gehrock, der auf See eine weiche weiße Kappe und an Land eine harte weiße Kappe trug – auch ihn hat Charley beschrieben.

Hier ist eine Geschichte aus den Lehrjahren:

73 Wir näherten uns Kap Hoorn, alle Segel waren gesetzt, und es wehte eine kräftige Brise von Steuerbord. Es war ein Sonntagmorgen. Ich ging mit Chips, dem Schiffszimmermann, die Großluke auf und ab, und er sagte: «Die Mädchen zu Hause ziehen mit beiden Händen.»

Es ist eine alte Seemannsvorstellung, daß jedes Schiff ein Tau hat, dessen eines Ende am Bug festgemacht ist und dessen anderes Ende die Liebchen zu Hause in der Hand halten. Und wenn das Schiff günstigen Wind hat, sagen die Matrosen, daß die Mädchen fest am Tau ziehen. Aber wenn der Wind flau ist, sagen manche, ist es ein Knoten oder ein Schlag im Tau, das nun nicht mehr durch den Block paßt, und andere sagen, die Mädchen verdrehen den Soldaten die Augen und haben ihre Matrosen vergessen.

Genau da glaste es viermal. Es war zehn Uhr morgens, und ich mußte das Ruder übernehmen. Kaum hatte ich die Mittelspake des Ruders zu meiner Zufriedenheit eingestellt, als sich der Wind um ein paar Grade nach Nord drehte, so daß die Rahsegel Abwind aus den Vorsegeln bekamen. Der Zimmermann ging noch immer auf und ab, als das Schiff plötzlich stark nach Backbord krängte. Im größten Rahsegel war kein Wind, und die Schot lag in Buchten auf Deck. Bei der Rollbewegung verlor der Zimmermann das Gleichgewicht, und dabei trat er aus Versehen mit einem Fuß auf die Schot. Bei der nächsten

Rollbewegung luvwärts füllte sich das Segel wieder und spannte die Schot wie eine Geigensaite und erwischte Chips zwischen den Beinen und warf ihn ins Meer.

Ich sah, wie er über Bord ging. Ich ließ das Ruder eine Sekunde los und warf ihm eine Rettungsboje zu. Wir legten hart Ruder und gingen hart an den Wind und ließen Bramsegel und Royalfallen schlagen. Während ein paar Männer das Rettungsboot fertig machten, begannen die übrigen die kleinen Segel zu bergen, und in weniger als zehn Minuten war das Boot unterwegs, um den Zimmermann zu holen, den sie mit kräftigen Zügen schwimmen sahen.

Auf den Ruf «Mann über Bord!» waren alle von der ‹Freiwache› an Deck gekommen. Als erster sprang der Kadett Walter Paton ins Rettungsboot. Der zweite Steuermann, Mr. Spence, wußte, daß Paton nicht gut schwimmen konnte, und befahl ihm auszusteigen. Philip Eddy, ein anderer Kadett, sprang auf seinen Platz. Aber Walter ließ sich nicht davon abbringen und stieg über den Bug hinein. Das Boot war bereits im Wasser, als Mr. Spence ihn bemerkte, und ich hörte einige Bemerkungen, als sie am Heck vorbeiruderten. Dann verloren wir es wegen der hohen Dünung aus den Augen.

Das Boot hatte das Schiff um 10 Uhr 15 verlassen, und alle Männer hatten Schwimmwesten angelegt. Wir waren eine ganze Weile damit beschäftigt, die Segel zu bergen. Der Kapitän stand hoch oben auf der Saling und beobachtete das Boot. Sie mußten lange Zeit gegen den Wind anrudern, und erst gegen 11 Uhr 30 sahen wir sie zurückkommen. Aber wir konnten nicht feststellen, ob sie den Zimmermann bei sich hatten oder nicht.

Der Kapitän gab uns die Order zu duven, damit wir halten konnten und damit die Davits auf der Leeseite waren, um das Boot wieder an Bord zu holen. Und wir alle sahen, wie Mr. Spence aufstand und mit den Armen wedelte. Wollte er damit sagen, daß sie den Zimmermann bei sich hatten, oder glaubte er, wir hätten sie nicht gesehen? Wir werden es nie erfahren. Aber in eben dieser fatalen Sekunde war seine Aufmerksamkeit vom Boot abgelenkt, das querschlug und kenterte. Es war in unmittelbarer Nähe, nicht weiter als zwei Kabellängen entfernt, und wir sahen sie alle im Wasser schwimmen.

Wir legten wieder Ruder und drehten das Schiff bei. Wir beeilten uns, das zweite Boot freizumachen, aber auf einem Segelboot ist das etwas vollkommen anderes, als wenn man das erste zu Wasser läßt. Ein Boot war immer bereit, aber die anderen lagen allesamt kieloben auf den Schienen, und nicht nur kieloben, sondern mit Werkzeug vollgestopft. In einem hauste das Federvieh des Kapitäns. In einem anderen lagen alle Kohlköpfe für die ganze Reise, und mit Wassereimern und Stützen versuchte man zu verhindern, daß sie über Bord gespült wurden.

Die Männer kippten als erstes das Backbordboot um. Aber in dem Moment, als sie es umdrehten, trug eine hohe Woge das Schiff, und zwei der Männer rutschten aus. Das Boot schlug schwer auf dem Deck auf und wurde im Bereich der Bilge beschädigt. In der Zwischenzeit beobachtete ich durch ein Fernrohr die Männer im Wasser. Ich sah, wie einigen von den anderen geholfen wurde, sich auf das gekenterte Boot zu ziehen. Dann sah ich, wie Eddy und einer der Vollmatrosen das Boot verließen und auf das Schiff zuschwammen. Sie kamen so nahe herangeschwommen, daß wir sie ohne Glas sehen konnten. Aber wir trieben schneller ab, als sie schwimmen konnten, und sie mußten zum Boot zurückschwimmen.

Nachdem das Steuerbordboot umgedreht war, mußten wir einen Flaschenzug an den Pardunen anbringen, um es über Bord zu hieven. Und ich weiß nicht, ob der Mann, der den Stropp an dem Flaschenzug bediente, dazu nicht imstande war oder aber zu schnell machte, aber jedesmal rutschte der Stropp ab, und jedesmal kam das Boot wieder herunter. Und das Schiff trieb immer weiter leewärts ab, und wir verloren das Boot und die armen Teufel, die sich an seinem Kiel festklammerten, aus den Augen. Aber wir wußten durch die Vogelschwärme, die über die Stelle kreisten, wo es war – und die Albatrosse, *mollymauks,* die braunen Sturmschwalben und *stinkpots* zogen alle weiter ihre Kreise.

Das zweite Boot ruderte unter dem Kommando von Mr. Flynn davon, und es war fast ein Uhr nachmittags, als es am Heck vorbeikam. Die Männer mußten jetzt noch härter gegen den Wind anrudern, und sie wurden durch die Schwimmwesten stark behindert. Und sie hatten einen längeren Rückweg, da das Schiff immer weiter abgetrieben wurde.

Nach zwanzig Minuten verloren wir das Boot aus den Augen, und es begann eine quälende Wartezeit für uns, weil wir wußten, daß fünf von unseren Kameraden sich so gut es ging an dem gekenterten Boot festhielten. Der Kapitän lavierte das Schiff hin und her, beschloß dann aber beizudrehen und nicht den Ort zu verlieren. So blieben wir liegen und hielten angestrengt nach dem zurückkehrenden Boot Ausschau.

Um 3 Uhr 30 sahen wir es zurückkommen. Es kam am Heck herum, aber Wind und See hatten sich erhoben, und es dauerte eine Weile, bis sie es wagten, längsseits zu kommen. Inzwischen hatten wir uns vom Schlimmsten überzeugt und machten schweigend die Taue fest und hievten das Boot an Bord. Zwei oder drei der Männer bluteten am Kopf – diejenigen, deren Mützen und Südwester nicht befestigt waren. Erst als wir das Schiff wieder auf Kurs gebracht hatten, waren wir imstande, Fragen zu stellen, und sie berichteten uns im wesentlichen folgendes:

Sie hatten das Boot gefunden. Sie hatten die Rettungsboje, die ich dem Zimmermann zugeworfen hatte, und drei der fünf Schwimmwesten zurückgebracht und hatten die beiden anderen auf dem Meer schwimmen sehen, aber kein Zeichen von einem der Männer. Dann griffen die Vögel an, und sie mußten sich mit Stemmbrettern gegen sie zur Wehr setzen. Sie stießen auf ihre Köpfe nieder und rissen ihnen die Mützen ab, und die Männer, die bluteten, waren von den grausamen Schnäbeln der Albatrosse getroffen worden. Als sie die Schwimmwesten untersuchten und feststellten, daß alle Riemen losgebunden waren, wußten sie, was geschehen war. Die Vögel hatten sich auf die Männer im Wasser gestürzt und es auf ihre Augen abgesehen. Und die armen Teufel hatten freiwillig die Riemen losgebunden und sich sinken lassen, als sie sahen, daß keine Hilfe kam, denn sie konnten nicht mehr hoffen, die Vögel mit Erfolg abzuwehren. Die Rettungsboje bewies, daß sie den Zimmermann gerettet hatten, ehe sich das zweite Unglück ereignete. Es machte uns um so trauriger zu wissen, daß sie diese Mission erfüllt hatten.

Nach sechseinhalb Stunden wurde ich am Ruder abgelöst. Es

war der längste Dienst am Ruder, den ich je machte. Ich ging zum Zwischendeck hinunter, um etwas zu essen, aber als ich die zurückgeschlagenen Bettdecken von Walter und Philip sah und ihre Hosen, die auf ihren Kommoden lagen und ihre Schuhe auf dem Boden, so wie sie alles beim Ruf «Mann über Bord!» zurückgelassen hatten, verlor ich die Selbstbeherrschung und hatte keinen Hunger mehr und konnte nur noch schluchzen. Später befahl der Kapitän dem dritten Steuermann, mich dort wegzuholen und mich in seiner Kajüte schlafen zu lassen.

«Der Junge wird ja verrückt da drinnen, bei all den leeren Kojen.»

74 1877 heuerte Charley als zweiter Steuermann auf dem Dreimaster *Childers* an, der nach Portland in Oregon segeln sollte. Es war ein lausiges Schiff. Der Kapitän führte unanständige Reden über seine Mutter, die Besatzung meuterte, und der erste Steuermann, der aus Aberdeen stammte, fiel mit einer Axt über Charley her. Eine Reise war genug. Er quittierte den Dienst, trat in die New Zealand Shipping Company ein und blieb zwanzig Jahre, in denen er von Handels- zu Passagierschiffen und von Segel- zu Dampfschiffen aufrückte.

Eines Abends irgendwann Ende der achtziger Jahre saß er in der ersten Schwitzkammer der Türkischen Bäder in Aldgate neben einem dicken Mann mit schwarzem Bart, der in seinem Segeltuchstuhl ein Nickerchen hielt. Das Gesicht sagte ihm nichts, aber nach der Tätowierung auf dem Arm mußte es Daly sein. Charley schlich sich von hinten an ihn heran, brachte den Stuhl zum Kentern und ließ auf dem Rücken des Mannes einen scharlachroten Abdruck seiner Hand zurück. Daly heulte auf und jagte den nackten Charley durch das Bad, bis beide von den

Angestellten überwältigt wurden. Charley gelang es, den Zwischenfall herunterzuspielen, und bald sprachen beide über «die gute alte *Conway*». Sie verließen gemeinsam das Bad, besuchten eine Theatervorstellung und aßen im *Criterion* zu Abend.

«Fürwahr», schrieb Charley, «wir sind wie Schiffe, die sich in der Nacht begegnen.»

Langsam – denn Charley war nicht brillant, und seine Zunge schmeichelte nicht immer seinen Vorgesetzten – stieg er die Rangleiter hinauf. 1888 war er zweiter Offizier auf einem Postschiff mit einer großen Gefrierkammer. Als sie in Rio ankamen, ließ Kaiser Dom Pedro II. anfragen, ob er das Schiff besichtigen dürfe:

Als er am oberen Ende der Leiter angekommen war, streckte der Kaiser seine kaiserliche Hand aus, damit sie von den verschiedenen anwesenden Portugiesen und Brasilianern geküßt wurde und streckte sie dann seinem Sekretär hin, um sie sich abwischen zu lassen. Nach jedem Kuß zog der Sekretär ein frisches Taschentuch hervor und wischte die Hand ab, bevor sie dem nächsten Küsser dargereicht wurde – kein Zweifel, eine äußerst hygienische Maßnahme . . . Aber dem Kapitän war das ‹Händeküssen› nicht vertraut. Er bemächtigte sich der kaiserlichen Hand, schüttelte sie herzlich und erklärte: «Ich habe das große Vergnügen, Eure Majestät an Bord meines Schiffs willkommen zu heißen.» Der Kaiser war gelinde gesagt überrascht. Wahrscheinlich hatte er seit seiner Kindheit keinen solchen Händedruck mehr gespürt. Er betrachtete seine Hand, als wollte er sagen: Na, meine Gute, da hast du aber Glück gehabt, daß du noch einmal davongekommen bist. Und er reichte sie seinem Sekretär, damit er sie abwischte.

Charley nahm den Kaiser mit nach unten in die Gefrierkammer und zeigte ihm seinen ersten tiefgefrorenen Fasan. Dom Pedro erklärte seinem Sekretär: «Wir brauchen sofort eine Gefrierkammer in Rio.» Doch bevor er sie bekam, berichtet Charley, wurde er von «diesem furchtbar undankbaren General Fonseca» abgesetzt.

75 Charley hatte eine Schwäche für Amateurtheater, und als er den Rang eines höheren Offiziers erreicht hatte, ordnete er Theatervorführungen, Scharaden, lebende Bilder und Sackhüpfen an Bord an – alles, was geeignet war, die zehnwöchige Langeweile auf See erträglicher zu machen.

Einige der Belustigungen waren äußerst ungewöhnlich:

«Ich war erster Offizier auf der R. M. S. *Tongariro,* und als wir in Kapstadt anlegten, kam ein Professor mit drei Buschmännern an Bord, Pygmäen aus der Wüste Kalahari – ein älteres Paar und ihr Sohn. Sie waren sehr klein, der größte und jüngste war etwa 1,35 Meter groß. Ich wußte nicht, ob sie bereits Namen hatten, wir jedenfalls nannten sie Andrew Roundabout, the Elder, Mrs. Roundabout und Young Andrew Roundabout.

Das alte Paar war wirklich sehr alt. Der Doktor behauptete, an dem weißen Ring um die Pupillen könne man sehen, daß der Mann über hundert Jahre alt sein müsse. Er selbst behauptete, er sei 115, aber das war eine Vermutung. Sie sprachen kein Wort Holländisch, oder vielmehr nur Young Andrew wußte ein paar Brocken. Die Eltern sprachen keine Sprache, die irgend jemand verstehen konnte.

Der alte Mann sah komisch aus. Er hatte kein einziges Haar auf dem Kopf, und sein Gesicht war runzlig und faltig wie das Gesicht eines Affen. Aber er hielt seine Frau und seinen Sohn in vollständiger Unterwerfung, und wir waren überzeugt, daß er zu seiner Zeit eine Art Tatar gewesen war.

Wir baten den Professor, uns einen Vortrag über die drei zu halten, und er teilte uns mit, sie würden zuerst einen Tanz vorführen. Wir alle waren begierig, dem Ereignis beizuwohnen, und gegen 8 Uhr 30 war der Salon mit Damen und Herren in Abendkleidung gefüllt, und der Kapitän und die Offiziere trugen ihre Ausgehuniformen. Der alte Mann eröffnete die Vorstellung, indem er die Sehne seines Bogens klingen ließ, und Mrs. Roundabout und Young Andrew hüpften auf höchst groteske Weise in der Gegend herum. Kurz darauf wurde Old Roundabout aufgeregt und schlug und trommelte immer schneller auf der Sehne herum. Dann löste er die Sehne und benutzte den Bogen als Peitsche, mit der er auf seine Frau und seinen Sohn einschlug, bis sie immer schneller im Kreis herumhüpften. Wir hatten den Eindruck, daß sie ihm noch nicht schnell genug tanzten. Aber nach ein oder zwei Minuten ließ der Professor sie innehalten und begann mit seinem Vortrag.

Er führte uns eine Menge Schädel verschiedener Rassen vor – Europäer, Asiaten, amerikanische Indianer, Chinesen, Neger, australische Neger und schließlich die Schädel von Buschmännern. Er erklärte, die Pygmäen seien in bezug auf Maße und Größe der Hirnschale bei weitem *nicht* die niedrigste aller menschlichen Rassen – das treffe auf die australischen Neger zu.

Der Vortrag war sehr interessant, aber mir fiel auf, daß sich Old Roundabout sehr unwohl fühlte. Er verschwand unter einem Tisch und krabbelte zwischen den Beinen des Publikums zur Tür. Sobald er draußen war, nahm er seine Beine in die Hand und rannte los. Ich packte ihn beim Kragen, aber er zappelte heftig. Ich brachte ihn an seinen Platz zurück und hatte große Mühe, damit er dort sitzen blieb.

Später fragte ich Young Andrew mit Hilfe eines Dolmetschers: «Was hatte Ihr Vater vor, als er aus dem Vortrag weglief?»

Und dies war seine Antwort:

«Mein Vater war schon bei sehr vielen von diesen Veranstaltungen. Er wußte ganz genau, daß die ‹Stunde des Tötens› kommen würde. Er war sich sicher, daß sie nahe war, als er davonrannte. Und er rannte davon, weil er der älteste Mensch unter den Anwesenden war. Denn deswegen würde er natürlich als erster getötet werden.»

76 1890 heiratete Charley ein junges Mädchen aus Neuseeland, Jenetta Rutherford, und zwischen seinen Reisen zeugte er zwei Jungen und ein Mädchen. Jenetta war eine tragische Gestalt, die langsam an der Einsamkeit und dem englischen Klima zugrunde ging. Ihres Ehemanns Einstellung zur Ehe entsprach möglicherweise der Eintragung, die ich unter der Überschrift *Diese Freiheit* in seinem Notizbuch fand:

«Die Rolle des Mannes besteht darin zu säen und davonzureiten; die Aufgabe der Frau ist die Empfängnis, und sie neigt dazu, das, was sie empfängt, zu liebkosen und sich einzuverleiben. Diese Aufgabe gereicht ihrem Körper zur Ehre, für ihren Geist ist sie jedoch ein Mühlstein. Ein Mann reitet davon, er ist ein Zeltbewohner, ein Araber mit seinem Pferd und den Ebenen, die ihn umgeben. Die Frau ist Bewohnerin einer Stadt, die von einer Mauer umgeben ist, eines Hauses, und sie hortet ihren Besitz, lebt mit ihm, läßt sich nicht von ihm trennen.»

1896 machte Jenettas Gesundheitszustand einen weitem Aufenthalt in England unmöglich, und sie zog mit den Kindern nach Kapstadt. Dort starb sie am 3. März 1897 an einer Hüftgelenktuberkulose. Charley holte die Kinder zurück und brachte sie zu seiner unverheirateten Schwester nach Shrewsbury.

77 Sechs Monate später fuhr Charley zum erstenmal als Kapitän, und zwar auf der *Mataura,* einem gerade auf einer Werft an der Clyde gebauten Handels- und Passagierschiff von 7584 Tonnen mit nur einer einzigen Schiffsschraube. Sie hatte zwanzigtausend Wollballen und die gleiche Stückzahl gefrorener Rinder geladen. Hoch oben zwischen den Masten waren ein paar kleine Segel angebracht, die das Schlingern verringern und im Fall eines Maschinenschadens das Steuern ermöglichen sollten, aber eine Funkanlage hatte das Schiff nicht.

Die Hinreise verlief ruhig, nur die Gesellschaft war etwas laut. Seine Passagiere gehörten der neuseeländischen Schützenmannschaft an, die vom Kolapura Cup zurückkehrte. Am Abend ihrer Ankunft in Wellington gab der Bürgermeister einen Empfang in der Drill Hall. Charley hatte Durchfall, und er hatte seinen Abendanzug verloren. Deshalb saß er unauffällig im Hintergrund, bis er von seinen Passagieren aufgefordert wurde, eine Rede zu halten.

«My Lords, Gentlemen», sagte Charley. «Ich bin dankbar, daß es mir von der Vorsehung vergönnt war, diese tapferen neuseeländischen Krieger heil zu ihrem Herd und Heim zurückzubringen.» Und damit setzte er sich wieder auf seinen Platz.

Niemand applaudierte, bis auf einen kleinen, runzligen Franzosen, der sagte: «Kapitän, Sie 'aben die beste Rede des Abends ge'alten.»

«Nur wenn die Würze in der Kürze liegt», erwiderte Charley.

Der Franzose, der Henri Grien hieß, kam am nächsten Morgen an Bord und bat um eine freie Überfahrt nach Hause im Austausch gegen die Hälfte seiner Anteile an einem Patent für einen Taucheranzug, das er der britischen Admiralität zu verkaufen hoffte. Er sagte, der Anzug funktioniere nach dem

Prinzip des kupfernen Dampfschlauchs. Jeder könne in absoluter Sicherheit bis sechzig Faden tauchen, obwohl der dänische Taucher, der ihn vor der Küste von Sydney als erster ausprobiert hatte, tot an die Oberfläche geholt worden war.

«Warum haben Sie ihn nicht selber ausprobiert?»

«Narr!» sagte Henri. «Wenn ich in dem Anzug tauche und etwas geht schief, wer soll dann erklären, was vorgefallen ist?»

Charley setzte ihn auf die Mannschaftsliste, nicht unbedingt wegen des Anzugs, sondern als Quelle der Unterhaltung.

«Ich ’abe in Verbindung mit der Geisterwelt gestanden», verkündete Henri eines Morgens. «Dieses Schiff wird untergehen, aber die ganze Besatzung wird gerettet.»

«Ausgezeichnet, Henri, vielen Dank.»

Ungefähr zur gleichen Zeit erhielt Charley eine weitere Mitteilung, und zwar von einer Frau auf dem Festland, die ebenfalls geträumt hatte, das Schiff werde untergehen.

Eine halbe Stunde, ehe die *Mataura* in See stach, kam Kapitän Croucher, sein Freund von der *Waikato,* an Bord und bat um einen Matrosen, damit er seine Mannschaft vervollständigen könne.

«Ich brauche dringend einen Mann. Geben Sie mir irgend jemanden in Hosen, den Rest besorge ich.»

«Nehmen Sie den, wenn Sie wollen.» Charley zeigte auf den Franzosen, der gerade den Boden seiner Kajüte scheuerte. «Henri, packen Sie Ihre Sachen und gehen Sie an Bord der *Waikato.*»

«Nein.»

«Haben Sie mich verstanden? Sie fahren mit der *Waikato* nach Hause!»

«Nein.»

Charley packte ihm beim Kragen, stieß ihn vor sich die Planke hinunter, trat ihm in den Hintern und ließ seinen Koffer auf den Kai werfen. Henri rannte davon, um eine Anzeige wegen Körperverletzung zu erstatten, aber da der Richter gerade beim Mittagessen war, rannte er wieder zurück. Während die *Mataura* gerade rückwärts aus Queen’s Wharf herausfuhr, stieg er direkt gegenüber der Schiffsbrücke auf einen Poller und rief:

«Capitaine, denken Sie daran, der Ärger kommt von Osten.»

Charley sah ein paar Stück Kohle auf dem Boden liegen und rief seinem Bootsmann zu: «Sie haben einen Schuß frei, Bootsmann. Versuchen Sie mal, ihn von seiner Stange zu werfen.»

Der Bootsmann ließ ein Stück Kohle durch die Luft fliegen und ‹stieß ihn glatt runter›, aber Henri rannte los und stellte sich auf den Poller an der Ecke und rief:

«Denken Sie daran, der Ärger kommt von Osten.»

«Noch einen Schuß, Bootsmann.»

Aber der Bootsmann verfehlte sein Ziel, und das letzte, was sie von Henri sahen, war eine winzige Gestalt, die mit den Armen wedelnd immer noch auf dem Poller stand.

78 Am darauffolgenden Sonntag nahmen Kapitän, Passagiere und Mannschaft im Gesellschaftsraum am Gottesdienst teil. Der erste Ingenieur spielte den letzten Choral, als ein heftiger Knall ertönte und ein Zittern durch das Schiff ging und die Maschine mitten in einer Umdrehung stehenblieb. Viele fanden sich auf dem Boden liegend wieder.

Charley stürzte zur Kommandobrücke, der erste Ingenieur lief hinter ihm her.

«Sie ist vollkommen . . . Sie wird nie wieder funktionieren.»

«Das ist Unsinn. Sie muß wieder funktionieren.»

Aber der Ingenieur zuckte die Achseln und zog sich auf einen Drink in seine Kajüte zurück. Charley enthob ihn aller seiner Aufgaben und stieg hinab, um sich den Schaden anzusehen. Im Maschinenraum herrschte ein ‹schreckliches Durcheinander›. Die Pumpen waren aus ihren Kreuzköpfen gerissen, die Bohrschwengel und Kolbenstangen waren verbogen, der Schaft und das Gestänge aller Brunnen zerbrochen. Hier mußte irgendein Konzeptionsfehler vorgelegen haben, und selbst im Untersuchungsausschuß der Handelsmarine wußte niemand ganz genau, was eigentlich geschehen war. Angeblich war das zirkulierende Wasser nicht entwichen und die Pumpe war auf eine kompakte Wassermasse gestoßen, ‹die, wie jedermann weiß, nicht verdichtbar ist›.

Der zweite Ingenieur war weniger fatalistisch, und es gelang ihm, einen Teil des verbogenen Metalls zurechtzubiegen und die Maschine leerlaufen zu lassen. Charley ließ ein paar Rahsegel verheißen, und drei Wochen lang schleppte sich die *Mataura* mit vier Knoten dahin und ließ die ‹Roaring Fourties›, den stürmischen Ozean zwischen dem 39. und 50. Breitengrad, hinter sich.

Das Schiff hatte Order, Kap Hoorn zu umrunden, aber falls der Motor dabei gänzlich ausfiel, würde es in den südlichen Atlantik abgetrieben werden. Also nahm Charley das Risiko auf sich, an der gefährlichsten Leeküste der Welt entlangzufahren und Kurs auf den westlichen Eingang der Magellan-Straße zu nehmen. War er erst einmal über Kap Pilar, den nördlichsten Punkt von Desolation Island, hinaus, hatte er gute Chancen, das Schiff zu retten.

Am 12. Januar um acht Uhr morgens rief er den ersten Ingenieur, der seine Arbeit wiederaufgenommen hatte, zu sich. Er erklärte ihm, sie befänden sich in Schwierigkeiten, und wollte wissen, ob er die Pumpketten nicht straffen müsse. Der Ingenieur sagte: «Nein. Soweit ich es überschaue, wird sie noch vierundzwanzig Stunden laufen.»

Um 11 Uhr 45, mitten in einem starken Nordweststurm mit vorbeiziehendem Nebel und Regen, sichtete Charley die Judges-Felsen in einer halben Meile Entfernung. Das Schiff befand sich zwölf Meilen südlich von der geschätzten Position. Charley steuerte es direkt in den Wind, um dem Äußeren Apostel-Felsen auszuweichen, der vor dem Kap lag. Aber der Sturm stieß das Schiff zurück, und als die Klippe nahe vor ihm auftauchte, nahm Charley eine Peilung vor und zweifelte, ob er ihn luvwärts würde umschiffen können.

Um zwei Uhr nachmittags kam der erste Ingenieur an Deck und erklärte: «Die Ketten der Pumpe sind ausgeleiert. Wir müssen stoppen.»

«Wir können nicht stoppen», schrie Charley.

«Die Maschine macht es vielleicht noch zwanzig Minuten, nicht länger.»

Charley rief seine Offiziere zusammen: «Wenn sie es noch zwanzig Minuten macht, macht sie es vielleicht auch noch dreißig. Und wenn ich guten Wind kriege, indem ich den Äußeren Apostel-Felsen innen umschiffe, kommen wir um das Kap, bevor die Maschine ausfällt. Ich weiß, es ist gefährlich, aber jeder Felsen von weniger als sechsundzwanzig Fuß muß bei dieser See Brecher aufkommen lassen, und hier sind keine Brecher.»

Er segelte vor dem Wind und fuhr in die Meerenge hinein. Zehn Minuten später senkte sich das Heck auf eine kleine Felsspitze. Er spürte, wie die Platten weggerissen wurden, und wußte sofort, daß das Schiff stark beschädigt war. Mit einem Pfiff durch seine Trillerpfeife befahl er, die wasserdichten Schotten zu schließen, aber der erste Ingenieur hatte den Schraubenschlüssel verlegt, mit dem die Luken geschlossen wurden. Das Wasser überflutete den Maschinenraum, und bald war das Feuer in den Heizkesseln erloschen.

In die Küste von Desolation Island sind zahlreiche seichte Fjorde eingekerbt. Durch ein Fernglas entdeckte Charley eine Öffnung zwischen den Klippen, die er für die auf seiner Karte verzeichnete Sealer's Cove, die Seehundjägerbucht, hielt. Dank der Segel konnte er das Schiff immer noch steuern, und er hielt auf die Einfahrt zu. Als die Bucht sich vor ihm auftat, entdeckte er einen geschützten Meeresarm, an dessen Ende ein steiniger Strand lag. Da werde ich das Schiff hinbringen, dachte er, und es doch noch retten. Aber das Heck war bereits von Wasser überspült, und das Schiff reagierte nicht mehr auf das Ruder, sondern gierte und stieß seitwärts gegen das Ufer der Durchfahrt. Es war nicht Sealer's Cove, sondern eine andere Bucht (auf neueren Seekarten heißt sie Mataura Cove und der Felsen Milward Rock). Sie stiegen in die Boote und ruderten in den kleinen Naturhafen, wo sie in den Booten schliefen, während der Sturm über sie hinwegbrauste. Beim Morgengrauen fuhr der erste Offizier mit ein paar Männern los, um Proviant aus dem Schiffswrack zu holen, aber sie kamen mit leeren Händen zurück. Charley mußte sich selbst auf den Weg machen. Er kehrte mit elf Schafen, zweihundert Kaninchen und 250 Kilogramm Mehl zurück.

«Wie ist Ihnen das gelungen, Sir?» fragte der erste Offizier.

«Nun, Sir», antwortete Charley, «wenn es Ihnen nicht gelungen ist, dann deshalb, weil Sie, Sir, ein Feigling sind.» Von da an waren die Beziehungen zwischen dem Kapitän und seinen Offizieren ziemlich gespannt.

Am nächsten Morgen ruderten sie in die offene See hinaus, aber der Sturm dauerte an, und die Männer hatten Blasen an den Händen, und sie sahen ein, daß sie es an diesem Tag nicht schaffen würden, das Kap zu umrunden. Wieder zurück in der Mataura Cove, begannen sie, Schafe und Kaninchen in Zinkeimern zu kochen. Als Charley mit dem Chefsteward die Vorräte inspizierte, fand er zwei Behälter mit Marmelade, die die Schiffsjungen heimlich hatten mitgehen lassen.

«Was in Gottes Namen sollen wir in unserer Lage mit Marmelade anfangen?»

«Was könnte besser sein als Marmelade, Sir?»

«Steward», murmelte Charley, «ich nehme an, es ist besser, wenn Sie jetzt Marmeladensemmeln machen.»

Es regnete so heftig, daß sie eine Plane über ihm aufspannen mußten, weil der Teig sonst zu dünn geworden wäre.

Unter den Passagieren befanden sich zwei Damen, die ihr Gepäck bei dem Schiffbruch eingebüßt hatten. Charley hatte sie mit seinen eigenen Lambswoolunterhosen und Wolljacken ausgestattet.

Am nächsten Morgen versuchten die Männer ein zweites Mal, mit den Booten das Kap zu umrudern, aber vergeblich. Sie hielten Kriegsrat ab, und Charley erklärte, er werde es ein letztes Mal versuchen und dann südwärts segeln, an der Küste von Desolation Island entlang, um durch den Abra-Kanal in die Magellan-Straße zu gelangen. Die Offiziere hielten dies für ein selbstmörderisches Unternehmen.

Wieder war schlechtes Wetter, und Charley gab mit dem Petticoat einer der beiden Damen das Zeichen, daß er nun nach Süden segeln würde. Er reffte sein Luggersegel und ließ sich vom Wind zwischen den Judges' Rocks und der Küste treiben. Die Offiziere folgten ihm nicht, und der Schiffsarzt, der sich in

Charleys Boot befand, berichtete, daß sie nacheinander kenterten. Charley überließ sie ihrem Schicksal und segelte weiter, und bald stand das Wasser bis zu den Ruderbänken.

Im Windschatten von Child's Island legten sie an einem geschützten Strand an, da Charley den beiden Damen versprochen hatte, ihnen bei der ersten günstigen Gelegenheit Tee zu servieren. Aber als die Männer am Ufer nach Feuerholz suchten, drehte sich der Wind, und schon drangen Sturzseen in die Bucht ein. Der Kapitän und die Besatzung mußten sich bis auf die Haut ausziehen und das Boot ins Wasser schieben. «Oh, war das kalt! Und erst der Anblick der nackten Matrosen – zum Totlachen! Alle waren rot wie Hummer und klapperten mit den Zähnen.»

Die beiden Damen hatten sich auf dem Boden des Boots unter einer Plane versteckt, während die Männer sich abtrockneten, indem sie sich aneinanderrieben, nackt und nur ein Segeltuch zwischen sich. Plötzlich rief jemand von unten herauf: «Vorsicht! Jemand sitzt auf Mutters Kopf, sie kriegt keine Luft mehr.»

Am nächsten Tag gegen Mittag waren sie in der Magellan-Straße. Sie dankten dem Allmächtigen Gott für ihre Rettung und ließen sich zu einem Mittagessen nieder, das aus Suppe, Dosenlachs, gekochtem Lamm- und Kaninchenfleisch, gekochten Marmeladensemmeln («die ein bißchen zu sättigend waren») und Kaffee bestand. Am Nachmittag erblickten sie einen Yankee-Schoner, der die Magellan-Straße in entgegengesetzter Richtung heraufgesegelt kam. Sein Kapitän erbot sich, die beiden Damen nach San Francisco mitzunehmen, aber sie lehnten das Angebot dankend ab. Charley hißte zwei Laden als Spinnaker, und das Boot jagte durch den Kanal Kap Froward entgegen.

Bei der Umrundung des Kaps wehte erneut ein übler Wind, und alle Matrosen übernahmen abwechselnd die Riemen, als sie das letzte Stück nach Punta Arenas ruderten. Am Nachmittag des dritten Tages wurden sie von der S. S. *Hyson* aufgenommen, die der China Mutual Company gehörten. Um 6 Uhr 30 nachmittags gingen sie im Hafen vor Anker. Charley brachte die Passagiere ins Hotel *Kosmos* und bat den deutschen Besitzer, er solle ihnen alle ihre Wünsche erfüllen, Geld spiele keine Rolle.

Er vereinbarte mit der chilenischen Marine, daß der Schlepper *Yáñez* nach seinen Männern Ausschau hielt und verhandelte bis Mitternacht mit der Bergungsgesellschaft, konnte sich jedoch nicht mit ihr einigen.

Wieder im Hotel, platzte er aus Versehen in das Zimmer der beiden Damen.

«Ich wollte Ihnen nur zu Ihrer Rettung gratulieren», stotterte er.

Aber die Damen rührten sich nicht.

«Wollen Sie mir nicht die Hand schütteln?»

Langsam kam eine einzelne Hand unter dem Bettzeug hervor. Charley kam das verdächtig vor, und er zog sie mit einem Ruck an sich. In sein Tagebuch schrieb er:

Und siehe da! Es folgte ein nackter Arm! Der Hotelbesitzer hatte nichts für sie getan, und sie hatten nur ihre nassen Kleider abgelegt und waren nackt zwischen die Laken geschlüpft.

«Bitte, Kapitän», flehte die ältere der beiden Damen, «bitte, lassen Sie es gut sein. Wir sind jetzt warm und haben es bequem.»

«Ganz bestimmt werde ich es nicht gut sein lassen.»

Er wußte, wo der Hotelbesitzer schlief und weckte ihn unsanft:

«Wie können Sie es wagen, die armen Damen ohne Nachthemd ins Bett zu schicken?»

«Gehen Sie raus! Ich liege mit meiner Frau im Bett. Wie können *Sie* es wagen? Gehen Sie sofort raus!»

«Es ist mir egal, wo und mit wem Sie sind. Aber wenn Sie mir nicht sofort gehorchen, dann werde ich Ihnen sagen, wo Sie beide sich in wenigen Sekunden befinden werden. Ich stelle meinen Fuß zwischen die Tür. Ich werde bis dreißig zählen, und wenn Sie mir bis dahin keine Nachthemden herausgereicht haben, wird es meine bedauerliche Pflicht sein, Ihnen und Ihrer Frau die Nachthemden auszuziehen. Eins, zwei, drei, vier . . .»

Charley hatte bis fünfundzwanzig gezählt, als der Hotelier zur Vernunft kam und ihm zwei Damennachthemden herausreichte. Triumphierend brachte er sie seinen beiden weiblichen Passagieren und zog sich dann zurück, um in den tiefsten Schlaf seines Lebens zu sinken.

Am nächsten Morgen hatten die Agenten der Bergungsgesellschaft ihre Bedingungen auf achtzig Prozent für sie bei zwanzig Prozent für Lloyd's gesenkt. Charley lehnte ab, und gegen Mittag waren in diesen Bedingungen fünf Prozent für ihn persönlich enthalten.

«Einverstanden», sagte er. «Das macht also fünfundsiebzig Prozent für Sie und fünfundzwanzig Prozent für die Versicherer.»

Don José Menéndez, der die Verhandlungen führte, nahm ihn beiseite und sagte: «Kapitän, Sie sind ein verdammter Trottel! Warum nehmen Sie die fünf Prozent nicht?»

«Ich arbeite für die Versicherer – sie werden mich bezahlen.»

«Das ändert doch nichts, Kapitän. Ich wiederhole Ihnen mein Angebot. Eines Tages werden Sie es besser wissen.»

79 Dreihundertfünfzig Jahre bevor Charleys Versuch, Kap Pilar zu umschiffen, scheiterte, hatte Kapitän John Davis mit seiner *Desire* mehr Erfolg:

«Am nächsten Tag, dem 11. Oktober, sahen wir Cabo Deseado (Kap Pilar), das Kap an der Südküste, vor uns. (Die Nordküste ist nichts anderes als eine Gesellschaft von gefährlichen Klippen und Sandbänken.) Dieses Kap lag etwa zwei Seemeilen leewärts von unserer Position entfernt, und unser Steuermann hatte starke Zweifel, ob wir es umschiffen könnten, worauf der Kapitän ihm sagte: ‹Sie müssen verstehen, daß es keine andere Möglichkeit gibt – entweder wir umschiffen es, oder wir sterben noch vor Mittag. Setzen Sie also Ihre Segel und stellen wir uns Gottes Barmherzigkeit anheim.›

Der Steuermann war ein gutmütiger Mensch, er fackelte nicht lange und ließ entschlossen die Segel heißen. Sie waren noch nicht eine halbe Stunde gehißt, als das Lieh des Focksegels riß und nur noch die Ösen hielten. Die Wellen überspülten immer wieder das Schiffsheck und sprangen mit solcher Kraft in die Segel, daß wir jeden Augenblick damit rechnen mußten, die Segel würden zerreißen oder das Schiff würde kentern. Außerdem mußten wir zu unserer größten Beunruhigung feststellen, daß wir immer weiter leewärts abtrieben und das Kap nicht umrunden konnten. Wir waren so nahe an der Küste, daß die Brandung gegen die Schiffswand prallen würde, so daß wir mit Schrecken unserem baldigen Ende entgegensahen.

Als wir so in höchster Not dem Tod gegenüberstanden und Wind und Wellen über alle Maßen tobten, fierte unser Steuermann das Hauptsegel ein wenig, und entweder aus diesem Grunde oder dank irgendeiner Strömung oder kraft der wunderbaren Macht Gottes, an die wir alle glaubten, beschleunigte das Schiff sein Tempo und schoß an dem Felsen vorbei, an dem es unseres Erachtens hätte stranden müssen. Zwischen dem Kap und der Landzunge befand sich eine kleine Bucht, so daß wir uns weiter von der Küste entfernt hatten, und als wir in die Nähe des Kaps gelangt waren, bereiteten wir uns auf den Tod vor. Doch unser gütiger Gott, der Vater aller Gnaden, er rettete uns, und wir umschifften das Kap in einer Schiffslänge oder ein bißchen mehr. Als das Kap hinter uns lag, holten wir die Segel ein, die allein Gott uns erhalten hatte, und wir wurden ohne einen Zentimeter Segel von einem Passatwind ins Innere des Landes getrieben. Wir segelten vor dem Meer, und drei Mann zusammen waren nicht imstande, das Ruder zu halten. In sechs Stunden legten wir fünfundzwanzig Seemeilen in der Meerenge zurück, bis wir ein Meer vorfanden, das dem Ozean ähnlich war.»

Aus ‹*The Voyages and Works of John Davis*›. Hg. v. Albert Hastings Markham, 1880, S. 115–116.

80 Charleys Männer waren nicht ertrunken. Die Masten waren zwar weggerissen worden, aber die Boote kenterten nicht. Sie ruderten nach Mataura Cove zurück, umrundeten das Kap, als sich das Wetter endlich besserte, und trafen schließlich die *Yáñez*.

Charley verbrachte zwei Monate auf Desolation Island mit den Bergungsarbeiten. Dann reiste er nach England, um sich einer offiziellen Untersuchung zu stellen. Er wußte, daß man ihn entlassen würde. Die New Zealand Shipping Company gab schiffbrüchigen Kapitänen keine zweite Chance. Aber der eigenartige Zauber des Südens hielt Charley bereits gefangen, und er hatte den Kopf voller Pläne, wie er Geld verdienen wollte.

Der erste bestand darin, daß er in der Magellan-Straße auf großen blau-weißen Emailleschildern für englische und amerikanische Produkte Reklame machen wollte. Sie waren nicht in erster Linie zum Nutzen der Schiffspassagiere vorgesehen. Er hatte die Absicht, die Öffentlichkeit mit illustrierten Artikeln in der internationalen Presse auf die «Verunstaltung einer wunderschönen Landschaft durch skrupellose Werbemanager» aufmerksam zu machen.

Für dieses Projekt fand er keinen Geldgeber.

An einem schönen Frühlingstag stieg Charley, ohne jemanden von seiner Ankunft in Kenntnis gesetzt zu haben, aus einer Droschke vor dem Bürohaus seiner Gesellschaft in der Leadenhall Street aus. Henri, der Franzose, stand auf dem Bürgersteig.

«Nun, Capitaine, 'atte ich recht? Ist der Ärger von Osten gekommen?»

Charley beachtete ihn nicht und eilte die Stufen hinauf.

«Wie lange steht dieser Mann schon da?» fragte er Mortimer, den Chefportier.

«Seit etwa zehn Minuten, Sir.»

«Ich meine nicht heute. Ich meine, wie lange lungert der hier schon herum?»

«Seit heute morgen, Sir. Ich sehe ihn zum erstenmal.»

Charley packte Henri an die Kehle und schüttelte ihn.

«Wie haben Sie erfahren, daß ich heute nach England zurückkommen würde?»

«Auf die gleiche Weise wie damals, als ich erfuhr, daß der Ärger von Osten kommen würde – von den Geistern.»

«Ich versuche gar nicht erst, eine Erklärung dafür zu finden», notierte Charley. «Ich beschreibe nur, was geschehen ist. Nach einer Unterredung mit dem Geschäftsführer, die nur wenige Minuten dauerte, verließ ich das Büro und war entlassen – entlassen nach zwanzig Dienstjahren, weil die Maschine meines Schiffs kaputtgegangen war.»

Er wurde ebenfalls bei einem gewissen Mr. Lawrie von der Londoner Bergungsgesellschaft vorstellig und bat um die Erstattung seiner Unkosten im Hotel *Kosmos* in Höhe von drei Pfund.

«Ich nehme an, Capitaine, daß Sie an Ihrem Wrack genug verdient haben, um Ihre Hotelrechnung bezahlen zu können.»

Jetzt begriff er, was José Menéndez gemeint hatte.

«Beinahe hätte ich dem Mann erzählt, ich hätte zweitausend Pfund verdienen können, wenn ich nicht so ehrlich gewesen wäre. Aber ich sah ein, daß es sinnlos war, mit einem solchen Mann über Ehrlichkeit zu reden. Er hätte nicht einmal verstanden, was das Wort bedeutet.»

81

Charley verbrachte einen freudlosen Sommer in Shrewsbury, aber im August erhielt er einen Brief von einem Mr. William Fitzgerald vom *Wide World Magazine*, der ihm eine Zugfahrkarte erster Klasse nach London bezahlen wollte. Als er das Büro betrat, fand er niemanden, dem er seine

Visitenkarte überreichen konnte. Also klopfte er höflich an eine Tür mit der Aufschrift ‹Chefredakteur› und betrat das Zimmer. Henri Grien, in einem eleganten Anzug, schritt auf und ab, während ein junger Mann einer Sekretärin diktierte.

«Hallo, Henri, wie geht es Ihnen?»

«Ich kenne Sie nicht.»

Der junge Mann sprang hinter seinem Schreibtisch auf.

«Was zum Teufel soll das bedeuten, Sir, daß Sie ohne anzuklopfen in mein Zimmer kommen und diesen Gentleman mit Henri anreden, wenn er doch Louis de Rougemont heißt.»

«Nur ruhig Blut, junger Mann. Es war niemand da, der Ihnen meine Visitenkarte bringen konnte. Ich klopfte zweimal. Henri Grien habe ich mit seinem richtigen Namen angeredet. Und da Sie selbst, Sir, mich gebeten haben herzukommen, rechnete ich mit einer anderen Begrüßung, aber da Sie so wenig Manieren haben, wünsche ich Ihnen einen guten Morgen.»

Charley ging auf die Tür zu, aber der Franzose schlang die Arme um seinen Hals und küßte ihn.

«Oh! Das ist ja mein kleiner Capitaine! Verzeihen Sie mir. Ich 'abe Sie nicht erkannt. Sie 'aben Ihren Bart abrasiert.»

Charley war immer noch gereizt und schritt hinaus. Der Franzose lief hinter ihm her.

«Sie können jetzt nicht gehen, Mr. de Rougemont», rief der Chefredakteur. «Wir müssen über Ihren Vortrag vor der Britischen Gesellschaft am Freitag sprechen.»

«Was kümmert mich dieser Vortrag. Ich gehe mit meinem kleinen Capitaine fort.»

Beiden lag nichts an starken Getränken, und sie gingen in ein Restaurant ohne Alkoholausschank am *Strand.* Mr. Fitzgerald hatte den Namen Henri Grien zum erstenmal gehört.

82 Henri Grien war der Sohn eines cholerischen und schlampigen Schweizer Bauern aus Grasset am Neuchâtel-See. Mit sechzehn Jahren lief er vor dem Mistwagen seiner Vorfahren davon, direkt in die Arme der alternden Schauspielerin Fanny Kemble, die ihn als ihren Lakaien einstellte und ihn sieben Jahre lang in die Welt der Rampenlichter und der Schminke schleppte. Seine schauspielerische Begabung blieb unentdeckt, und im Jahre 1870 ereilte ihn das andere Schicksal so vieler gescheiterter Theaterexistenzen – das Dienstbotendasein. Er wurde Butler bei Sir William Cleaver Robinson, der zum Gouverneur Westaustraliens ernannt worden war. Die künstlerischen Neigungen des Gouverneurs galten der Musik und der Poesie, und zu seinen Freunden gehörte der französische Gelehrte Louis de Rougemont, der als Autor eines Traktats über Jungfräulichkeit in Erscheinung getreten war.

Henri verließ den Gouverneur und nahm nunmehr die Karriere des Abenteurers auf. Er arbeitete als Koch auf einem Perlenfischerschoner und erlitt Schiffbruch. Er spülte Geschirr in einem Hotel, und er war Straßenfotograf in einer Goldgräberstadt. 1882 heiratete er eine schöne junge Frau, die ihm vier Kinder schenkte. Er wurde Landschaftsmaler, wobei er nach Fotografien arbeitete, verkaufte gefälschte Bergwerksaktien und war Kellner in einem Restaurant in Sydney. Einer der Stammgäste war ein Mann, der die Gegend um den Golf von Cambridge erforschte. Henri lieh sich seine Tagebücher aus und schrieb sie ab. Als nächstes experimentierte er mit dem Taucheranzug, in dem der Däne erstickt war.

Er war aus Australien verschwunden, um der Polizei und den Unterhaltszahlungen an seine Frau zu entgehen. In Wellington, Neuseeland, schloß er sich einigen Spiritisten an, die in ihm ein hervorragendes Medium gefunden zu haben glaubten. Er erzählte einem Journalisten seine Lebensgeschichte, und dieser war überzeugt, daß sie als Roman einen Bestseller abgeben würde, aber davon wollte Henri nichts wissen – mittlerweile waren Traum und Wirklichkeit für ihn eins geworden. An einem lauen Sommerabend borgte er sich eine schwarze Krawatte aus und schlich sich in die Drill Hall, wo er Kapitän Charles Amherst Milward kennenlernte.

Er kam mit der *Waikato* nach England – und scheint auch ihr Unglück gebracht zu haben. (Kurze Zeit später brach ihre Schraubenwelle vor dem Kap der Guten Hoffnung, und die *Waikato* wurde von der Agulhas-Strömung nach Süden mitgerissen. Dort trieb sie vier Monate auf hoher See, was für ein Dampfschiff den absoluten Rekord darstellte. Conrad benutzte den Vorfall als Vorlage für seinen Roman *‹Falk›*.) Im späten Frühjahr war er in abgetragener Kleidung bei *Wide World* aufgetaucht, konnte aber den Brief eines konservativen Parlamentsabgeordneten vorweisen, in dem es hieß: «Dieser Mann hat eine Geschichte, die, sollte sie wahr sein, die Welt erschüttern wird.»

Henri erzählte Fitzgerald, er sei der Sohn eines reichen Pariser Kaufmanns namens de Rougemont. Seine Mutter habe ihn als Kind in die Schweiz mitgenommen, wo er eine besondere Begabung für Geologie und Ringkämpfe entwickelte. Um einer militärischen Laufbahn in Frankreich zu entgehen, war er zu Reisen in den Orient aufgebrochen. Er ging in Batavia an Bord eines holländischen Perlenfischerschoners und war der einzige Überlebende, als der Schoner sank. De Rougemont strandete auf einem Korallenriff, wo er vor lauter Langeweile auf Schildkröten ritt und sich ein Haus aus Perlmuttschalen und ein Kanu baute (welches wie das von Robinson Crusoe dermaßen schwer war, daß er es nicht bis zum Strand hinunterziehen konnte).

Nach mehreren gescheiterten Versuchen betrat er am Golf von Cambridge das australische Festland, heiratete eine pechschwarze Frau, die Yamba hieß, und lebte dreißig Jahre lang unter den Eingeborenen. Er ernährte sich wie sie von Yamwurzeln, Schnecken und Engerlingen (aber niemals von Menschenfleisch!) und nahm an ihren Wanderungen, Jagden, Kriegen und Mondscheintänzen teil. Dank seiner Begabung für den Ringkampf wurde er ein Stammesheld und stieg zum Stammeshäuptling auf. Erst nach Yambas Tod beschloß er, sich wieder zur weißen Zivilisation durchzuschlagen. In Kimberley stieß er auf eine Gruppe von Goldgräbern.

Mr. Fitzgerald rühmte sich seiner guten Nase für erlogene Geschichten. Er fand, de Rougemont erzähle seine Geschichte so «wie ein Mann eine Busfahrt beschreiben würde» und war von ihrer Echtheit überzeugt. Im gleichen Sommer stückelte ein Team von Journalisten und Stenografen die Geschichte für ihre Veröffentlichung zusammen. Der Kronzeuge, Kapitän Milward, blieb stumm: er wußte, was bei seiner letzten Begegnung mit Henri Grien geschehen war.

Die erste Folge von *‹Die Abenteuer des Louis de Rougemont›* erschien im Juli, und sogleich setzte eine stürmische Nachfrage nach der Zeitschrift ein. Das Buch war im Druck. Telegramme flogen rund um die Welt: man feilschte um die Abdruckrechte. Hausfrauen überhäuften den Franzosen mit Einladungen. Für das Wachsfigurenkabinett von Madame Tussaud wurde eine Maske von seinem Gesicht abgenommen, und die Britische Gesellschaft für den Wissenschaftlichen Fortschritt forderte ihn auf, bei ihrer Jahresversammlung in Bristol zwei Vorträge zu halten.

Das Publikum langweilte sich bereits beim ersten Vortrag. Er versuchte, den zweiten mit kannibalistischen Details aus seinem Eheleben mit Yamba lebendiger zu gestalten, doch noch am selben Tag verdunkelte sich sein Stern. Die *Daily Chronicle,* die einen Betrug witterte, brachte einen Leitartikel, in dem de Rougemont ein Hochstapler genannt wurde. Weitere Beschuldigungen folgten, und zahlreiche Akademiker fielen in den Chor mit ein. Während der Herbstmonate, als das britische Imperium in seinem Zenit stand, teilte sich de Rougemont die Schlagzeilen der Presse mit der Schlacht von Omdurman, dem Faschoda-Konflikt und der Wiederaufnahme des Dreyfus-Prozesses. Der *Daily Chronicle* stöberte seine alte Mutter in Grasset auf, und am 21. Oktober wurde de Rougemont von einer Mrs. Henri Grien aus Newton, Sydney, als der Mann identifiziert, der ihr die

Alimente von zwanzig Shilling und fünf Pence in der Woche schuldig geblieben war.

Der Reisende ließ die Anschuldigungen, ohne zu erröten, über sich ergehen und nahm seine Theater-Karriere als Henri Grien wieder auf. Das Londoner Hippodrom importierte ein paar Schildkröten und stellte auf seiner Bühne ein Wasserbassin aus Gummi auf, aber entweder hatte das Klima oder aber der Reiter einen demoralisierenden Einfluß auf die Tiere, denn sie wurden von einer großen Schläfrigkeit überwältigt. Daraufhin reiste er mit seiner eigenen Show *Der größte Lügner der Welt* nach Durban und Melbourne. Das Geheul des Publikums brachte ihn zum Schweigen.

Er starb am 9. Juni 1921 als Louis Redmond, wie er sich jetzt nannte, im Krankenrevier des Armenhauses von Kensington.

83 Während die Journalisten de Rougemont entlarvten, fuhr Charley nach Punta Arenas zurück. Das Wilde war noch lange nicht in ihm ausgebrannt.

Zeit und Entfernung verdecken den Verlauf seiner zweiten Karriere. Ich mußte sie an Hand vergilbter Sepiafotos, violetter Kohlepapierdurchschläge, einiger Andenken und mit Hilfe der Erinnerungen einiger hochbetagter Personen rekonstruieren. Auf den ersten Blick hat man den Eindruck eines energischen Pioniers, der seinen neuen Lenkradschnurrbart voller Selbstvertrauen zur Schau trägt, der vor South Georgia Elefantenrobben jagt, für Lloyd's Schiffswracks birgt, einen deutschen Goldgräber beim Sprengen der Mylodon-Höhle hilft oder mit seinem deutschen Geschäftspartner, Herrn Löwe, durch die Gießerei schreitet und die von ihnen aus Dortmund und Göppingen importierten Wasserturbinen oder Drehbänke inspiziert. Löwe war ein methodischer Mensch und führte die Geschäfte, während Charley die Kunden auftrieb und mit ihnen verhandelte. Der Panamakanal war noch nicht durchstochen, und die Geschäfte gingen gut.

Die zweite Fotoserie zeigt Charley als den südlichsten Konsul des britischen Imperiums, als angesehenen Bürger von Punta Arenas und Direktor der einzigen Bank der Stadt. Er verdiente gutes Geld (wenn auch nie genug), litt an Hexenschuß und «wartete sehnsüchtig auf Nachrichten» aus der Heimat. Die alten Mitglieder des Britischen Clubs können sich noch an ihn erinnern. Ich saß in den hohen Räumen des Clubs, dessen Wände einen meergrünen Anstrich hatten und mit Jagdstichen und Drucken Edwards VII. behängt waren. Das Klirren von Whiskygläsern und Billardkugeln drang an mein Ohr, und ich konnte mir Charley vorstellen, wie er auf einem dieser englischen Waschledersofas saß, sein schlimmes Bein ausstreckte und von der See erzählte.

Unter seinen Briefen aus dieser Zeit fand sich einer an meinen Großvater, in dem er die Hoffnung äußert, der Untergang der *Titanic* habe diesem das Segeln nicht verleidet; außerdem ein Brief an den Ehrenwerten Walter Rothschild bezüglich einer Schiffsladung von Darwins Nandus und ein auf Konsulatspapier geschriebener Bericht an den Arbeitgeber eines verstorbenen Schotten: «Er war eine Schande für jeden britischen Staatsbürger, seit er hierherkam . . . Er benutzte sein Waschbecken als WC. Sein Zimmer stellte eine Beleidigung für jedes Tier dar, und in seinem Schrank befanden sich fünfzehn leere Whiskyflaschen. Ich bedaure es außerordentlich, aber ich halte es für das Beste, die Wahrheit zu sagen.»

Mit der Zeit wird ein verzweifelter Unterton in diesen Briefen immer stärker. Keines seiner Projekte ließ sich je ganz so verwirklichen, wie er es sich vorgestellt hatte. In Feuerland bohrte er nach Öl, aber die Bohrmaschine zerbrach. Das Land bei Valle Huemeules schien große Erträge zu versprechen, aber dann kamen die Schafdiebe, die Pumas, die rechtswidrigen Okkupanten und ein skrupelloser Grundstückshai: «Wir haben die allergrößten Schwierigkeiten mit unserem Grundbesitz in Argentinien. Die Regierung hat ihn einem Juden gegeben, der so freundlich war zu schwören, daß alle meine Schafe und Häuser ihm gehören.» Weil er nicht alles verlieren wollte, bat er Braun und Menéndez um Beistand, und sie schafften es binnen kurzem, daß seine Anteile nur noch fünfzehn Prozent betrugen.

1913 ließ er seinen Sohn, der gerade die Schule hinter sich gebracht hatte, aus England kommen, um ihn abzuhärten. Harry Milward verbrachte einen langen, schneereichen Winter in Valle Huemeules, er haßte die Farm, den Verwalter und schließlich auch seinen Vater. Nicht unbedingt verwunderlich bei Briefen, die mit den Sätzen endeten: «Nun leb wohl, mein guter Junge, und vergiß nicht, daß Gott Dir dort wie hier immer noch sehr nahe ist, wenn Du auch von seiner Gnade noch sehr weit entfernt bist. Dein Dich stets liebender Vater . . .»

Der Rest von Harrys Laufbahn war vorauszusehen. Er zog in den Krieg, führte mit ein paar Freunden ein wildes Leben, heiratete dreimal und endete als Sekretär eines Golfclubs in England.

In Charleys Album fand ich Fotos von einem im Bau befindlichen Haus – einem viktorianischen Pfarrhaus, das man an die Magellan-Straße verlegt hatte. Die Hälfte des Hauses schenkte er der anglikanischen St. James-Kirche, deren Vorsteher und Hauptwohltäter er war. Stolz packte er das Weihwasserbecken aus, ein Geschenk von Königin Alexandra. Stolz begrüßte er den Bischof der Falkland-Inseln, der zur Einweihung gekommen war. Aber die Kirche war bald ein weiterer Konfliktherd. Er warf dem Pastor vor, obskure Kirchenlieder auszuwählen, damit er seine Solostimme noch mehr in den Vordergrund rücken könne. Die gläubige Gemeinde, erklärte er, habe ein Recht auf *‹Abide with Me›* oder *‹Oft in Danger, Oft in Woe›*. Reverend Cater seinerseits setzte das Gerücht in Umlauf, Kapitän Milward sei ein heimlicher Trinker.

Der Krieg traf ihn unvorbereitet in einem Krankenhaus in Buenos Aires, wo er sich einer Darmoperation unterziehen mußte. Aber bald darauf hatte der Krieg ihn mit Beschlag belegt. Die Visitenkarte von Admiral Craddock, die immer noch an der Tafel aus grünem Serge im Britischen Club hängt, erinnert daran, daß der südlichste Konsul des Empire der letzte Zivilist war, der ihn lebend sah. Zwei Stunden bevor die britische Flotte zu ihrer verheerenden Begegnung mit den Deutschen vor Coronel aufbrach, dinierte Charley an Bord der *Good Hope*. In einem Memorandum beschreibt er, wie der Admiral mutig, aber müde Churchills Befehle hinnahm: «Ich werde nach von Spee suchen, und sollte ich ihn finden, sind meine Stunden gezählt.»

Charley verabscheute den Krieg: «Diese vielen Menschen, die sich gegenseitig die Kehlen durchschneiden und nicht wissen warum.» Er weigerte sich, der allgemeinen Kriegshysterie zu verfallen. Auch wollte er sich nicht von seinem deutschen Geschäftspartner trennen. «Löwe gehört nicht zu den Kriegstreibern», schrieb er, «sondern ist ein lieber, guter, ehrlicher weißer Mann.» Die britische Kolonie haßte ihn dafür und verbreitete das Gerücht, der Konsul sei politisch unzuverlässig. In der *Buenos Aires Herald* wurde ein anonymer Brief mit Anspielungen auf «das britische Konsulat, wie es der Konsul zu nennen beliebt», veröffentlicht.

Ein anderer Erinnerungsgegenstand an die Kriegsjahre ist eine goldene Uhr, die ihm die britische Admiralität für treue Dienste schenkte. Nachdem Admiral Sturdee das Kreuzergeschwader von Graf Spee vor den Falkland-Inseln versenkt hatte, entkam der Kreuzer *Dresden* und versteckte sich am westlichen Eingang der Beagle-Straße mit Bäumen getarnt und von den Deutschen in Punta Arenas mit Proviant versorgt. (Den britischen Einwohnern der Stadt fiel auf, wie die Zahl der Hunde plötzlich immer geringer wurde, und sie witzelten über den Hundegeschmack der Würste, die die deutschen Matrosen aßen.) Charley fand den Standort der *Dresden* heraus und kabelte nach London. Statt seinen Hinweis ernst zu nehmen, tat die Marine das genaue Gegenteil.

Der Grund war simpel: die ‹wahren Briten› hatten die Admiralität davon überzeugen können, daß der Konsul ein Agent der Deutschen sei und auf diese Art erreicht, daß er in Ungnade fiel. Erst nachdem sie ihren Fehler erkannt hatten, bekam Charley eine Entschuldigung. Die Uhr sollte ihn für die Verleumdungen entschädigen, die man auf ihn gehäuft hatte. Sie ließ lange auf sich warten. «Ich werde schon unter der Erde liegen, bevor ich irgend etwas von der Uhr höre», schrieb er.

Ein dritter Zeuge aus dieser Zeit ist ein Farbdruck von Cecil

Aldin, auf dem sich Hunde um eine Freßnapf scharen. Er ruft die Erinnerung an Sir Ernest Shackleton wach, wie dieser in Charleys Wohnzimmer auf und ab schreitet und dem Redakteur Charles Riesco eine leidenschaftliche Rede über die Drangsal seiner auf Elephant Island in die Falle geratenen Männer hält. Der später in der *Magellan Times* veröffentlichte Artikel – «tiefliegende graue Augen», «menschliche Größe und Bescheidenheit», «der beste unserer Rasse» etc. – läßt keineswegs darauf schließen, was tatsächlich vorgefallen war:

Charley saß in einem Schaukelstuhl und tat so, als döse er vor sich hin, während der Polarforscher mit seinem Revolver herumfuchtelte, um einige wichtige Punkte seiner Rede besonders hervorzuheben. Die erste Kugel flitzte haarscharf an Charleys Ohr vorbei und traf die Wand. Er stand auf, entwaffnete seinen Gast und legte die Waffe auf den Kaminsims. Shackleton war ganz erschüttert, er entschuldigte sich für den Vorfall und murmelte etwas von einer letzten Kugel in der Kammer. Charley setzte sich wieder hin, aber Shackletons Suada war von seinem Revolver nicht zu trennen. Die zweite Kugel ging wieder daneben, traf aber den Farbdruck. Das Einschußloch befindet sich am rechten unteren Rand.

In der Zwischenzeit hatte das Leben des Ex-Konsuls eine neue Wendung genommen. Er hatte eine junge Schottin, die Isabel hieß, kennengelernt. Isabel war ohne einen Pfennig Geld in Punta Arenas angekommen, nachdem sie auf einer Estancia in Santa Cruz gearbeitet hatte. Charley nahm sich ihrer an und gab ihr das Geld für die Heimfahrt nach Schottland. Als sie fort war, fühlte er sich einsam. Sie schrieben einander, und einer seiner Briefe enthielt einen Heiratsantrag.

Belle kam zurück, und sie gründeten eine Familie. 1919 schätzte Charley sein Vermögen auf 30 000 Pfund, genug, um sich damit zurückziehen und für alle Kinder sorgen zu können. Er verkaufte die Fundición Milward an einen Franzosen, einen Monsieur Lescornez, und dessen Partner Señor Cortéz, und sie einigten sich darauf, daß die Zahlungen erst dann erfolgen sollten, wenn sich die Geschäfte von den Folgen des Krieges erholt hätten. Die Familie packte ihre Sachen, fuhr nach England und kaufte das Landhaus ‹The Elms› in der Nähe von Paignton.

Charley, der Seemann, zurück von der See. Charley, der Pionier, dessen Unrast sich gelegt hatte, der sich in seinem Garten zu schaffen machte, auf der Blumenschau von Taunton Preise entgegennahm, an der Seite seiner jungen Frau auf dem englischen Land alt wurde, seinem Sohn Unterricht erteilte oder mit seinen beiden Töchtern spielte, von denen die eine Anzeichen künftiger großer Schönheit und die andere Symptome seiner eigenen Impulsivität erkennen ließ. Aber ich muß leider berichten, daß dieses harmonische und gleichmäßige Bild nicht von langer Dauer war.

Der Panamakanal war inzwischen durchstochen. Punta Arenas war wiederum von aller Welt abgeschnitten. Die Wollpreise sanken auf ihren tiefsten Stand. Santa Cruz erlebte eine Revolution. Und die Gießerei machte Bankrott.

Angeregt von zwei oder mehr ‹wahren Briten›, die aus purer Bosheit heraus handelten, hatten die beiden neuen Besitzer das Unternehmen geschröpft, hohe Schulden gemacht, Schecks mit Milwards Namen unterzeichnet und das Weite gesucht.

Charley war ruiniert.

Er umarmte seine Kinder. Er umarmte Belle. Er nahm für immer Abschied von den grünen Feldern Englands. Er kaufte sich eine einfache Fahrkarte dritter Klasse nach Punta Arenas. Freunde in der ersten Klasse sahen ihn mit sorgenvoller Miene auf das Meer starren. Sie boten ihm an, die Preisdifferenz zu bezahlen, aber er hatte seinen Stolz. Keine Spiele an Deck für ihn auf dieser Reise. Er zog es vor, seine Kabine mit Schäfern zu teilen.

Belle verkaufte ‹The Elms› und reiste ihm nach, und sechs Jahre lang bauten sie unter großen Opfern alles wieder auf. Auf den Fotos sieht man einen gekrümmten alten Mann mit einem Homburg, einem riesigen Backenbart und einem verwundeten Blick. Charley humpelte hinunter zur Gießerei, schnauzte die Männer an und lachte, wenn sie lachten. Belle führte die Bücher, und das tat sie fast vierzig Jahre lang. Ohne ihre Sparsamkeit hätten sie es nicht geschafft, aber jetzt zahlten sie nach und nach die Schulden ab.

Ich besitze ein letztes Bild von Charley, das um 1928 entstanden ist. Er sitzt mit seinem Fernrohr im Turmzimmer und versucht einen letzten Blick von dem Schiff zu erhaschen, das seinen Sohn zur Internatsschule in England mitnimmt. Als das Schiff Kurs nach Osten nahm und von der Nacht verschlungen wurde, sagte er: «Ich werde den Jungen nie wiedersehen.»

84 Es war ein Sonntag, als ich mich in Punta Arenas aufhielt, und ich ging zum Frühgottesdienst in die St. James-Kirche. Ich setzte mich auf Charleys Platz, den ich an dem Messingring erkannte, der für seinen Gehstock in den Stuhl geschraubt worden war. Ein amerikanischer Baptist las die Messe. In seiner Predigt berichtete er von den technischen Schwierigkeiten, die beim Bau der Brücke über die Meerenge von Verranzano entstanden waren, schweifte dann zu den ‹Brücken zu Gott› und endete mit dem donnernden Aufruf: «Ihr sollt diese Brücke sein!» Er forderte uns auf, für Pinochet zu beten, wobei uns nicht ganz klar war, mit welcher Einstellung wir diese Gebete an Gott richten sollten. Unter den Anwesenden befand sich ein alter Schäfer aus den Highlands, der Black Bob MacDonald hieß und für Red Pig gearbeitet hatte. «Ein großartiger Mann», meinte er.

Ich lernte auch eine amerikanische Ornithologin kennen, die sich hier unten aufhielt, um das Kampfverhalten von Darwins Nandus zu studieren. Sie erzählte mir, daß sich zwei Männchen gegenseitig an der Kehle schnappten und einander im Kreis herumwirbelten. Verlierer war der, dem zuerst schwindlig wurde.

85 Ein Engländer riet mir, das Lufttaxi nach Porvenir auf Feuerland zu nehmen und dort die alte Farm eines Zeitgenossen von Charley zu besuchen.

Mr. Hobbs' Haus lag auf der flachen Landzunge zwischen einem See, der mit Flamingos übersät war, und einem Meeresarm der Magellan-Straße. Es sah aus wie eine Jagdhütte, hatte ockerfarbene Bretterwände, weiße Erkerfenster und ein braunes Dach. Weiße Kletterrosen rankten sich um die Windschutzzäune, die den winzigen Garten umgaben. Ein paar Lieblingsblumen der Engländer standen noch da, lange nachdem die Engländer weg waren.

Seit der Bodenreform gehörte das Haus einer jugoslawischen Witwe. Sie hatte einen *peón* hineingesetzt und ließ es verfallen. Aber der Pitchpine-Fußboden war noch da und das gewundene Treppengeländer und Fetzen der William Morris-Tapete an den Wänden im ersten Stock.

Auf den Fotos war Mr. Hobbs ein untersetzter Mann mit lockigem Haar und offenem rosigem englischem Gesicht. Er hatte seine Farm nach dem Stamm der Ona *Gente Grante* genannt, das heißt Großes Volk, denn es war ihr Jagdgrund gewesen, als er hierherkam. Man konnte der Farm nach den vielen Jahren noch ansehen, daß Hobbs eine Vorliebe für ordentliche Handwerksarbeit gehabt hatte – das sah man selbst an den Hundehütten, den Schnitzereien an den Schafställen und sogar am Schweinestall, der die gleiche Farbe hatte wie das Wohnhaus. Viel konnte sich nicht geändert haben, seit Charley im Jahre 1900 hiergewesen war.

Etwa einen Monat vor Charleys Besuch hatte das chilenische Kriegsschiff *Errazuriz* eine Aufklärungsfahrt vor der Nordküste Feuerlands unternommen, und ein Boot mit ein paar Matrosen an Land geschickt. Zwei der Seeleute, die sich von der übrigen Truppe entfernt hatten, wurden von den Indianern getötet und gehäutet.

Am nächsten Morgen wurde ein Suchtrupp ausgeschickt, aber erst nach Tagen fand man die verstümmelten Überreste der Matrosen. Der Kapitän ordnete eine Vergeltungsaktion gegen die Mörder an, aber die Ona, die wußten, was sie erwartete, waren bereits in die Berge geflohen.

«Sagen Sie mir, Hobbs», fragte ihn Charley, «was soll man Ihrer Ansicht nach mit den Indianern machen? Jetzt, wo sie zwei Matrosen umgebracht haben, werden sie glauben, sie könnten sich alles erlauben. Und darunter werden andere leiden. Ihre Farm, zum Beispiel, ist leicht erreichbar, und Sie haben Frau, Kinder und Bedienstete. Sie werden meines Erachtens als nächster mit ihrer Aufmerksamkeit rechnen müssen.»

«Ich weiß nicht recht, was ich tun soll», erwiderte Hobbs. «Die Regierung nimmt es einem heutzutage ja so schrecklich übel, wenn man einen Indianer tötet, selbst wenn es in Notwehr war. Ich muß abwarten, was passiert.»

Charlie kam ein paar Monate später wieder auf die Insel, und Hobbs wollte ihm ein paar Schweine vorführen, die er gerade aus England importiert hatte. Oben auf dem Schweinestall war ein relativ frischer Menschenschädel angebracht.

«Erinnern Sie sich noch an den Vorfall, als die Indianer die Matrosen von der *Errazuriz* umgebracht haben?» fragte Hobbs.

«Natürlich! Ich habe Sie sogar gefragt, was Sie gegen sie unternehmen wollten.»

«Und ich habe Ihnen geantwortet, daß ich abwarten wollte. Na ja, jetzt ist es passiert, und das ist das Ergebnis.»

Charley wollte die Geschichte unbedingt hören, aber Hobbs schwieg. Zwei Tage später saßen sie nach dem Abendessen im Rauchzimmer, als Hobbs plötzlich zu reden anfing: «Sie haben mich nach den Indianern gefragt. Es ist nicht viel darüber zu sagen. Sie kamen immer näher ans Haus heran, zuerst nahmen sie immer nur ein Schaf mit, aber dann wurden sie frecher. Sie stahlen dreißig, vierzig Schafe. Einer meiner Schäfer ist ihnen mit knapper Mühe entkommen, weil er seinem Pferd die Sporen gab. Da war für mich der Zeitpunkt gekommen, an dem ich etwas unternehmen mußte.

Ich schickte Spione aus, um festzustellen, wo sich ihr Lagerplatz befand und wie viele sie waren. Ich erfuhr, daß es dreizehn Männer waren, hinzu kamen Frauen und Kinder. Eines Tages, als die Frauen nicht dort waren, habe ich meine zahmen Indianer um mich versammelt – es waren insgesamt acht – und ihnen erklärt, wir gingen auf Guanakojagd. Ich habe sie mit alten Gewehren und Revolvern bewaffnet. Wir sind mit einer ziemlich großen Gruppe losgeritten, aber nach und nach habe ich meine eigenen Männer nach Hause geschickt, und als wir in die Nähe des Lagerplatzes der Ona kamen, waren nur noch die Indianer, einer meiner Männer und ich selbst übrig.

Wir konnten das Lager sehen, und ich sagte meinen Indianern, sie sollten sich bei den wilden Indianern erkundigen, wo man die Guanakos finden kann. Als die Wilden meine Truppe mit den Feuerwaffen ankommen sahen, haben sie sie mit Pfeilen empfangen. Auf diese Begrüßung antworteten meine zahmen Indianer mit ihren Feuerwaffen, wobei ein Mann getötet wurde. Danach gab es natürlich kein Pardon mehr. Wir besiegten die wilden Indianer, und unter ihren Toten war derjenige, der die Matrosen von der *Errazuriz* auf dem Gewissen hatte. Es ist sein Schädel da oben auf dem Schweinestall.

Als Bezirksrichter mußte ich der Regierung einen Bericht schicken. Ich schrieb ihnen, daß es einen Kampf zwischen zahmen und wilden Indianern gegeben und daß es dabei ein paar Tote gegeben hätte, darunter den gesuchten Mörder.»

86 Der Pilot des Lufttaxis machte mich mit einem Jugoslawen bekannt, der Frachten nach Dawson Island flog. Er nahm mich mit. Ich wollte das Konzentrationslager sehen, in dem Minister der Allende-Regierung gefangengehal-

ten wurden, aber die Soldaten gestatteten mir nicht, das Flugzeug zu verlassen.

Charley kannte eine Geschichte von dem früheren Gefängnis auf der Insel:

«Die Salesianer errichteten auf Dawson Island eine Mission und baten die chilenische Regierung, ihnen alle gefangenen Indianer zu schicken. Bald hatten die Pater eine Menge Indianer bei sich und lehrten sie die Grundlagen der Zivilisation. Das gefiel den Indianern überhaupt nicht, und obwohl sie zu essen bekamen und in Hütten lebten, sehnten sie sich nach ihrem alten Wanderleben zurück.

Zu der Zeit, von der ich spreche, war die Zahl der Indianer durch Seuchen auf ungefähr vierzig zurückgegangen. Sie hatten eine Menge Schwierigkeiten gemacht, hatten versucht zu fliehen, waren rebellisch geworden und wollten nicht arbeiten. Dann wurden sie plötzlich gehorsam und ruhig. Dieser Wandel entging den Patern nicht. Außerdem fiel ihnen auf, daß die Männer morgens immer müde waren und während der Arbeitszeit einschliefen. Sie stellten ihnen Fallen und fanden heraus, daß die Indianer nachts, nachdem man sie in ihren Hütten untergebracht hatte, in die Wälder gingen. Sie versuchten, ihnen zu folgen, aber die Indianer merkten es immer und liefen dann stundenlang ziellos in den Wäldern umher, bis die Zeit zur Rückkehr in die Mission gekommen war.

«Das ging mehrere Monate so, und die Pater waren dem Geheimnis um keine Spur näher gekommen. Eines Tages war einer von ihnen auf dem Rückweg von einem abgelegenen Winkel der Insel und verirrte sich. Als die Dunkelheit hereinbrach, legte er sich zum Schlafen nieder – und plötzlich hörte er Stimmen zwischen den Bäumen. Er schlich sich an sie heran und sah die nachts immer vermißten Indianer vor sich. Er blieb dort liegen, bis die Indianer am nächsten Morgen aufbrachen, um zur Arbeit zu gehen. Da erst kam er aus seinem Schlupfwinkel hervor. Unter Zweigen versteckt fand er ein wunderschönes Kanu, das aus einem einzigen Baumstamm herausgeschnitzt worden war und so dünn, daß man es trotz seiner immensen Größe bewegen konnte. Die Indianer waren dabei, es zum Strand zu ziehen, der noch vierhundert Meter entfernt war, und der Pater sah, daß sie sich den Weg zum Wasser hinunter bereits gebahnt hatten.

Mit dieser Neuigkeit kehrte er zur Mission zurück. Die Pater hielten Kriegsrat ab und beschlossen, die Augen offen zu halten und das Kanu von Zeit zu Zeit aufzusuchen, um herauszufinden, wie weit die Operation fortgeschritten war. Die Tage vergingen, und die völlig ahnungslosen Indianer zogen ihr Boot bis an den Strand hinunter. Das war eine langwierige Arbeit, denn die Sommernächte waren kurz und sie konnten es jede Nacht nur ein paar Meter vorwärts ziehen.

Die Pater nahmen an, daß die Indianer bis nach dem Weihnachtstag warten würden, für den man ihnen Sonderrationen versprochen hatte. Und während sich die Indianer bei der Weihnachtsfeier amüsierten, schickten die Pater zwei Männer mit einer Säge und Zeitungspapier zum Kanu. Sie sägten es in der Mitte durch, nicht ohne vorher das Zeitungspapier auf dem Boden auszubreiten, damit keine Sägespäne zurückblieben und die armen Trottel nicht eher etwas merken würden, bis sie ihren gesamten Proviant verstaut hatten.

Nach den langen Monaten des Wartens war der große Augenblick für die Indianer nun gekommen. Alle versammelten sich bei dem Kanu, und als sie es ins Wasser ziehen wollten, brach es in zwei Hälften auseinander.

Das war meines Wissens der gemeinste Streich, den man den armen Indianern je gespielt hat – das Kanu, das sie endlich aus ihrem verhaßten Gefängnis wegtragen sollte, unbrauchbar zu machen. Es wäre nicht halb so schlimm gewesen, wenn die Pater es sofort zerstört hätten, als sie es fanden. Aber abzuwarten, bis es fertig gebaut und an den Strand gezogen war, das fand ich den Gipfel der Grausamkeit.

Ich erkundigte mich, wie die Indianer reagiert hatten, und man sagte mir, sie seien zu ihren Hütten zurückgekehrt und hätten so getan, als sei nichts geschehen.»

87 Ich hatte noch eine Sache in Patagonien zu erledigen: ich mußte Ersatz für das verlorene Stückchen Haut finden.

Die Stadt Puerto Natales lag im Sonnenlicht, aber am gegenüberliegenden Ufer der Bucht der Letzten Hoffnung türmten sich violette Wolken auf. Die Dächer der Häuser waren rostig und klapperten im Wind. In den Gärten wuchsen Ebereschen, und ihre feuerroten Beeren ließen die Blätter schwarz erscheinen. Die meisten der Gärten erstickten unter Sauerampfer und Wiesenkerbel.

Regentropfen fielen klatschend auf das Straßenpflaster. Alte Frauen huschten wie schwarze Pünktchen über die breite Straße und stellten sich hastig irgendwo unter. Ich suchte in einem Laden Schutz, in dem es nach Katzen und Meer roch. Die Inhaberin saß da und strickte Socken aus fettiger Wolle. Sie war umgeben von Schnüren mit geräucherten Muscheln, Kohlköpfen, Fladen aus getrocknetem Seesalat und Seegrasbündeln, die aussahen wie die gewundenen Schallröhren einer Tuba.

Puerto Natales war eine Rote Stadt, seit es die Fleischfabrik gab. Die Engländer hatten diese Fabrik während des Ersten Weltkriegs errichtet, sechs Kilometer die Bucht hinunter, an der Stelle, wo das tiefe Wasser ins Festland eindrang. Sie hatten eine Eisenbahnlinie gebaut, damit die Männer zur Arbeit fahren konnten, und als die Fabrik ihre Tore schloß, hatten die Einwohner von Puerto Natales die Lokomotive angemalt und auf der Plaza aufgestellt – ein recht zweifelhaftes Denkmal.

Die Schlachtsaison dauerte in der Regel drei Monate. Sie vermittelte den Chiloten einen Vorgeschmack von mechanisiertem Massaker, der ihrer Vorstellung von der Hölle sehr nahe kam: das viele Blut, der dampfende rote Fußboden, die zappelnden und bald darauf steifen Tiere, die vielen weißhäutigen Kadaver und die herumliegenden Innereien, Därme, Hirne, Herzen, Lungen, Lebern und Zungen. All das machte die Männer ein bißchen wahnsinnig.

In der Schlachtsaison des Jahres 1919 waren ein paar Maximalisten von Punta Arenas nach Puerto Natales gekommen. Sie erzählten, daß ihre russischen Brüder ihre Direktoren umgebracht hätten und seitdem glücklich lebten. An einem Tag im Januar beauftragte der stellvertretende Direktor, ein Engländer, zwei Männer mit Malerarbeiten, weigerte sich aber dann, sie zu bezahlen, weil sie die Arbeit nicht gut gemacht hatten. Am gleichen Nachmittag schossen sie ihm eine Kugel durch die Brust, und alle anderen Männer fingen an, Amok zu laufen. Sie stürmten die Eisenbahn, befahlen dem Lokführer, mehr Dampf zu geben, aber es gab nicht mehr Dampf, worauf sie ihn ebenfalls erschossen. Sie lynchten drei Carabinieri, plünderten Geschäfte und brannten sie nieder.

Der Gouverneur der Provinz Magallanes schickte ein Schiff mit Soldaten und einem Richter nach Puerto Natales. Sie nahmen achtundzwanzig Anführer fest. Die Arbeit in der Fleischfabrik wurde wiederaufgenommen und alles war wieder so wie vor der Ankunft der Maximalisten.

Im Hotel *Colonial* erkundigte ich mich bei der Frau des Besitzers nach dem Aufstand.

«Das ist zu lange her», sagte sie.

«Erinnern Sie sich vielleicht noch an einen Mann namens Antonio Soto? Er war der Anführer des Streiks in Argentinien, aber später hat er hier im *Ciné Libertad* gearbeitet.»

«Soto? Den Namen kenne ich nicht. Soto? Nein. Sie meinen sicher José Macías. Der hatte mit dem Streik zu tun, auch mit den Anführern.»

«Lebt er hier?»

«Er hat hier gelebt.»

«Wo kann ich ihn jetzt finden?»

«Er hat sich gerade erschossen.»

88 José Macías erschoß sich in seinem Barbierladen, in seinem eigenen Barbierstuhl, vor dem Spiegel.

Der letzte Mensch, der ihn lebend gesehen hatte, war ein Schulmädchen, das um halb neun durch die Calle Borie ging, in schwarzem Kleid mit einem großen weißen Kragen, begleitet nur von ihrem wellenförmigen Schatten auf den geriffelten Fassaden der Häuser.

Sie blickte zu den Fenstern des Hauses mit dem eigenartig arktisch-blauen Anstrich und sah, wie an jedem Morgen, daß der Barbier sie durch die Schlitze der weißen Jalousie hindurch beobachtete. Sie erschauderte und ging schnell weiter.

Gegen Mittag verließ die Köchin des Barbiers, Conchita Marín, ihr Haus im schäbigsten Teil der Stadt und lief zur Calle Baqueano, um Einkäufe für das Mittagessen ihres Arbeitgebers zu machen. Sie besorgte etwas Gemüse in dem Laden an der Ecke, ging kurz in das Restaurant *Rosa de Francia* und kaufte sich zwei Pastetchen. Als sie sah, daß die weiße Jalousie heruntergelassen war, ahnte sie, daß etwas nicht in Ordnung war.

Der Barbier war ein Mann mit regelmäßigen Gewohnheiten, er hätte sie benachrichtigt, wenn er weggegangen wäre. Sie klopfte, obwohl sie wußte, daß niemand antworten würde. Sie fragte bei den Nachbarn nach, aber auch die hatten den Barbier nicht gesehen.

Conchita Marín stellte ihren Einkaufskorb auf dem Boden ab. Sie zwängte sich durch die Pfähle des Gartenzauns, öffnete das Küchenfenster mit dem defekten Riegel und kletterte ins Haus.

Der Barbier hatte sich mit einer alten Winchester eine Kugel in die rechte Schläfe gejagt und – mit noch funktionierenden Reflexen – einen zweiten Schuß abgegeben, der sein Ziel jedoch verfehlte und einen Kalender traf, auf dem der hiesige Gletscher abgebildet war. Der Drehstuhl schwenkte nach links, und die Leiche fiel seitlich auf den Boden. Die Fischaugen starrten glasig an die Decke. Eine Blutlache breitete sich auf dem blauen Linoleumfußboden aus. In seinen Haaren, die drahtig wie die eines Indianers waren, klebte getrocknetes Blut.

Macías hatte seinen Tod mit der für ihn typischen Liebe zum Detail vorbereitet. Er hatte sich rasiert und seinen Schnurrbart gestutzt. Er hatte seinen Mate-Tee getrunken, die grünen Blätter in den Abfalleimer geworfen, seine Schuhe blank geputzt und seinen schönsten Anzug aus gestreiftem Kammgarn, eine Errungenschaft aus Buenos Aires, angezogen.

Der vordere Raum war kahl und weiß. Zu beiden Seiten des Wandspiegels hingen zwei Schränkchen aus hellem Holz, in denen Pomaden und Brillantine untergebracht waren. Auf dem Brett über dem Waschbecken lagen ordentlich nebeneinander Pinsel, Scheren und Rasiermesser. Zwei Dosen mit Haarspray standen sich gegenüber, die Zerstäuber zeigten nach innen, die roten Gummibälle waren nach außen gerichtet.

Der Schuß zerstörte die Symmetrie seiner letzten Komposition.

Macías stand in dem Ruf, knickerig zu sein, sich aber bei all seinen Geschäften korrekt zu verhalten. Er hinterließ kein Testament und nur wenig Bargeld, aber er besaß drei Häuser, die er vermietet hatte. Die Mieter hatten nie eine Klage gegen ihren Vermieter vorgebracht. Er war ständig um seine Gesundheit besorgt und ein fanatischer Vegetarier, der sich mit allerlei Kräutertees kurierte. Er war Frühaufsteher und hatte die Angewohnheit, im Morgengrauen, bevor sich irgend jemand sehen ließ, die Straße zu fegen. Seine Nachbarn nannten ihn ‹El Argentino› – wegen seiner Unnahbarkeit, wegen des strengen Schnitts seiner Anzüge, wegen seiner Leidenschaft für Mate-Tee und vor allem wegen seiner früher so stürmischen Eleganz beim Tango.

Er stammte aus dem Süden von Chiloé, hatte die Insel jedoch bereits als Junge verlassen und war bei ein paar Schafscherern in die Lehre gegangen, die auf den patagonischen Estancias arbeiteten. 1921 war er in den Aufstand der *peónes* verwickelt, hatte angeblich eng mit den Anführern zu tun gehabt und war mit ihnen nach Chile geflohen. Er ließ sich in Puerto Natales als Barbier nieder, was dem Schafscheren sehr ähnlich war, aber mehr Ansehen einbrachte. Er heiratete und bekam eine Tochter, aber seine Frau verließ ihn und lebt in Bigamie mit einem Mechaniker in Valparaíso. Mit den Jahren entsagte er der Revolution und wurde ein Zeuge Jehovas.

Er erschoß sich an einem Montag. Die Sonntagsspaziergänger hatten ihn noch auf seinem Fahrrad hinausfahren sehen: aus Gesundheitsgründen, wie sie meinten. Sie hatten gesehen, wie der alte Mann mit der Baskenmütze und dem flatternden Regenmantel gegen den Wind gebeugt im Zickzack durch die Straßen fuhr, einen Weg an der Bucht entlang einschlug und dann von der weiten Landschaft verschluckt worden war.

Die Bürger der Stadt hatten drei Theorien über den Selbstmord: entweder hatte sein Verfolgungswahn seit dem Putsch der Junta die Oberhand gewonnen, oder er hatte sich den Weltuntergang für den Sonntag ausgerechnet und sich am Montagmorgen, als die Euphorie nachließ, erschossen. Nach der dritten Theorie war sein Tod auf seine Arteriosklerose zurückzuführen. Er hatte ein paar Freunden gegenüber gesagt: «Ich werde es zu Ende bringen, bevor es mich zu Ende bringt.»

Conchita Marín war eine sorglose, lebhafte, großbusige Frau, die zwei Söhne und keinen Ehemann hatte. Ihre Liebhaber kamen frisch vom Meer und brachten ihr Fischschuppen auf den Wolljacken mit ins Haus. An dem Morgen, als ich zu ihr ging, trug sie eine rosa Bluse, klimpernde Ohrringe und ungewöhnlich dick aufgetragenen grünen Lidschatten. Ein paar Lockenwickler aus Plastik versuchten etwas Ordnung in ihre wirren schwarzen Haare zu bringen.

Ja, sie hatte den Barbier gern gehabt. Er war sehr anständig und sehr zurückhaltend gewesen. Aber auch sehr seltsam! Ein Intellektueller, meinte sie. «Stellen Sie sich vor, er hat immer auf dem Rücken im Gras gelegen und die Sterne angesehen.»

Sie zeigte auf eine Buntstiftzeichnung. «Das hat Señor Macías für mich gemalt. Das hier ist die Sonne. Rot. Das hier der Mond. Gelb. Das hier ist die Erde. Grün. Und das ist der berühmte *cometa* . . .»

Sie zeigte auf einen rotgelben Streifen, der über den oberen Papierrand hinausragte.

«Sehen Sie mal, was er geschrieben hat ... *Cometa* ... *Ko* ... *hou* ... *tek*. Ja, Señor Macías hat gesagt, dieser *cometa* ist von Gott gekommen, um uns für unsere Sünden zu töten. Aber dann ist er wieder weggegangen.»

«Hatte er irgendwelche politischen Verbindungen?» fragte ich.

«Er war Sozialist. Ich glaube, er war Sozialist.»

«Hatte er denn sozialistische Freunde?»

«Keine Freunde. Aber er hat sozialistische Bücher gelesen. *Viele* Bücher! Er hat sie mir in der Küche vorgelesen, aber ich habe nichts verstanden.»

«Was waren das für Bücher?»

«Ich weiß es nicht mehr. Ich konnte ihm nicht zuhören, wenn er vorgelesen hat. Aber ich erinnere mich an einen Namen ... warten Sie mal! Ein berühmter Schriftsteller. Ein Schriftsteller aus dem Norden. Sehr sozialistisch!»

«Der frühere Präsident Allende?»

«Nein, nein, nein! Señor Macías mochte diesen Señor Allende überhaupt nicht. Er hat gesagt, der ist ein *maricón*, ein Schwuler. Er hat gesagt, die ganze Regierung besteht aus *maricónes*. *Maricónes* in der Regierung! Das müssen Sie sich mal vorstellen! Nein wirklich! Der Name des Schriftstellers fing mit einem M an ... Marx! Könnte es Marx sein?»

«Es könnte Marx sein.»

«Es *war* Marx! *Bueno*, Señor Macías hat gesagt, daß alles, was in diesem Buch von Señor Marx steht, wahr ist, aber daß andere verändert haben, was er geschrieben hat. Er hat gesagt, daß es eine Verfälschung war, eine Verfälschung der Wahrheit.»

Conchita Marín war sehr mit sich zufrieden, weil sie sich an den Namen von Señor Marx erinnert hatte.

«Wollen Sie das Testament von Señor Macías sehen?» fragte sie und holte einen Farbdruck mit einem Langhaardackel hervor, unter den der Barbier geschrieben hatte:

«DER EINZIGE FREUND DES MENSCHEN (der einzige, der ihm nicht feindlich gesonnen ist).» Auf der Rückseite las ich folgendes:

Wahre Missionare haben die gleiche Autorität und Aufmerksamkeit wie der Apostel Paulus
Keine Soziologie ohne Errettung
Keine Nationalökonomie ohne den Evangelisten
Keine Reform ohne Erlösung
Keine Kultur ohne Bekehrung
Kein Fortschritt ohne Vergebung
Keine neue soziale Ordnung ohne eine neue Geburt
Keine neue Organisation ohne eine neue Schöpfung
Keine Demokratie ohne das Göttliche Wort
KEINE ZIVILISATION OHNE CHRISTUS
SIND WIR BEREIT ZU TUN, WAS UNSER HERR BEFIEHLT (gemäß seinem ausdrücklichen Willen)?

Ja, sagte Conchita Marín, der Barbier war krank, ziemlich krank. Er hatte Arteriosklerose. Aber da war noch etwas, etwas, was ihn ständig quälte. Nein, er hatte nie etwas von dem Streik in Argentinien erzählt. Er war sehr zurückhaltend. Aber manchmal hatte sie sich gefragt, woher er wohl die Narbe an seinem Halsansatz hatte. Von einer Kugel, da war sie sicher. Die muß glatt durchgedrungen sein. Stellen Sie sich das vor! Er hat die Narbe immer versteckt. Immer hat er einen steifen Kragen und eine Krawatte getragen. Sie hatte die Narbe einmal gesehen, als er krank war, und er hatte versucht, sie zu verstecken.

Elsa, die Tochter des Barbiers, war eine zerknitterte Jungfer mit einer beklagenswerten Haut und spärlichem Haarwuchs, die ein Haus mit zwei kornblumenblauen Zimmern bewohnte und sich ihren Lebensunterhalt als Schneiderin verdiente. Sie hatte ihren Vater im vergangenen Jahr einmal gesehen, aber schon seit zwei Jahren nicht mehr mit ihm geredet. In seiner Jugend sei er ein Abenteurer gewesen, sagte sie. *«Sí, Señor, muy pícaro.»* Als sie ein Kind war, erinnerte sie sich, hatte er gern zur Gitarre gesungen.

«Aber es waren immer traurige Lieder. Mein Vater war ein trauriger Mann. Er war ungebildet, und er war traurig, weil er nichts gelernt hatte. Er las viele Bücher, aber verstanden hat er sie nicht.» Und mit einem Blick, der all sein Leid und das ihre dazu ausdrückte, nannte sie ihn einen *infeliz*.

Sie zeigte mir das Foto eines Mannes mit fülligem, nach hinten gekämmtem Haar, von Angst gezeichneten Gesichtszügen und Augen voller Furcht. Er trug seinen Buenos Aires-Anzug mit den spitzen Rockaufschlägen, einen hohen, gestärkten Kragen und einen Querbinder. Als ich sie nach der Narbe fragte, war sie ziemlich erschüttert und sagte: «Wie konnte sie Ihnen das erzählen?»

Der Apotheker auf der Plaza war einer der ältesten Kunden von Macías gewesen. Er schickte mich zu einem *peón,* der den Barbier während des Streiks in Argentinien kennengelernt hatte. Der Alte lebte mit der Witwe zusammen, der die Eisdiele gehörte. Er hatte grauen Star, seine Augen waren umwölkt und seine Lider von blauen Äderchen durchzogen. Die Arthritis hatte seine Hände verkrüppelt, und er kauerte an einem kleinen Holzofen. Seine Beschützerin beäugte mich mißtrauisch. Sie hatte ihre Arme bis zu den Ellbogen in rosa Eiscreme getaucht.

Zuerst war der alte Mann ganz mitteilsam. Er hatte zu den Streikenden gehört, die sich Viñas Ibarra in Río Coyle freiwillig ergeben hatten. «Die Armee hatte die Befugnis, jeden zu töten», sagte er mit Bestimmtheit, als ob man von Armeen nichts anderes erwarten könne. Aber als ich ihn über die Anführer ausfragte und Macías' Namen erwähnte, wurde er fahrig.

«Verräter! Kneipenbesitzer! Friseure! Akrobaten! Künstler!» sprudelte es aus ihm heraus, und er begann zu husten und zu keuchen. Die Frau wusch sich das Eis von Armen und Händen, kam zu uns herüber und klopfte ihm auf den Rücken.

«Bitte, Señor, gehen Sie jetzt. Er ist so alt. Es ist besser, Sie lassen ihn in Ruhe.»

José Macías hatte vielleicht keine Freunde gehabt, aber er hatte Kunden, mit denen er sich unterhielt. Einer von ihnen war Bautista Díaz Low. Sie waren im selben Alter, und beide kamen aus derselben Gegend von Chiloé. Wenn sie sich genug mit ungewöhnlichen Neuigkeiten in den Ohren gelegen hatten, tauschten sie Erinnerungen an Chiloé aus.

Zu Bautistas Vorfahren gehörten Spanier, Indianer und Engländer. Der Großvater seiner Mutter, Kapitän William Low, Kommandant eines Kaperschiffs und Seehundjäger, hatte FitzRoy und Darwin durch die *canales* gelotst. Der Urenkel war ein kleiner, gedrungener Mann mit einem belustigten Lächeln um die Mundwinkel, einem stählernen Körper und unbequemem Temperament, das er auf sein *sangre británica* zurückführte.

Siebzig Jahre ständiger Boxkämpfe hatten seine Nase plattgedrückt. Er konnte immer noch jeden unter den Tisch trinken, während er seine Ideen von größerer Gerechtigkeit verkündete und die unglaublichsten Geschichten aus seinem Leben zum besten gab. Und er hatte Fotos, die bewiesen, daß er im Alter von sechzehn Jahren einen unzähmbaren Hengst gezähmt hatte, daß er Preisboxer und Streikanführer gewesen war, daß er sich mit den Schlägern der Gewerkschaft gestritten und deren Anschläge auf sein Leben mehrmals erfolgreich abgewehrt hatte. Im Laufe der Zeit hatte er die Theorie entwickelt, daß man verloren war, wenn man tötete oder auch nur die Absicht hatte zu töten.

«Die einzige rechtmäßige Waffe ist die Faust! Ha! Alle, die mir an den Kragen wollten, liegen bereits unter der Erde. Es gibt keinen Gott, aber es gibt das Recht!»

Als Feind der Kapitalisten und auch der Arbeiterklasse hatte er sich in den fernsten Winkel der Bucht der Letzten Hoffnung zurückgezogen und sich aus der Wildnis eine eigene Estancia herausgehackt. Dort fand ich ihn, in einem Haus mit blauen Schindeln, das er mit eigenen Händen gebaut hatte. Wir setzten uns zusammen mit zwei *peónes* und einem Seehundjäger an den Tisch in seiner exzentrischen smaragdgrünen Küche und lachten und tranken die ganze Nacht hindurch.

Alle zwei Wochen fuhr Bautista mit seinem roten Kutter nach Puerto Natales, um sich mit Proviant zu versorgen und eine oder zwei Nächte bei seiner Frau zu schlafen, die seine bullige Präsenz in der Ferne vorzog und in der Stadt geblieben war, um ihre fünf Söhne zu versorgen.

«Fünf Trinker-Söhne! *Qué barbaridad!* Was habe ich bloß getan, daß ich mit fünf Trinker-Söhnen gestraft bin? Ihre Mutter behauptet, daß sie arbeiten, aber ich behaupte, daß sie Säufer sind.»

Ich fragte Bautista nach dem Selbstmord des Barbiers. Er haute mit der Faust auf den Tisch.

«José Macías hat die Bibel gelesen, und die Bibel ist ein Buch, das die Menschen verrückt macht. Die Frage ist nur: Wie kam er dazu, die Bibel zu lesen?»

Ich erzählte ihm, was ich von Macías Rolle beim Streik erfahren hatte und von der Narbe, derer er sich offensichtlich schämte. Ich erwähnte, daß die Anführer entkommen seien und ihre Männer den Erschießungskommandos überlassen hätten, und fragte, ob die Narbe an seinem Hals irgendwie damit zusammenhängen könnte.

Bautista hörte mir aufmerksam zu und sagte dann: «Ich glaube, an Macías Selbstmord sind die Frauen schuld. Dieser Mann war ausgesprochen geil, selbst noch in seinem Alter. Und eifersüchtig! Er hat seine Frauen nie mit anderen sprechen lassen. Nicht einmal mit anderen Frauen! Natürlich sind sie ihm alle davongelaufen, und darum ist er in diesen religiösen Wahn verfallen. Aber es ist eigenartig, daß Sie den Streik erwähnen. Alle mir bekannten Männer, die den Streik überlebt haben, fühlten sich auf irgendeine Weise verfolgt. Vielleicht hat Macías sich erschossen, um eine alte Schuld zu begleichen.»

Ich kehrte nach Puerto Natales zurück und fand bestätigt, was ich bereits geahnt hatte: Bevor José Macías sich erschoß, hatte er sein Hemd aufgeknöpft und seinen Hals vor dem Spiegel entblößt.

89 In der Bar des Hotels *Colonial* nahmen der Schulmeister und ein Schäfer im Ruhestand ihren mittäglichen Brandy zu sich und klagten still über die Junta. Der Schäfer kannte die Mylodon-Höhle gut. Er riet mir, zuerst Señor Eberhard aufzusuchen, dessen Großvater sie entdeckt hatte.

Ich verließ die Stadt und wanderte an der Bucht entlang auf die Schornsteine der Fleischfabrik zu. Rote Fischerboote drehten sich im Wind unruhig um ihre Vertäuungen. Ein Mann schaufelte Algentang auf einen Pferdekarren. Er machte eine vage Geste, als hätte er einen Verrückten gesehen. Dann hielt ein Lastwagen neben mir, und ich wurde ein Stück mitgenommen.

Es war dunkel, als ich in Puerto Consuelo ankam. Eine Flottille weißer Coscoroba-Schwäne schwamm nahe am Ufer. Die Giebel eines großen deutschen Hauses ragten aus einer Pinienpflanzung heraus. Die Fensterladen waren geschlossen und die Türen verriegelt. Da hörte ich, wie ein Stromerzeugungsaggregat ansprang und sah ein Licht in ungefähr einem Kilometer Entfernung.

Deutsche Schäferhunde heulten auf, als ich den Hof betrat. Ich war froh, daß sie an Ketten lagen. Ein großer Mann mit Adlernase und weißem Haar, ein richtiger Patrizier, öffnete mir die Tür. Ich erzählte ihm, nervös und auf spanisch, von Charley Milward und dem Riesenfaultier.

«So», sagte er auf englisch, «Sie gehören also zur Familie des Diebes! Kommen Sie herein.»

Er ließ mich in ein sparsam, im Stil der zwanziger Jahre möbliertes deutsches Haus eintreten, mit weißen Wänden, ein paar Tischen mit Glasplatten und Stahlrohrmöbeln von Mies van der Rohe. Beim Abendessen erzählte er von seinem Großvater, und wir stückelten die Geschichte zusammen.

90

Herman Eberhard war ein kräftiger Junge mit einem unersättlichen Lebenshunger. Sein Vater, der Oberst in der preußischen Armee war, hatte Rothenburg ob der Tauber verlassen, um seinem König zu dienen. Er schickte seinen Sohn auf eine Militärakademie, von der dieser eines Sonntagmorgens weglief. Er sagte, er gehe zum Schwimmen hinunter an den Fluß, ließ ein Kleiderbündel am Ufer zurück und tauchte fünf Jahre unter – zuerst auf einer Schweinefarm in Nebraska, später in einem Walfanghafen auf den Aleuten, zuletzt in Peking.

Dort fingen ihn die deutschen Militärbehörden und schifften ihn nach Deutschland ein. Sein Vater ließ sich zum Vorsitzenden des Kriegsgerichts ernennen, das über seinen Sohn urteilen sollte und verurteilte ihn zu zwanzig Jahren Zwangsarbeit wegen Fahnenflucht. Hermans Freunde legten Berufung gegen das Urteil ein, weil der Vater voreingenommen gewesen sei, und erreichten, daß die Strafe auf achtzehn Monate herabgesetzt wurde – die Herman auch absaß.

Er verließ Deutschland, für immer, und ging auf die Falkland-Inseln, wo er als Lotse arbeitete. Eines Tages erkundigte sich die Britische Botschaft in Buenos Aires bei ihm, ob er die *Marchesa,* die Jacht des Earl of Dudley, durch die *canales* nach Valparaíso lotsen wolle. Herman hatte keinen Sinn für Geld, er sagte, er täte es gern, aus reinem Vergnügen, aber als er die Jacht wieder verließ, drückte ihm Lord Dudley einen Umschlag in die Hand und sagte, er solle ihn erst an Land öffnen. Innen lag ein Scheck über tausend Pfund – in jenen Tagen war ein Lord eben noch ein Lord!

Die Summe war zu groß zum Verschleudern, also wurde Eberhard Schafzüchter. 1893 ruderte er auf der Suche nach neuem Weideland mit zwei englischen Marinedeserteuren durch die Bucht der Letzten Hoffnung, und als sie nach Puerto Consuelo kamen, sagte er: «Hier ließe sich was machen.»

Im Februar 1895 durchsuchte Eberhard die Höhle, die hinter seinem Anwesen in einen Berg hineinklaffte. Er befand sich in Begleitung seines Schwagers Ernst von Heinz, eines gewissen Mr. Greenshield, eines Schweden mit dem Namen Klondike Hans, und seines Hundes. Sie fanden einen Menschenschädel und ein Stück Haut, das aus dem Boden heraussah. Das Stück Haut war etwa 1,20 Meter lang und halb so breit. Auf einer Seite war es borstig und mit einer Salzkruste überzogen, auf der anderen waren weiße Knochenstückchen eingelagert. Mr. Greenshield meinte, es sei eine mit Kieselsteinchen bedeckte Kuhhaut. Eberhard sagte, es gebe keine Kühe hier und hielt den Fund für die Haut eines unbekannten Meeressäugetiers. Er hängte sie an einen Baum, damit der Regen das Salz herunterspülte.

Ein Jahr später besichtigte der schwedische Forscher Dr. Otto Nordenskjöld die Höhle und entdeckte ein weiteres Stück Haut – vielleicht hat er auch ein bißchen von Eberhards Haut weggenommen. Außerdem fand er die Augenhöhle eines riesigen Säugetiers, eine Klaue, einen menschlichen Hüftknochen von riesigen Ausmaßen und ein paar Steinwerkzeuge. Er schickte alles an das Museum in Uppsala, zu Dr. Einnar Lönnberg, der in große Verwirrung und Aufregung geriet, jedoch ohne zusätzliche Informationen nicht wagte, die Öffentlichkeit zu benachrichtigen.

Gerüchte über seltsame Vorgänge in Puerto Consuelo lockten als nächsten Dr. Francisco Moreno vom Museum in La Plata an. Als er im November 1897 kam, fand er nichts von Interesse, außer Eberhards Haut, die immer noch am Baum hing, wenn auch um die Hälfte kleiner. Der Deutsche schenkte sie ihm, und er schickte sie, zusammen mit anderen Fundstücken seiner Reisen, nach La Plata.

Einen Monat nach der Ankunft dieser Kiste veröffentlichte Morenos Kollege und Erzrivale Florentino Ameghino, der Doyen der Paläontologen Südamerikas einen sensationellen Bericht mit der Überschrift: *‹Erste Anmerkungen zum Mylodon Listai – ein LEBENDES Exemplar des ausgestorbenen, versteinerten, zahnlosen Bodenfaultiers in Argentinien›*.

Aber hier zuerst mal ein bißchen vom Hintergrund der Geschichte:

91 Das Mylodon war ein Riesenfaultier, etwas größer als ein Bulle, von einer ausschließlichen in Südamerika vertretenen Klasse. 1789 schickte ein gewisser Dr. Bartolome de Muñoz aus Buenos Aires dem Königlichen Kuriositä-

tenkabinett in Madrid die Knochen seines noch größeren Verwandten, des Megatheriums, zu. Der König bestellte ein zweites Exemplar, lebend oder tot.

Das Skelett setzte die Naturwissenschaftler der Generation Cuviers in Erstaunen. Goethe verarbeitete es zu einem Essay, der die Evolutionstheorie vorwegzunehmen scheint. Die Zoologen mußten sich ein vorsintflutliches Säugetier vorstellen, das in aufrechter Haltung über fünf Meter groß war und das gleichzeitig die vergrößerte Ausgabe des gewöhnlichen, insektenfressenden Faultiers darstellte, das mit dem Kopf nach unten in den Bäumen hing. Cuvier nannte dieses Tier Megatherium und deutete an, daß «etwas derart Unvollkommenes und Groteskes» wohl ein Scherz der Natur sein dürfte.

Darwin fand zwischen seinen «neun großen Vierfüßlern» die Knochen eines Mylodons am Strand von Punta Alta, in der Nähe von Bahía Blanca, und schickte sie an Dr. Richard Owen, der dem Königlichen Chirurgenkollegium angehörte. Owen spottete über den Gedanken, daß sich Riesenfaultiere auf Riesenbäume gerettet haben könnten, als die Sintflut kam. Er rekonstruierte das *Mylodon Darwini* als ein schwerfälliges Tier, das sich auf seinen Schenkeln hochrichtete, Beine und seinen Schwanz wie einen Dreifuß benutzte und das, statt auf Bäume zu klettern, diese mit seinen Klauen fällte. Das Mylodon hatte eine lange, dehnbare Zunge wie eine Giraffe, mit der es Blätter und Würmer aufschaufelte.

Das ganze 19. Jahrhundert hindurch wurden in den *barrancas* von Patagonien Mylodonknochen entdeckt. Die Wissenschaftler waren ratlos angesichts der unzähligen Knochenfragmente, die mit den Skeletten gefunden wurden, bis Ameghino sie richtig als Panzerplatten deutete – wie die Hornplatten des Gürteltiers.

In einem Punkt war das ausgestorbene Tier mit lebenden Tieren und den Fabeltieren identisch. Märchen von Indianern und Berichte von Reisenden hatten einige Zoologen davon überzeugt, daß ein großes Säugetier die Katastrophen der Eiszeit überstanden hatte und in den südlichen Anden fortlebte. Für dieses Tier gab es fünf Kandidaten:

a) Das *Yemische,* eine Art Ghul.

b) Das *Su* oder *Succurath,* das bereits 1558 erwähnt wird und an den Ufern der patagonischen Flüsse lebte. Dieses Tier hatte einen Löwenkopf mit «etwas Menschlichem daran», einen kurzen Bart von Ohr zu Ohr und einen mit scharfen Stacheln gespickten Schwanz, der den Jungen als Schutz diente. Das *Su* war ein Jäger, aber er jagte die Tiere nicht nur, um sich zu ernähren, sondern auch um ihrer Felle willen, mit denen es sich im kalten Klima zudeckte.

c) Das *Yaquarũ* oder den ‹Wassertiger› (oft mit dem *Su* verwechselt). Der englische Jesuitenpater Thomas Falkner berichtet im 18. Jahrhundert, er habe eines auf dem Paraná gesehen. Es war eine bösartige Kreatur, die in den Strudeln der Flüsse lebte, und wenn sie eine Kuh verschlang, schwammen die Lunge und die Eingeweide an der Wasseroberfläche. (Wahrscheinlich war es ein Kaiman.) ‹Wassertiger› kommen auch in den Erinnerungen von George Chaworth Musters, *‹At Home with the Patagonians›,* vor. Der Autor beschreibt, wie sein indianischer Führer vom Stamm der Tehuelche sich weigerte, den Río Senguer zu durchqueren, aus Angst vor den «gelben Vierfüßlern, die größer sind als ein Puma».

d) Das *Elengassen,* ein Ungeheuer, das Dr. Moreno 1879 von einem patagonischen Kaziken beschrieben wurde. Es hatte einen Menschenkopf und einen Rückenschild, und es steinigte Fremde, die sich seinem Lager näherten. Man konnte es nur töten, wenn man es an einer ungeschützten Stelle an seinem Bauch traf.

e) Der fünfte und überzeugendste Hinweis auf diese mysteriöse Fauna beschrieb ein sehr großes Tier, das einem ‹Riesenpangolin› ähnelte und Ende der achtziger Jahre des letzten Jahrhunderts von dem damaligen Gouverneur von Santa Cruz, Ramón Lista, geschossen wurde.

All dies bildete den Hintergrund für den Bericht des Florentino Ameghino. Er teilte Journalisten mit, die Indianer hätten seinem Bruder Carlos jahrelang von dem *Yemische* erzählt. Zuerst habe er angenommen, es handle sich um einen Schreckensmythos der Eingeborenen, ein reines Produkt ihrer zusammenhanglosen Theologie. Jetzt gebe es jedoch einen weiteren und verblüffenden Beweis dafür, daß es als lebendes Säugetier existiere:

1895, sagte er, habe ein Tehuelche, der Hompen hieß, versucht, den Río Senguer zu durchqueren, aber die Strömung sei so stark gewesen, daß sein Pferd sich weigerte, ins Wasser zu gehen. Hompen sei von seinem Pferd heruntergestiegen und ins Wasser gewatet – er wollte es auf diese Art dazu bewegen, daß es ihm folgte. Aber es wieherte, bäumte sich auf, wich zurück und jagte in die Wüste. In eben diesem Augenblick sah Hompen das *Yemische* auf sich zukommen.

Kaltblütig blickte er dem Tier in die Augen, bewarf es mit seinen *boleadoras* und seiner *bola perdida* («in den Händen eines Indianers haben diese Waffen eine erstaunliche Wirkung»). Er zerlegte es, zog ihm die Haut ab und nahm ein kleines Stück für seinen Freund, den weißen Forscher, mit.

Carlos gab die Haut an Florentino weiter. Dieser habe, als er sie in der Hand hatte und die weißen Knochenstückchen sah, sofort gewußt, daß «das *Yemische* und das Mylodon vergangener Zeiten das gleiche Tier waren». Die Entdeckung bestätigte Ramón Listas Jagdgeschichte, und zu Ehren des ermordeten Ex-Gouverneurs gab Ameghino dem Tier einen neuen Namen und nannte es *Neomylodon Listai*.

«Und das Skelett?» fragte ein Journalist.

«Mein Bruder kümmert sich gerade um die Sache mit dem Skelett. Ich hoffe, daß es sich bald in meinem Besitz befinden wird.»

Nein, Dr. Ameghino hielt es nicht für möglich, daß das Tier auf einem Eisberg aus der Antarktis hierhergetrieben war.

Ja, er hatte beim Direktor für das öffentliche Bauwesen um eine hohe Summe für die Finanzierung einer Jagd auf das Mylodon nachgesucht.

Ja, die Tehuelche jagten das Mylodon, oftmals mit Hilfe von Gruben, die durch Blätter und Zweige getarnt waren.

Nein, er zweifle nicht daran, daß man es fangen werde. Trotz seines unverwundbaren Panzers und seines aggressiven Verhaltens werde es früher oder später von Menschen gefangengenommen werden.

Nein, Dr. Morenos Funde in der Eberhard-Höhle hätten ihn

nicht beeindruckt. Wenn Dr. Moreno wußte, daß es sich um die Haut eines Mylodons handelte, warum hatte er dann nicht gleich die Wissenschaft darauf aufmerksam gemacht?

Ameghinos Pressekonferenz war eine weitere Sensation, die ein internationales Echo fand. Das Britische Museum drängte ihn, ein winziges Stück von der Haut abzuschneiden. Die Deutschen wollten ein Foto des erlegten Tiers. Und in ganz Argentinien wurde das Tier mehrmals gesichtet, unter anderem von einem Estanciero, der seinen *peón* auf dem Paraná-Fluß an einen ‹Wassertiger› verlor. Er hatte die Zweige knacken und das Tier schwimmen hören: «klap . . . klap . . . klap . . .» Und dann hörte er ein Heulen: «Ah . . . joooooo!»

Moreno kehrte nach La Plata zurück und begab sich mit seinem Stück Haut nach London. Er ließ es im Britischen Museum in sicherem Gewahrsam, und dort befindet es sich noch heute. Bei einem Vortrag vor der Royal Society am 17. Januar 1899 erklärte er, er habe immer gewußt, daß es sich um ein Mylodon handelte und daß das Tier seit langer Zeit ausgestorben, aber unter den gleichen Bedingungen wie die Federn des neuseeländischen Moa erhalten geblieben sei.

Dr. Arthur Smith Woodward, Direktor der paläontologischen Abteilung, glaubte das nur zur Hälfte. Er hatte Moafedern in den Händen gehabt. Und er hatte in St. Petersburg Teile des Pallasschen Wollhaarnashorns und den tiefgefrorenen Mammut aus Jakutien gesehen. Verglichen mit diesen, sagte er, sei die Mylodonhaut so «erstaunlich frisch» und das Blutgerinnsel so rot, daß er, gäbe es da nicht den Standpunkt von Dr. Moreno, «nicht im geringsten zögern würde zu behaupten, daß das Tier erst vor kurzem getötet wurde».

In England waren so viele Zweifel bestehen geblieben, daß der *Daily Express* eine Expedition unter der Leitung eines gewissen Mr. Hesketh Prichard finanzierte, bei der man nach dem Tier Ausschau halten wollte. Prichard fand nicht eine Spur des Mylodons, aber sein Buch *‹Through the Heart of Patagonia›* scheint eine der Quellen zu sein, von denen Conan Doyle sich bei der Niederschrift von *‹The Lost World›* inspirieren ließ.

Inzwischen gruben zwei Archäologen in der Höhle. Der Schwede Erland Nordenskjöld war der methodischere. Er entdeckte drei verschiedene Schichten: die oberste enthielt Überreste einer menschlichen Siedlung, in der mittleren befanden sich die Knochen einer ausgestorbenen Fauna, darunter solche des ‹Dawn-Pferds›, auch ‹Hippidium› genannt, aber erst in der untersten Schicht fand er Überreste eines Mylodons.

Der zweite Ausgräber war Dr. Hauthal aus La Plata, ein Impressionist, der ganz offensichtlich nicht einmal mit den Grundlagen der Stratigraphie vertraut war. Er brachte eine Schicht von hervorragend erhaltenem, mit Blättern und Gras vermischtem Faultierkot ans Tageslicht, die bis zu einer Tiefe von einem Meter den Boden bedeckte. Außerdem machte er auf die Steinmauer aufmerksam, die den hinteren Teil der Höhle versperrte. Und er verkündete, daß es sich bei der Höhle um ein ehemaliges Mylodon-Gehege handelte. Die Menschen der Vorgeschichte hätten das Mylodon zu ihrem Haustier gemacht und es in Gehegen festgehalten, um sich die Ernährung für den Winter zu sichern. Er erklärte, er wolle den Namen des Tiers nochmals ändern, und zwar von *Neomylodon Listai* in *Gryptotherium domesticum*.

Einer der Helfer von Erland Nordenskjöld war der deutsche Goldgräber Albert Konrad. Als die Archäologen erst einmal aus dem Weg waren, errichtete er vor dem Eingang der Höhle eine Wellblechhütte und machte sich daran, die gesamte Stratigraphie auseinanderzusprengen. Charley kam herauf, um ihm zu helfen, und ging mit Metern von Haut und Knochen, eine leicht verkäufliche Ware damals, wieder davon. Er schickte die Kollektion an das Britische Museum, und nach erbittertem Feilschen mit Dr. Arthur Smith Woodward (der überzeugt war, Charley versuche, den Preis in die Höhe zu treiben, weil er erfahren habe, daß Walter Rothschild ihn bezahlen würde) verkaufte er sie für vierhundert Pfund.

Um diese Zeit herum heirateten meine Großeltern, und ich stelle mir vor, daß Charley ihnen das Stückchen Haut als Hochzeitspräsent schickte.

Ameghino spielte in der Angelegenheit eine sehr zweifelhafte Rolle. Er hat Hompens Stück Haut nie vorgezeigt. Womöglich hatte er in Morenos Kiste herumgeschnüffelt und die Haut gesehen, sich aber nicht getraut, sie zu stehlen. Eines ist sicher:

seine Broschüre war schließlich genauso rar wie das Tier, das er darin zu beschreiben versuchte.

Inzwischen ist man auf Grund von Radiokarbondatierungen zu dem Urteil gekommen, daß das Mylodon vor zehntausend Jahren gelebt hat und seither nicht mehr.

92 Am nächsten Morgen ging ich mit Eberhard durch den strömenden Regen. Er trug einen pelzgefütterten Überzieher und blickte unter seinem Kosakenhut wild entschlossen in den Sturm. Sein Lieblingsautor sei Sven Hedin, der Erforscher der Mongolei, sagte er.

Mongolei – Patagonien, Xanadu und der Alte Matrose.

Wir sahen uns seine deutschen Scheunen an, die jetzt verfielen. Er hatte den größten Teil seines Landbesitzes bei der Bodenreform verloren, und er nahm es mit stoischer Resignation hin. Als junger Mann hatte er als Lehrling auf der Explotadora-Farm gearbeitet.

«Das Unternehmen wurde wie ein Eliteregiment der britischen Armee geleitet. Jeden Morgen wurden die Anordnungen in zwei Sprachen angeschlagen, und Sie werden nicht erraten, welche Sprachen das waren.»

«Englisch und Spanisch», sagte ich.

«Falsch!»

«Englisch und Deutsch?» Ich wunderte mich.

«Versuchen Sie's noch einmal.»

«Spanisch und . . .»

«Falsch! Englisch und Gälisch!»

«Hauptverwalter der Explotadora war Mr. Leslie Greer», fuhr er fort. «Der Mann war ein Tyrann, ein absoluter Tyrann. Aber er war ein glänzender Verwalter, und das wußte jeder. Als er seinen Direktoren eines Tages NEIN sagte, setzten sie ihn vor die Tür. Die Direktoren wollten lieber JA-Sager, und die haben sie dann auch bekommen. Und dann wunderten sie sich, warum sie weniger Profit machten und riefen die Techniker. Die Techniker hatten bessere Diplome und dergleichen und kommandierten die Verwalter herum. Sie änderten die Anordnungen der Verwalter und diese änderten die Anordnungen der Techniker, und das ganze wacklige Gebäude fiel unter seinem eigenen Gewicht zusammen.

Ich werde Ihnen eine Geschichte über Mr. Greer erzählen. Er fährt eines Tages rauf nach Buenos Aires und geht zum Lunch in seinen Club, Hurlingham oder eins von diesen Dingern. Alle Tische sind besetzt, also fragt er zwei englische Gentlemen: ‹Bitte, darf ich mich mit an Ihren Tisch setzen?› – ‹Aber gewiß›, antwortet einer der beiden Engländer. ‹Ich muß mich vorstellen›, sagt er. ‹Mein Name ist Leslie Greer, ich bin Hauptverwalter der Sociedad Explotadora de Tierra del Fuego.› – ‹Und ich›, sagte darauf der Engländer, ‹*ich* bin der liebe Gott. Und das hier ist mein Freund und Kollege Jesus Christus.›»

Ich fragte ihn nach dem Goldgräber Albert Konrad.

«Ich habe Albert Konrad mit eigenen Augen gesehen. Ja! Ich erinnere mich, daß er in den zwanziger Jahren mit ein paar Eseln hier vorbeigeritten kam. Sie müssen wissen, dieser Albert Konrad war in Chile sehr unbeliebt, weil er das Mylodon verkauft hat. Deshalb ist er über die Grenze gegangen. Er lebte in Río de las Vueltas. Einmal kam er mit seinen Eseln nach Punta Arenas. Und mein Vater frage ihn: ‹He, Albert, was schleppen deine Esel eigentlich? Steine?› – ‹Nein, keine Steine›, antwortete er. ‹Diese Steine sind aus Gold.› Aber es waren Steine, ganz gewöhnliche Steine.»

Irgendwann in den dreißiger Jahren ritt ein Gaucho am Río de las Vueltas entlang. Als er an Konrads Hütte vorbeikam, hörte er eine Tür in den Angeln knarren. Der Deutsche lag zusammengesackt über seiner Mauser. Er war schon seit mehreren Monaten tot. Das Innere der Hütte war vollgepackt mit grauen Steinen.

93 Ich ging die sieben Kilometer von Puerto Consuelo bis zur Höhle zu Fuß. Es regnete, aber manchmal sah die Sonne unter den Wolken hervor und glitzerte auf den Büschen. Der Eingang der Höhle, rund hundertzwanzig Meter weit, klaffte in einem Kliff aus grauem Konglomerat. Steinbrocken waren auf die Erde gefallen und türmten sich neben dem Eingang auf.

Drinnen war es trocken wie in der Wüste. Von der zerklüfteten Decke hingen weiße Stalaktiken herunter, und die Seitenwände waren mit einer glänzenden Salzkruste bedeckt. Die hintere Wand war von Tierzungen glattgeleckt worden. Die Steine der geraden Mauer, welche die Höhle teilte, hatten sich aus einer Spalte im Gewölbe gelöst. Neben dem Eingang befand sich ein kleiner Marienaltar.

Ich versuchte, mir die Höhle mit Faultieren darin vorzustellen, aber die Erinnerung an das Ungeheuer mit den Fangzähnen, das ich mit einem verdunkelten Schlafzimmer in England während des Zweiten Weltkriegs assoziierte, war stärker. Der Boden war mit Kothaufen bedeckt, es waren Faultierkothaufen, übergroße, schwarze, ledrige Kothaufen, die mit schlecht verdautem Gras durchsetzt waren und so aussahen, als wären sie erst vor einer Woche ausgeschieden worden.

Ich suchte in den Löchern, die Albert Konrads Sprengungen hinterlassen hatten, vorsichtig nach einem weiteren Stückchen Haut. Ich fand nichts.

Na gut, sagte ich mir, wenn schon keine Haut da ist, dann wenigstens eine schöne Ladung Scheiße.

Und da sah ich plötzlich ein paar Strähnen des borstigen rötlichen Haars, das ich so gut kannte, an einer Stelle hervorstehen. Ich zog sie behutsam heraus, legte sie in einen Umschlag und setzte mich auf die Erde, unendlich zufrieden. Ich war am Ziel dieser lächerlichen Reise angekommen. Und dann hörte ich Stimmen, Frauenstimmen, Stimmen, die «María . . . María . . . María . . .» sangen.

Jetzt war auch ich verrückt geworden.

Ich spähte über die herabgestürzten Felsbrocken hinweg und sah sieben schwarze Gestalten vor dem Marienaltar stehen.

Die Nonnen von Santa María Auxiliadora machten wieder einmal einen ihrer ungewöhnlichen Ausflüge. Die Schwester Oberin lächelte und fragte: «Haben Sie denn gar keine Angst, so ganz allein hier?»

Ich hatte vorgehabt, in der Höhle zu übernachten, überlegte es mir aber anders, und die Nonnen nahmen mich im Auto mit zu einer der alten Estancias der Explotadora.

94 Er würde bald sterben. Seine Lider waren geschwollen und so schwer, daß er nur mit Mühe die Augen offen halten konnte. Seine Nase war spitz wie ein Schnabel und sein Atem kam in heftigen, übelriechenden Stößen aus ihm hervor. Sein Husten hallte durch die Flure. Die anderen Männer gingen davon, wenn sie ihn kommen hörten.

Er zog aus seiner Brieftasche eine zerknitterte Fotografie von sich hervor. Sie zeigte ihn als Soldat auf Urlaub, vor langer Zeit, in einem Palmengarten in Valparaíso. Der Junge auf dem Foto war in dem alten Mann nicht wiederzuerkennen: er lächelte herausfordernd, trug eine Weste mit Wespentaille und Oxford-Hose, und sein glattes schwarzes Haar glänzte in der Sonne.

Er hatte zwanzig Jahre auf der Estancia gearbeitet, und nun würde er sterben. Er erinnerte sich an Mr. Sandars, den Verwalter, der gestorben und auf See bestattet worden war. Er hatte Mr. Sandars nicht gemocht, weil er ein harter Mann gewesen war, ein despotischer Mann, aber seither war es mit dem Betrieb bergab gegangen. Es war schlimm unter den Marxisten, und es war noch schlimmer unter der Junta, brachte er zwischen zwei Hustenanfällen hastig hervor.

«Die Arbeiter», sagte er, «müsssen für diese marxistische Bewegung bezahlen, aber ich glaube nicht, daß das noch lange so weitergehen wird.»

Ich überließ ihn seinem Sterben und fuhr nach Punta Arenas, um dort das Schiff zu nehmen.

95 Das Hotel *Residencial Ritz* war ein weißes Betongebäude und erstreckte sich über einen halben Häuserblock zwischen dem Marineoffiziersclub und dem Strand. Die Hoteldirektion rühmte sich ihrer blütenweißen Damasttischdecken.

Der Vertreter für Damenunterwäsche aus Santiago ging mit großen Schritten in der Halle auf und ab und wartete auf das Ende der Sperrstunde um fünf. Wäre er früher spazierengegangen, hätte er von den Soldaten erschossen werden können. Er kam zum Frühstück zurück und hatte seine Taschen mit Steinen vollgestopft. Die Wände im Speisesaal hatten einen eisblauen Farbanstrich. Der Boden war mit blauen Kunststofffliesen bedeckt, über denen die Tischdecken wie Eiswürfel zu schweben schienen.

Der Vertreter setzte sich an einen Tisch, leerte seine Taschen und begann mit den Steinen zu spielen, er redete zu ihnen und lachte. Er bestellte sich bei dem dicken, schiefnasigen Mädchen aus Chiloé, das in der Küche arbeitete, Kaffee und Toast. Er war ein korpulenter, ungesund aussehender Mann und hatte den Nacken voller Speckfalten. Er trug einen beigen Tweedanzug und einen handgestrickten Pullover mit Rollkragen.

Als er zu mir herüberschaute, lächelte er und ließ sein geschwollenes rosa Zahnfleisch sehen. Dann erlosch das Lächeln, er blickte vor sich auf den Tisch und spielte wieder mit den Steinen.

«Was für eine herrliche rosa Tönung die Wolken heute morgen haben!»

Er hatte ganz plötzlich in die Stille hineingesprochen.

«Darf ich Ihnen eine Frage stellen, Sir? Was ist die Ursache dieses Phänomens? Ich habe sagen hören, es sei die zunehmende Kälte.»

«Schon möglich», antwortete ich.

«Ich bin am Strand spazierengegangen und habe mir die Formen angeschaut, die der Schöpfer in den Himmel gemalt hat. Ich habe gesehen, wie sich der feurige Wagen in den gewölbten Hals eines Schwans verwandelte. Wunderschön! Die Hand des Schöpfers! Man sollte sein Werk entweder malen oder fotografieren! Aber ich bin kein Maler, und ich habe keine Kamera.»

Das Mädchen brachte sein Frühstück. Er schob seine Steine ein wenig zur Seite, um Platz zu machen für seine Tasse und seinen Teller.

«Sind Sie vielleicht ein wenig mit der *poesía mundial* vertraut, Sir?» fuhr er fort.

«Ein wenig», antwortete ich.

Seine Stirn legte sich vor Konzentration in Falten, und dann deklamierte er langsam gewichtige Strophen. Am Ende jeder Strophe ballte er die Hand zur Faust und setzte sie langsam auf den Tisch. Das Mädchen war mit der Kaffeekanne stehengeblieben. Sie stellte sie ab, verbarg ihr Gesicht in der Schürze und rannte lachend in die Küche.

«Was war das?»

«Ich weiß es nicht.»

«*Las Soledades* von Góngora», sagte er und fing von neuem an, wobei er sich alle Mühe gab, das letzte bißchen Gefühl aus den Zeilen herauszuholen und die Hände seitwärts bewegte und die Finger spreizte.

«A las cinco de la tarde,
Eran las cinco en punto de la tarde . . .»

«Lorca», riet ich.

«Federico García Lorca», flüsterte er wie jemand, der vom Gebet erschöpft ist. «*Lamento por la muerte de Ignacio Sánchez Mejías*. Sie sind mein Freund. Ich sehe, daß Sie unserer spanischen Literatur nicht völlig unwissend begegnen. Und was ist das?»

Er warf seinen Kopf in den Nacken und deklamierte weitere Verse.

«Ich weiß nicht.»

«Die venezolanische Nationalhymne.»

Später am Tag sah ich ihn, wie er sich mit hängenden Schultern im Nieselregen durch die Straßen schleppte. Er hatte eine schwarz-weiß karierte Schiebermütze auf dem Kopf und trug seinen Koffer mit den Wäschemustern. Schaufensterpuppen in rosa Korsetts und Büstenhaltern starrten ihn mit ausdruckslosen blauen Plastikaugen durch die Schaufensterscheiben an. Die Wäschegeschäfte gehörten Hindus.

In der Nacht wurde ich wiederholt durch das Quietschen seiner Kreppsohlen geweckt. Er verließ sein Zimmer um fünf, aber ich hörte ihn mehrere Male zurückkommen. Auf dem Weg zum Frühstück kam ich an der Küchentür vorbei und sah die Mädchen hilflos kichern.

Er stand inmitten der Damasttischdecken, sein unrasiertes Gesicht war in einem hoffnungslosen Lächeln erstarrt. Auf jedem Tisch und an jedem Platz lag ein Muster von Steinen.

«Das sind meine Freunde», sagte er mit brüchiger, gefühlvoller Stimme. «Schauen Sie nur! Das hier ist ein Wal! Wunderbar! Die Bestätigung des Genies Gottes. Ein Wal mit einer Harpune in seiner Flanke. Das ist das Maul, und das hier der Schwanz.»

«Und das da?»

«Der Kopf eines prähistorischen Tiers. Und das hier ein Affe.»

«Und das?»

«Noch ein prähistorisches Tier, wahrscheinlich ein Dinosaurier. Und das –» er zeigte auf einen mit Löchern versehenen gelblichen Stein, «– das hier ist der Kopf eines primitiven Menschen. Das sind die Augen. Sehen Sie? Hier ist die Nase. Und hier das Kinn. Schauen Sie mal, sogar die niedrige Stirn, das Merkmal der schwachen Intelligenz.»

«Ja», sagte ich.

«Und das hier ist mein Lieblingsstück.» Er nahm einen runden grauen Kieselstein in die Hand. «So herum ist er ein Meerschweinchen. Und umgedreht die heilige Jungfrau Maria. Wunderbar! Gottes Stempel auf einem armseligen Stein!»

Der Direktor des *Ritz* hatte es nicht gern, wenn er vor neun Uhr geweckt wurde. Aber andere Hotelgäste wollten frühstücken, und die Tische mußten abgeräumt werden. Im Laufe des Vormittags ging ich beim Hotel vorbei, um ein paar Sachen in mein Zimmer zu legen. Sie hatten ihn ins Krankenhaus gebracht.

«Es loco», meinte der Hoteldirektor. «Er ist verrückt.»

96 Es gibt einen Mann in Punta Arenas, der von Tannenwäldern träumt, Lieder vor sich hin summt und jeden Morgen beim Aufwachen auf das dunkle Wasser der Meerenge blickt. Er fährt zu einer Fabrik, in der es nach Meer riecht. Überall um ihn herum sind scharlachrote Krabben, die erst zappeln und dann dampfen. Er hört, wie ihre Schalen aufplatzen und die Zangen zerbrechen, sieht, wie das süße weiße Fleisch in Aluminiumdosen fest verpackt wird. Er ist ein tüchtiger Mann, und er hat einige frühere Erfahrungen im Produktionsprozeß. Erinnert er sich an jenen anderen Geruch, den von Verbranntem? Und an jenes andere Geräusch, das von leise singenden Stimmen? Und an die Berge von Haar, die wie die Zangen der Krabben weggeworfen wurden?

Herman Rauff wird die Erfindung und Einführung des mobilen Vergasungsofens zugeschrieben.

97 Nachdem wir eine Woche auf das Schiff gewartet hatten, hörten wir endlich die Sirene hinter der Turnhalle (einer Betonkopie des Parthenon) aufheulen und sahen die Stauer unten im Hafen Kisten schleppen, statt wie bisher vor den Gebäuden der Schiffahrtsgesellschaft herumzulungern und ihre flachen schwarzen Kappen gegen die rosa Mauern zu drücken. Die ganze Woche hindurch hatte der Fahrkartenverkäufer mit den Schultern gezuckt, wenn wir ihn fragten, wann das Schiff denn kommen werde, einfach nur mit den Schultern gezuckt und an der Geschwulst auf seiner Stirn gekratzt, von ihm aus hätte das Schiff ruhig untergehen können. Aber jetzt kritzelte er hastig auf den Fahrkartenscheinen herum, schwitzte und gestikulierte und erteilte bellend seine Befehle. Dann gingen wir hintereinander durch die grüne Zollbaracke, an den rostigen Wänden des Dampfers entlang, zur Gangway, wo sich die Chiloten aufgereiht hatten, mit Gesichern, als hätten sie vierhundert Jahre auf uns warten müssen.

Früher hatte das Schiff einmal S. S. *Ville de Haiphong* geheißen. Die dritte Klasse besaß alle Eigenschaften eines asiatischen Gefängnisses, und die wasserdichten Schotten sahen eher so aus, als sollten sie Kulis und nicht strömende Wassermassen zurückhalten. Die Chiloten hausten tief unten in der großen Gemeinschaftskabine, deren Fußboden mit zerquetschten Kakerlaken übersät war und in der es nach Muscheleintopf stank, bevor und nachdem sie ihn erbrochen hatten. Die Ventilatoren in der ersten Klasse waren abgestellt worden, und in der holzgetäfelten Bar tranken wir mit den Arbeitern einer Kaolinmine. Das Schiff würde sie an irgendeinem Tag um Mitternacht auf einer weißen, frauenlosen Insel mitten im Meer absetzen. Als wir langsam aus dem Hafen hinausglitten, spielte ein chilenischer Geschäftsmann *‹La Mer›* auf einem weißen Klavier, dem viele Tasten fehlten.

Der Kapitän war ein geschniegelter Kerl mit einem unerschütterlichen Vertrauen in seine Nieten. Er erhielt besseres Essen als wir, und uns fiel der hämische Gesichtsausdruck des Stewards auf, als er die Vase mit den Nelken vom Tisch nahm und uns Schweinshaxe servierte, während das Schiff zu schwanken und gegen dreieckige Wellen zu schlagen begann.

Am nächsten Morgen durchschnitten schwarze Sturmschwalben die Dünung, und durch den Nebel sahen wir von den Klippen herabstürzende Wasserfälle. Der Vertreter für Damenunterwäsche aus Santiago war aus dem Krankenhaus entlassen worden und schritt auf dem Vorderdeck auf und ab. Er kaute auf seinen Lippen und murmelte Gedichte vor sich hin. Ein Junge von den Falkland-Inseln mit einer Mütze aus Seehundfell auf dem Kopf und eigenartig spitzen Zähnen sagte: «Höchste Zeit, daß die Argentinier uns übernehmen. Wir sind so verdammt inzüchtig.» Und er lachte und holte einen Stein aus seiner Tasche hervor. «Sehen Sie mal, was der da mir gegeben hat – einen gottverdammten Stein!» Als wir in den Pazifik hinausfuhren, spielte der Geschäftsmann noch immer *‹La Mer›*. Vielleicht war es das einzige Stück, das er spielen konnte.

Bruce Chatwin
In Patagonien
Reise in ein fernes Land
rororo

3283/2

Tania Blixen

«Jenseits von Afrika», der Film nach ihrem 1940 erschienenen Roman «Afrika – dunkel lockende Welt», hat **Tania Blixen** weltberühmt gemacht. Geboren wurde die Dänin Karen Christentze Dinesen 1885 auf dem Familienbesitz Rungstedlund. Mit ihrem Ehemann, dem schwedischen Baron Bror Blixen, ging sie 1914 nach Kenia. Dort verliebte sich in den gutaussehenden Denys Finch-Hatton – ihre große Liebe, die tragisch endete. In Afrika entdeckte sie auch ihr literarisches Talent und begann zu schreiben. Tania Blixen starb im September 1962.

Gespensterpferde *Nachgelassene Erzählungen*
(rororo 5711)
«Gleichnishaft und voller Geheimnisse verbindet sich in diesen zehn Geschichten Märchenhaftes und Mystisches, Psychologisches und Phantastisches.» *Hamburger Abendblatt*

Schicksalsanekdoten
Erzählungen
(rororo 5421)
«Es ist eine kleine Kostbarkeit, die dem Leser da an die Hand gegeben wird. Es ist eine Lektüre, wie man sie selten findet...» *Stuttgarter Zeitung*

Schatten wandern übers Gras
(rororo 13029)

Die Rache der Engel *Roman*
(rororo 12630)
«Ein mit hoher Könnerschaft komponierter Reißer voller Spannung.»
Süddeutsche Zeitung

3204/3

rororo Literatur

Wintergeschichten
(rororo 5951)
«Jeder dieser Menschen – und das ist überhaupt das zentrale Thema dieser Dichterin – lebt mit einer tiefen Sehnsucht im Herzen, die sich fast nie erfüllt; sie sind auf der Suche nach ihrem Schicksal, nach ihrer Bestimmung, sie haben den Wunsch, sich selbst zu leben...» *Frankfurter Allgemeine Zeitung*

Sieben phantastische Geschichten
(rororo 5006)

Judith Thurman
Tania Blixen *Ihr Leben und Werk*
(rororo 13007)
«Eines der besten Bücher der letzten Jahre.» *Time*

«Tania Blixen ist eine verdammt viel bessere Schriftstellerin als sämtliche Schweden, die den Nobelpreis je bekommen haben.» Ernest Hemingway anläßlich seiner eigenen Verleihung des Nobelpreises für Literatur 1954

Paul Bowles

Paul Bowles' Romane gehören «zum Besten, was ein Amerikaner je geschrieben hat» (Gore Vidal)
Gerade zwanzig geworden, brannte **Paul Bowles** 1930 nach Paris durch. Gertrude Stein entdeckte den jungen Dichter und machte ihn mit Ezra Pound, Jean Cocteau und André Gide bekannt. In New York feierte Bowles exzentrisch seine frühen Erfolge als Schriftsteller, Drehbuchautor und Komponist. 1947 zog er sich nach Tanger zurück. Nach langjährigen Aufenthalten in Nordafrika, auf Ceylon und in Südamerika lebt er seit vielen Jahren wieder in Marokko. Die Flucht vor der Zivilisation wird das zentrale Motiv seiner Romane.

Allal *Stories aus Marokko*
(rororo 5975)
«... halluzinatorische Exkursionen in die mythische Welt arabischer Nomadenvölker, wo der zivilisierte Europäer oder Amerikaner in unheilvolle Verstrickungen gerät. Bowles schreibt jeweils aus der Optik seiner Figuren, läßt durch sie eine Handlung aufkommen. Seine Stories sind durch den Flair orientalischer Phantastik von einer Bildhaftigkeit, die die abendländische Phantasie zu entzünden vermag.» Basler Zeitung

Himmel über der Wüste *Roman*
(rororo 5789)
In seinem Hauptwerk schildert Bowles die Flucht eines amerikanischen Ehepaars vor der Leere ihres Daseins in die Wüste. Beide suchen einen Lebenssinn, im

rororo Literatur

letzten die Liebe. Aber sie finden nur Abenteuer, Hetzjagd, Öde und Tod. Bernardo Bertolucci verfilmte «Himmel über der Wüste» mit Debra Winger und John Malkovich in den Hauptrollen.
«Ein erstklassiger Abenteuerroman von einem wirklich erstklassigen Schriftsteller!» Tennessee Williams

Robert Briatte
Paul Bowles. *Ein Leben*
(rororo 12911)
Robert Briattes Biographie ist mehr als ein Lebenslauf, sie zeigt uns Paul Bowles in der faszinierenden Welt seiner Romane, als Chronist des Mythos Afrika.